思想觀念的帶動者
文化現象的觀察者
本土經驗的整理者
生命故事的關懷者

Psychotherapy

探訪幽微的心靈，如同潛越曲折逶迤的河流
面對無法預期的彎道或風景，時而煙波浩渺，時而萬壑爭流
留下無數廓清、洗滌或抉擇的痕跡
只為尋獲真實自我的洞天福地

The Anatomy of Experiential Impact Through Ericksonian Psychotherapy

Seeing, Doing, Being

經驗式治療藝術

從艾瑞克森催眠療法談起

傑弗瑞‧薩德（Jeffrey K. Zeig, PhD）——著
洪偉凱——譯

目錄

四方推薦 006

|推薦序一| 可幫助任何學派精益求精的經驗式藝術／

尼可拉斯・康寧斯 008

|推薦序二| 成為最好的自己：「解剖」艾瑞克森的思想精髓／

蔡東杰 010

|譯者序| 成為大師肩膀上的生命大師／洪偉凱 013

給我生命中親愛的人 016

開場白 018

前言：艾瑞克森與他的治療方法 019

關於本書 023

|第 一 章| 透過人生經驗做治療 025

|第 二 章| 治療方法的宏觀架構 041

|第 三 章| 催眠教會我的事：解構各種元素 066

|第 四 章| 催眠教會我的事：在治療裡建立目標 ..073

|第 五 章| 量身訂做：評估 086

|第 六 章| 進階地圖製作 141

第 七 章	禮物包裝 ··· 163
第 八 章	量身訂做組合方格 ································· 194
第 九 章	艾瑞克森治療學派的流程 ····················· 203
第 十 章	艾瑞克森治療飛機恐懼症 ····················· 213
第十一章	心理治療培訓練習：運用經驗式方法提升專業能力 ···· 239
第十二章	經驗式治療的臨床案例 ························· 270
跋	··· 316

延伸閱讀 / 318
參考文獻 / 320

四方推薦

　　這本書會帶給讀者一個全新的驚奇體驗，書中有許多實用技巧以及啟發式教導。艾瑞克森醫師在數十年前開創一個全新的治療時代，如今傳承到天才般的傑弗瑞·薩德博士手中更是精準明確、令人歎為觀止。書中有許多精彩絕倫的故事，深刻的智慧語錄，以及一張清晰明白的地圖教導治療師如何提升自身能力，成為生生不息且具備強大療癒能力的人。如果關於治療方法你只願意選擇一本書讓自己更精進，這本書就是你唯一選擇。

——海瑞特·李納博士（Harriet Lerner, Ph.D.）

美國當代作家、哲學家、治療大師

著有百萬暢銷書《生氣的藝術》（The Dance of Anger）、

《拒絕偽裝的女性》（The dance of Deception）

　　這本書是我過去五年所讀關於心理治療最棒的一本書。帶著令人讚嘆的流動和智慧的光芒，薩德博士真正把有效的短期治療藝術闡述得淋漓盡致。書中簡明清晰的智慧加上詩意般的同頻共振，對於剛入門的新手治療師以及純熟老練的資深治療師都是不可多得的寶典。我極度推崇這本書！

——史蒂芬·吉利根博士（Stephen Gilligan, Ph.D.）

催眠治療師、生生不息改變國際學會創始人

著有暢銷書《生生不息催眠聖經》（*Generative Trance*）、

《英雄之旅》（*The Hero's Journey*）

　　這本書是正統艾瑞克森學派巨作——奠基於艾瑞克森醫師正統的理念和原則，薩德博士將艾瑞克森的理念發揚光大，青出於藍，更勝於藍。薩德博士帶著崇高的敬意將艾瑞克森的精髓完美演繹，透過他個人千變萬化的風格創造出一個簡單易懂的治療公式。薩德博士在書中運用變化無窮的方式幫助讀者理解深奧的治療概念，像是：模式、案例、練習、故事、結構和解構、討論、比較、反思、甚至提供治療逐字稿。每個方法都幫助我們從不同的角度看見治療全貌。讀者可以在這書中無數選擇裡找到最適合自己的練習和方法，從而精進專業能力。書中的智慧光芒，是薩德博士畢生心血結晶，他超凡入聖地吸收各學派精華，集各家之大成，創造出一個兼具深度與廣度的視野，提供讀者一個成長茁壯的絕佳機會。

——洛克薩妮・艾瑞克森博士（Roxanna Erickson-Klein, RN, Ph.D.）

艾瑞克森醫師的女兒，《艾瑞克森大全》的共同作者

　　這本書集中體現了薩德在長期教學培訓、臨床治療中累積和昇華出來的精彩經驗。既有他獨有的、別人學不了的天份，也有可以共享借鑑的寶藏。

——趙旭東

同濟大學醫學院教授、世界心理治療學會副主席

可幫助任何學派精益求精的經驗式藝術

尼可拉斯・康寧斯（Nicolas A. Cummings）
美國心理學學會（American Psychological Association）前主席

　　一個人如何教授別人經驗式治療？我們可以想像它的所有優點，或是描述大師們是如何做治療，或是回溯歷史，但是到底如何教導？

　　傑弗瑞・薩德博士與艾瑞克森醫師的個人以及專業關係始於1973年，這造就了他後來數十年潛心研究艾瑞克森的治療工作，並發展出經驗式治療的教學方法。同時，他也致力於，甚至是執著於找到新的方法，將現象學解譯為一個清晰易懂的系統，創造出快速、有效、深入的心理治療。

　　儘管他已經是大師，卻依然保持學生的學習心態，持續從大量的智慧經驗裡發現新知識——包括心理學、哲學、文學、藝術、醫學、腦科學、喜劇等等。我非常感激薩德博士可以暫時停下，創造出這本《經驗式治療藝術》。這是心理學歷史上的重要時刻。

　　從這些文字裡，一個豐富、實用且深刻的煉金術浮現，一個精準且運用廣大的過程展現了出來。薩德博士的深厚學術基礎，以及愉悅的即興發揮，給這些練習提供了很棒的生命力。不論你是一個

剛出道的年輕治療師，或是一輩子持續學習成長的資深治療師，這本書都將提供你完整的結構，並提供對你個人的啟發意義。

薩德博士曾說：「心理治療裡的改變最好是透過個人生活經驗誘發，而不是透過知識理解」，因此他在這本書裡鼓勵治療師發展個人風格，全方位地參與治療。他的艾瑞克森治療風格以及薩德派衍生治療模式，可以與其他治療學派合併運用。因此，治療師不需要成為「艾瑞克森學派」，也一樣可以獲得這本書的最大效益。事實上，書中所討論的步驟和方法可以幫助任何治療學派精益求精。

這本書的架構是清楚易懂的。第一章提到了治療方法的宏觀模式，為後續的討論提供了一個完整框架：解構狀態，分辨不同的狀態；在個案所處世界裡獲取流動的感受；設定目標，量身訂做的方法；以及治療師的個人發展。三個精彩絕倫的案例清楚印證了他的概念和理論。這些治療方法是從催眠裡面衍伸出來，卻不受限於傳統催眠的框架。讀者可以從這本經典心理學巨作中獲得清晰的教育，我相信你會對其中許多方法概念一再研讀，反覆思考印證。

薩德博士是舉世聞名的經驗學派大師。最令人驚豔的部分是在這本書的字句裡，他的教導活靈活現，就好像他站在我們眼前教課一樣。這本書有著前瞻的細膩設計，讀者可以全然沉浸其中，透過好奇心和創造力摘取甜美果實，鍛鍊自己、盡情運用多樣治療方法，就像這本書的原文副標題所述：看見個案、做治療、成為療癒本身。

成為最好的自己:「解剖」艾瑞克森的思想精髓

蔡東杰

華人艾瑞克森催眠治療協會理事長、養全診所院長

「解剖」[1]艾瑞克森!?多麼瘋狂的想法。

而世上唯一能「解剖」艾瑞克森的人,就是傑弗瑞・薩德。

2002 年秋天,我到鳳凰城參加艾瑞克森基金會舉辦的密集訓練,認識了艾瑞克森醫師這位曠世奇才,從傳統對催眠的困惑回到醫學與心理治療的家,也進入了學習艾瑞克森的另一個困惑。

參加課程的同學來自世界不同國家,同學們的自我介紹總是提到薩德博士,每個人總有某種機緣,受薩德博士的啟發而到鳳凰城學習艾瑞克森催眠。在我出發之前,我的老師周立修醫師就跟我提到,1996 年他在美國進修時,上過薩德博士的課,印象深刻,常常思考如何邀請他來台灣。於是我帶了一個任務到鳳凰城:邀請薩德博士來台教學。很可惜,薩德博士只為我們上一天課程,沒有機會更深入認識他。

---

1 編註:本書原文書名「The Anatomy of Experiential Impact Through Ericksonian Psychotherpy」有「解剖」艾瑞克森與經驗式療法之意。

然而當天的課程，薩德博士為我帶來了最大的衝擊。他提到了「成為治療師（Being a Therapist）的概念」，而非只是「做催眠（Doing Hypnosis）」。這給我開啟了一個新視野：聚焦在「成為人」的自我成長旅程，而非催眠技巧的鑽研。

　　薩德博士在 2004 年第一次到台灣開辦工作坊，讓我有機會重新複習了在鳳凰城學到的基礎課程。薩德博士平實無華的教學，將艾瑞克森間接催眠拆解成簡單易學的語法，對我而言又是另一個驚喜。薩德博士在 2005 年第二次來台灣，我邀請他到高雄為我督導兩個個案，再到台北舉辦了三天工作坊，接著是四天的大師督導班。在他離開台灣前一天，上課時他問我：「你可以考慮用我的名字做為你的英文名字」，所以當下我有了英文名字：傑弗瑞·蔡。當天晚餐時，他對我說：「在美國，如果兩個人連續相處了九天，就應該要結婚了。」當時我只把他的話當成我不是很懂的美式幽默，但我知道他把我當家人。直到多年後，我才真正體會到傑夫用他慣用的艾瑞克森風格，為我們的關係做了註解。

　　在這本書的前言〈艾瑞克森與他的治療方法〉中，薩德博士提到他第一次造訪艾瑞克森，艾瑞克森向他說了一個「六十個生蠔」的故事，我忍不住熱淚盈眶，艾瑞克森醫師如此用心對待一個初次見面的學生，讓我很感動。薩德博士說起他與艾瑞克森相處的過程，艾瑞克森不斷示範如何持續學習，一直進步，成為最好的「艾瑞克森」，這激勵了薩德博士致力於成為最好的「傑弗瑞·薩德」。即便艾瑞克森已過世將近四十年，薩德博士依然持續不斷進步著，藉此傳承艾瑞克森的愛，而我深深感受到了。

　　學習艾瑞克森催眠最痛苦的是，艾瑞克森太複雜、太難理解

了。不論透過書本、錄音還是影片，我們都只能讚嘆艾瑞克森能夠達到的神奇療效，但無法理解箇中奧祕。很幸運地，經由薩德博士的解說演譯，艾瑞克森的多層次溝通與意圖一一被拆解，成為我們能夠了解的小單元。薩德博士教導我們如何依據臨場需要，組裝量身訂做的治療計畫，艾瑞克森催眠變得如此親近。

很高興，「薩德談經驗式治療」系列書籍中文版能順利發行，最大功臣非譯者洪偉凱莫屬，不僅找到很棒的出版社，也將幾本著作翻譯得如此貼近原文，讓我們毫無障礙地學習薩德博士最精華的思想。

成為大師肩膀上的生命大師

洪偉凱

本書譯者

　　人生，我們都在追求一個巔峰。自己人生裡的巔峰，專業領域裡的巔峰。人生，是江湖，每個人都行走在不同的江湖上，商場江湖、教育江湖、武術江湖、藝術江湖、心理治療江湖、催眠江湖。傑弗瑞・薩德博士，是心理治療界的絕頂治療高手，是心理治療培訓界的世界頂級講師，是催眠治療界的時代開創先驅，他經常保持自己在生命的巔峰狀態裡。他本身就是一個藝術。他的生命就像禪一般，總在對的時機、運用對的方法、使對的人醒覺。

　　一個頂級藝術讓我們趨之若鶩，然而並不是每個人都懂欣賞頂級藝術。達文西的《蒙娜麗莎》畫作是世界經典，每個人從不同角度看就會有不同感受。貝多芬是音樂的巔峰，他的《第五號交響曲》總會帶給人不同的感受，隨著心境變化，聽著《第五號交響曲》就會有不同體驗。傑弗瑞・薩德博士，就是催眠心理治療界的達文西、貝多芬或是畢卡索。翻譯這本書，就像是我努力要把畢卡索的東西變成是大家能夠懂的語言，把貝多芬的音樂用簡單的方式幫助大家理解。薩德的寫作是一種筆歌墨舞的文學藝術，讀他的著作就像是讀著杜甫，會有一種靈明頓悟的體驗。薩德的治療藝術對於許多資深專業治療師而言，是不可多得的寶藏。他的著作、他

的治療藝術、他的人生都融合成一種順勢而為的頂級藝術。對我而言，他是當代最厲害的絕地武士，他的催眠千變萬化，他的治療巧奪天工，他的寫作慧心巧思。看懂的人很多都已經是當代頂尖的培訓講師、心理學大師、催眠大師。愛因斯坦的相對論，在他的年代只有少數頂尖專業人士能懂。薩德的醒覺經驗式催眠治療，在過去數十年也只有少數高手能懂。我們真的很高興、也很感激薩德老師將他畢生智慧傾囊相授，期望有更多人能懂這一門玄妙入神的技藝，能夠在自己的人生裡成為得心應手的大師，能夠出類拔萃。這本書對我而言就是催眠心理治療界的《易筋經》。

薩德老師常說，一個老師自己很厲害，不算什麼。能夠培育出許多厲害的大師，這樣的老師才是真正厲害的人。孔子是中國人的至聖先師，他不僅自己學問厲害，同時也培養出世世代代的厲害學生和大師，這樣的老師是真本事。帶著培育英才的動機，薩德老師經常告訴我，他想要培養更多優秀的心理學家和治療大師。這本書就是他不藏私的畢生治療心血結晶，能夠看懂，又能夠具體實踐運用在自己的專業和生活上，你就是站在大師肩膀上的自出心裁生命大師了。

給我生命中親愛的人

艾瑞克森醫師傳授我很多智慧和經驗，我跟他許多的學生一樣，一輩子都無法還清艾瑞克森醫師所給我的。同時，我有幸從艾瑞克森學派許多同儕當中學習到許多，照姓氏字母順序包括了：莉莉安‧博格（Lilian Borges）、布蘭特‧蓋瑞（Brent Geary）、史蒂芬‧吉利根（Stephen Gilligan）、比爾‧歐漢隆（Bill O'Hanlon）、傑‧海利（Jay Haley）、史蒂芬‧蘭克頓（Stephen Lankton）、卡米洛‧洛列多（Camillo Loriedo）、克羅伊‧瑪丹（Cloe' Madanes）、恩尼斯特‧羅西（Ernest Rossi）、伯恩哈德‧川可（Bernhard Trenkle）、保羅‧瓦茲拉威克（Paul Watzlawick）、以及麥可‧亞普克（Michael Yapko）。在這本書中，搜集了許多我從艾瑞克森以及這些同儕身上得來的智慧。

我要深深地感謝我的編輯，馬妮‧麥甘（Marnie McGann）和蘇西‧塔克（Suzi Tucker）。給馬妮：妳細心又靈敏的筆觸，幫助我在呈現這本書以及其他書的概念時更加流暢和簡單易懂。給蘇西：妳是我遇過最厲害的演化式編輯。我很感激我的生命裡有妳。

我也要感謝我在艾瑞克森基金會的同事們，你們的存在讓我的專業工作變得可能。感謝所有基金會員工：瑞秋‧卡拉漢（Rachel Callahan）、查克‧萊金（Chuck Lakin）、史黛西‧摩爾（Stacey Moore）、莉‧麥考密克（Leigh McCormick）、馬妮‧麥甘、喬

許華‧麥克勞夫林（Joshua McLaughlin）、傑斯‧瑞本歇克（Jess Repanshek）、奈特‧索倫森（Nate Sorensen），以及凱莉‧瓦卡羅（Kayleigh Vaccaro）。給喬許華：感謝你幫我彙整參考文獻。給查克：你高超的市場經營策略和書籍出版知識總是令我讚嘆不已。

同時也感謝喬西（Josh）整理目錄和參考文獻。

感謝洪偉凱的翻譯，使得這本書的中文版發行美夢成真。

開場白

在 1974 到 1976 年間，我在研究所準備我的臨床心理學博士論文。那時候，如果有人問我，我的生涯夢想是什麼，我會說我想要環遊世界並且傳授教導催眠和心理治療。然而，我沒有料想到，在我三十歲的時候，這一切就已經實現了。從那時候起，我有數不盡的機會在世界各地許多很棒的地方教導學生。

在我二十六歲時遇見了我的畢生導師艾瑞克森醫師，他對我的教導造就了我精彩絕倫的職業生涯。我無法想像如果沒有遇見艾瑞克森醫師，我的人生會是怎麼樣的。無論是個人生活或是專業領域，我生命裡很大一部分的快樂，是來自於艾瑞克森醫師對我的醍醐灌頂。直到今日，在艾瑞克森醫師過世四十年後，他仍然是我職業生涯裡不可或缺的一部分。他的作為和思想也是我在世界各地教導學生的核心價值。

在本書中，我呈現了我的主要教導模式。我花了數十年的時間統整我的教材，很幸運地，在多年的經驗和智慧累積之後，我有足夠的自信與你們分享這個治療模式。

願你們好好享受這本書，並從中獲得智慧。

傑弗瑞・薩德博士
美國亞利桑那州鳳凰城

艾瑞克森與他的治療方法

　　如果你問全世界所有的催眠治療師：誰是歷史上最偉大的治療師？大多數治療師會提到米爾頓・艾瑞克森。在 1973-1980 年期間，我有幸跟著艾瑞克森學習，這感覺就好像是跟隨佛洛伊德學習精神分析，或是跟隨愛因斯坦學習物理學。

　　我在 1973 年第一次遇見艾瑞克森，當時他已經是世界聞名的催眠治療大師，但在心理治療界還不是那麼有名。在 1973 年，他基本上是半退休狀態。但是，那一年關於他的治療工作的許多書籍開始發行，第一本發行的書叫做《不尋常的治療》（*Uncommon Therapy*，1973），是傑・海利所寫。這本書將艾瑞克森塑造成一個短期心理治療的大師。隨著這本書的發行，許多心理治療專業人士來到亞利桑納州的鳳凰城，跟隨艾瑞克森學習。我第一次跟艾瑞克森見面是單獨見面，但是很快地，許多學生加入，團體上課的形式變成了後來大家所熟知的艾瑞克森教學研討會。

　　儘管一直被身體的病痛所困擾，在當時艾瑞克森還是很活躍且魅力十足的。他在十七歲時小兒麻痺症發作，這是造成他身體不好的主因。儘管他年輕時像運動員一樣健康，但小兒麻痺使他癱瘓一整年。在生命後期，他經歷了數次小兒麻痺的復發（現在我們稱之為小兒麻痺後遺症），而這對他的身體健康造成很大的影響。他忍

受肌肉萎縮的痛苦，漸漸地失去身體協調平衡的能力。

艾瑞克森的右邊身體比左邊身體更糟糕。他如果想要寫字，有時候必須用左手扶著右手才能寫。如果要吃東西，他必須極度扭曲身體，才能讓餐具靠近嘴巴。在生命的最後十年，他都是坐在輪椅上的。我剛認識他的時候，他會靠著虛弱的腿，很短暫地用力，吃力地將自己從輪椅上搬到辦公室的椅子上。到最後，他無法將自己搬動到辦公椅上，只能一直坐在輪椅上。

艾瑞克森的視力是重疊影像的，他的聽力受損，長期忍受慢性疼痛。他所有的牙齒都掉光了，而因為肌肉萎縮，他也沒有辦法戴假牙。這個男人曾經可以像演員一樣自由控制他的聲音語調，卻必須重新學習如何講話──因為沒有牙齒。艾瑞克森同時也是色盲，看不見紅色和綠色。他總是穿著紫色衣服，因為紫色是他唯一能夠看清楚的顏色。

艾瑞克森在專業領域有著天才般才華洋溢的貢獻，在處理自己的人生挑戰上更是達到出神入化的境界。他是我所遇過最令人印象深刻，最有醒覺影響力的一個人。在他的專業領域上，他是治療技巧運用的大師，然而身為一個人，他是獨一無二的。他總是專注聚焦，就算病痛纏身，他還是經常開懷大笑。他給身邊的人一個感覺──他很高興他活著。如果你覺得自己有病痛，他比你承受更多病痛。如果你覺得自己被禁錮，他身體上的限制比你更多，然而他很快樂。

我去見他的目標是想要增進臨床專業技巧，但是初次見面幾分鐘之內，我原先假設的目標「如何成為一個更好的治療師」變得沒那麼重要了。他循循善誘地教導我，成為一個更好的人。我想要待

在他的身邊學習，因為我感覺到，我跟一個生命大師在一起。在最艱困的環境底下，他昇華他的疼痛，並且幫助其他人。同時，他用獨一無二的方式來呈現他的想法。

在 1973 年 12 月 5 日那天，我第一次與艾瑞克森相處的時光來到尾聲（見 Zeig, 1985 年文獻）。在前一天，當我們會談時，他坐在他辦公室的椅子上，眼睛看著地板，用一種緩慢謹慎的口氣，述說一個發生在紐奧良的故事——紐奧良著名的美食是海鮮。他到紐奧良一間餐廳裡用餐，點菜時點了兩打生蠔。吃完這 24 個生蠔，他又點了一打生蠔。當他吃完第三打的生蠔時，他又點了 12 個生蠔！他總共吃了 48 個生蠔！當時，我完全不知道他為何要跟我說這個故事，也不知道這跟心理治療有什麼關係，但我聽得津津有味。而且我從來沒有聽過誰可以一次吃掉 48 個生蠔。但這故事有趣的部分還在後頭。當他吃完 48 個生蠔後，他又點了一打生蠔！在點這最後一打生蠔時，艾瑞克森跟餐廳裡那個目瞪口呆的服務生說，「在我 60 歲生日時，吃 60 個生蠔豈不是一件很有趣的事嗎？！」突然間，我明白了艾瑞克森試圖告訴我什麼（艾瑞克森的生日是 12 月 5 日）。

艾瑞克森用一個獨特的方式告訴我一個簡單的事實：12 月 5 日是他的生日。他把這個訊息用一個故事包裝起來，讓我知道。為什麼他要這樣做呢？他是否在教導我一種傳遞訊息的方式？還是在引導我理解他的策略經驗式治療方法？或許艾瑞克森跟我分享他的生蠔冒險之旅是基於個人理由？或許是為了他自己藝術性地表達，為了單純享受這種說話的樂趣而告訴我這故事？或許他是故意這樣做的——就好像他在練習說故事傳遞訊息的能力，他的招牌治療方

式。不管他的意圖是什麼，這個故事深刻烙印在我腦海裡。我永遠忘不了這個訊息和他的表達方式，從那時候起，每年他的生日，我都會送他生蠔。

艾瑞克森在他的生蠔故事裡闡述了一個原則：創造使人永生難忘的經驗。在本書裡，我們會提到其他原則。這些原則想法存在於我身體裡，並且持續用數不盡的方式展開。

關於本書

除了原則之外，你會在本書中看到一個短期治療的模式，這個模式可以疊加在治療師所慣用的心理治療學派上，精進治療師的治療功力。我在書中用憂鬱症的問題來闡述原則和治療方法，但是治療師也可以將這個模式運用在個案所帶來的許多社交心理問題上。

在第一章，我列出了心理治療體驗式學派奠基於催眠之上的精華所在。心理治療裡的改變最好是透過個人生活經驗誘發，而不是透過知識理解。催眠根本上是一種體驗式的治療方法，其中很重要的是「透過獨特的親身經驗，重新找回改變或面對挑戰的能力」。本書裡所提倡的經驗式治療方法是從催眠治療學派延伸出來的。在後面的章節會透過一系列步驟創造一個體驗式短期心理治療。

第二章提供一個治療的宏觀模式，總共有五個選擇點。後面的章節是圍繞在這個骨幹上發展的。第三章提供一個解構狀態的方法，我們從催眠開始做起。我們透過解構問題，找到易達成的目標來強化療癒過程。在第四章，我們透過創建地圖的方式進一步了解問題狀態、解答狀態、甚至是治療師本身的狀態。

一旦找到了治療目標，我們就可以透過量身訂做的方法使治療更有效。在第五章我們會提到，治療師如何聚焦，透過個案的觀點和個案的經驗語言模式來做治療。第六章提及進階的地圖構建，這會在目標設定上提供我們一個更詳盡、系統化的觀點。

一旦治療師有治療目標，知道如何幫個案量身訂作治療計劃，接下來就需要一個呈現這個目標的方法，我們稱之為「禮物包裝」。第七章我們會提到呈現量身訂作目標的許多方法。第八章，我們討論量身訂做和禮物包裝的組合運用。

第九章討論改變的戲劇化過程。在第十章，我們探討艾瑞克森最創意無限的一個案例。第十一章的重點是治療師的個人發展成長，第十二章提供兩個案例的臨床逐字稿，以印證書中的原理。

這本書是我催眠治療三部曲的第二部曲[1]，你可以單獨閱讀這本書，不需要三部曲全部讀完。我的第一部曲是《催眠引導》（*The Induction of Hypnosis.* Zeig, 2014，暫譯），書中講到的是我的催眠治療學派，有許多例子是用來發展催眠技巧，也會幫助那些使用正統催眠技巧的催眠治療師精進能力。我的第三部曲是《心理治療培訓手冊》（*Psychoaerobics.* Zeig, 2015，暫譯），這本書提供很多經驗式練習來幫助治療師發展專業技能。

---

1 編註：本書屬於作者「經驗式治療增能三部曲」（The Empowering Experiential Therapy Trilogy）的其中一本，但在完成這三部曲後，後來寫了第四本書，因此本系列計如下四本（中文書名為暫譯）：
  (1)《催眠引導》（*The Introduction of Hypnosis: An Ericksonian Elicitation Approach*）
  (2)《經驗式治療藝術》（*The Anatomy of Experiential Impact through Ericksonian Psychotherapy: Seeing, Doing, Being*），即本書。
  (3)《心理治療培訓手冊》（*Psychoaerobics: an Experiential Method of Empower therapist Excellence*）
  (4)《醒覺力》（*Evocation: Enhancing the Psychotherapeutic Encounter*）
  心靈工坊將本四書中譯本企劃為「薩德談經驗式治療系列」，將陸續出版。

第一章

透過人生經驗做治療

　　艾瑞克森醫師在很年輕時就已經是一個心理治療大師了。隨著時光流逝，他發展出成千上百個獨特案例，並記錄在臨床文獻上——歷史上沒有人比他蒐集到更多獨特案例。佛洛伊德只有記錄少數的案例。

　　佛洛伊德對於人們為什麼變成他們現在的樣子感興趣，艾瑞克森則對人們可以如何改變感興趣。佛洛伊德的焦點放在過去；艾瑞克森則關注於現在及未來的發展。艾瑞克森對於每個案例都有獨特的見解，並且對於每個情況都發展出一個新的解決策略。艾瑞克森是我職業生涯上的導師，同時也是一個非凡卓越的溝通者。艾瑞克森用一種溝通的方式，可以被稱為「醒覺式（evocative）溝通」，這種溝通方式有別於一般的訊息式溝通。通常，治療師會給個案很多的訊息和知識。例如「抽菸對身體不好，抽菸會導致癌症」。或者，治療師通常會建議「我覺得在你們的關係裡應該怎麼做」。但是，我們生活裡的許多困境並不是透過知識或是建議就可以得到解決。

　　艾瑞克森通常會透過故事、隱喻、遊戲、困惑、任務和催眠來提供個案不一樣的體驗。他的做法會使簡單的概念變得活靈活現。

　　以下就是一個艾瑞克森經驗式治療的案例。

抽菸斗

在 1976 年，當我還是一個研究所學生時，我去拜訪了艾瑞克森。我研究所訓練的一部分是教導大學部基礎心理學，並且看些個案。當時，我喜歡抽菸斗。那是我的一個嗜好。我有許多不同的菸斗、一個菸斗架、特殊菸草、一個銀色閃亮打火機，以及一整套菸斗相關工具。我自認為是一個年輕的心理學家，而心理學家給人的形象總是叼著菸斗。

某一天，我輕鬆地在艾瑞克森家的後院裡等著與他會面，他正好坐著輪椅經過我身邊，看見我叼著我的菸斗。我去見他並不是因為我需要治療，我只是以一個學生的身份去見他，向他學習。當輪到我與他會面的時候，他開始告訴我一個輕鬆有趣的故事，是關於他一個抽菸斗的朋友。艾瑞克森說這個朋友很笨拙，因為他不知道該把菸斗放在嘴巴的什麼地方。是應該把菸斗放在嘴巴的中間嗎？還是應該把菸斗放在嘴巴偏左一公分的地方？還是把菸斗放在嘴巴偏右一公分的地方？還是放在嘴巴的正中間？這個朋友很笨拙。

然後，這個朋友很笨拙地不知道該從哪裡吐出煙，或是如何吐煙。他是應該向上吐出煙？還是向下吐出煙？他應該是擴散式地吐煙？還是集中吐出一圈煙？他很笨拙。

然後，這個朋友很笨拙，因為他不知道該如何握著他的菸斗。他是應該用拇指和食指握著？還是應該用更多根手指握著？他是否該用五根手指緊握著菸斗的底部？他感到很笨拙。

當艾瑞克森在講著這個故事時，我心裡想著，「他幹嘛告訴我這些？我已經抽菸斗一段時間了，而且我一點也不笨拙」。

艾瑞克森繼續說著：這個朋友很笨拙，因為他不知道如何點煙。他應該用紙做的火柴、木頭火柴、還是應該用打火機？點火應該要點在菸斗的前面還是後面？這個火焰是應該觸碰到菸草，還是在菸草的上方就行？他很笨拙。

然後這個朋友很笨拙，他不知道這菸斗抽完要放在哪裡。他應該把菸斗放在桌子上？還是椅子上？應該放在菸斗架子上？還是繼續握在手中？他很笨拙。

我感覺這個單調無聊的談論至少進行了超過一個小時。因為我現在很熟悉艾瑞克森的工作，我可以肯定那時候他必定是等到我給出一個微妙的訊息，告訴他「我收到了」才結束這個談話。（我可能是輕輕點了個頭，或是改變一下我的姿勢。）

幾天之後，我在北加州開車回我在舊金山灣區的家途中。大概是在鳳凰城和舊金山的半路途中，我停在紅綠燈前面，那時候，我內心裡面對自己發誓「我再也不想抽菸斗了，我今後再也不想抽菸斗了」。整個過程沒有退縮，也沒有不舒服。存在的只是一個決定，而且是我自己的決定。只有一個成就，而且是我自己成功戒菸。

艾瑞克森改變了我抽菸斗習慣的情緒背景。我當時二十來歲，作為一個心理治療專業人士，我最不想要的就是看起來笨拙。我的潛意識一定是連結了艾瑞克森的話語：「菸斗——笨拙；菸斗——笨拙」。

某種程度上，艾瑞克森運用我的意識心智來對抗我的潛意識心智，因為在聽了他的笨拙朋友故事之後，每當我想要拿起我的菸

斗，我握著菸斗總是感到不舒服，我不確定該把菸斗放在嘴巴的哪裡，不知道該怎樣點煙，不知道該如何吐煙。我總是對於抽菸斗想太多，抽菸斗再也不是有趣的事情了。

艾瑞克森並沒有跟我直接討論抽菸斗這個問題本身，他改變了其中的元素。這是艾瑞克森學派的一個重要而且基本的原則：不要討論大問題，改變其中的小元素。一個相關原則是：創造許多誘發點，而不需要幫個案把這些點串連起來。如果個案自己「把點連接（自己理出頭緒）」，那將會更有說服力，而且個案會有成就感。當艾瑞克森刻意提供一個新的情緒背景（笨拙），我自己把這些點連接起來了（抽菸斗連結到笨拙）。

或許你小時候玩過「連連看」。當我是小孩子時，我會給圖畫本上色，裡面有許多的點點，這些點連在一起就變成一個圖案。但我永遠不會事先知道這個圖案是什麼，直到我把這些點都連在一起才會知道。當我玩連連看時，一個圖案突然浮現，我會非常開心。

所以，如果一個個案抱怨說，「我很懶惰」，治療師想要幫助這個個案，最好不要直接去處理懶惰這個大問題。懶惰不是一個完整單位，它是由許多元素組成，事實上，有許多過程。所以，與其去詮釋懶惰背後的意義，治療師或許可以微妙地改變個案的情緒背景。

通常，當個案談論一個問題時，他相信他的問題是一個完整單位。將一個複雜的過程當成一個完整單位來處理或許可以幫助人們有效的溝通，卻也可能阻礙改變的發生。如果艾瑞克森相信我的抽菸斗是一個完整單位，並用這樣的觀點來處理，結果可能完全不同。相反地，艾瑞克森引導我清楚地意識到我抽菸斗行為的種種組

成元素，元素改變了，整個大問題也就跟著改變了，我就戒菸了。

同時，艾瑞克森從未問過我有沒有繼續抽菸。相反地，他提供我一個機會瞭解我的行為，我了解到抽菸斗的行為跟我新的情緒背景相違背。也因著我的敏銳，我利用這個機會去改變，我也成功了。我戒菸了，而這是我自己自由意志的選擇。

我給這個艾瑞克森用來幫我戒菸的方法取了個名字。我稱之為「法拉佛西（Farrah Fawcett）原則」。法拉佛西是美國 70 年代的一個性感象徵代表，她是一個漂亮的美國女演員。那時候的大學生會在宿舍房間牆上掛一幅她穿紅色泳裝的性感海報。那時候，我在醫院實習，跟我同事在餐廳裡用午餐。桌上放著一本時尚雜誌，封面就是這位美麗的女明星。同桌吃飯的人看見這雜誌封面說道：「她的腳踝太胖了」；另一個同事看著這雜誌封面然後說：「她的小腿不好看」；另一個人接著說：「她的屁股跟她的腰比起來，屁股太大」；另一人說：「她的胸部太小」；另一人說：「她的眼睛不對稱」。等到我們吃完午餐，我再也不覺得法拉佛西漂亮了。

許多元素協力合作創造了一個完整單位。因此，當你將一個完整單位分解成許多小元素時，完整單位就失去了它的完整性──這可以破壞它的完整形態，這也就是艾瑞克森對於我的抽菸斗行為所做的事情。詳盡的細微檢視可以鬆動一個結晶化不改變的固定狀態。我經常會問那些在痛苦中煎熬的個案，請他們詳細地描述他們痛苦的經驗。這樣做的時候，他們通常就覺得沒那麼痛苦或難受了。

不過，根據約翰屈伏塔原則，法拉佛西原則也是會有失效的時候，以下就是一個例子：

大約是法拉佛西開始走紅的時期，約翰屈伏塔也是當時走紅的美國帥氣男演員。有一天，我跟我的助理在用餐，正好約翰屈伏塔也走進同一家餐廳用餐。我助理很明顯是約翰屈伏塔的粉絲，不停地盯著他看，以至於我們什麼工作也做不了。她的頭鎖定在約翰屈伏塔的方向，脖子都快要扭斷了。為了打斷她的迷戀，我解釋了法拉佛西原則給我助理聽。她聽完之後很堅定地告訴我，「這個方法在約翰屈伏塔身上不適用」。（約翰屈伏塔原則就是：當我們詳盡檢視時，有些東西是免疫的，無法破壞他們的完整性！）

詳盡檢視一個問題的許多元素是一種醒覺式思考——我們常用的簡單化假設不總是有效。這只是一個鬆動問題的方法。然而，治療師首先應該建立一個問題以及解答的地圖。我們在後面的章節會討論如何創造一個地圖，並且用來定制治療目標。現在，讓我們檢視一下面對心理問題時常見的治療學派觀點。

聚焦在問題

當個案帶著問題來尋求心理治療時，一個可能的治療方式是尋找心靈深處的病因或是過去歷史問題的根源。雖然這樣的尋找不見得會對許多心理問題造成改變，但人們通常相信找到問題的根源就可以解決問題。

在許多領域，了解問題的根源是必要的。譬如在醫學領域裡，如果病人跟醫生說他們有病菌感染，醫生需要知道是什麼特定的病菌，才能對症下藥。機械的領域也是類似的。如果一個機器的運作出了問題，我們要知道發生問題的原因在哪，才能修復機器。

在人類社會裡，人們會忍不住去尋找問題的根源，然後怪罪別人。人們經常會責怪別人，認為問題總是別人造成的，或是某件事造成的。

但是，如果想在社交和心理治療領域有療效，我們不需要尋找原因和責怪別人。事實上，在社交心理問題裡尋找原因通常不會得到解答。當一對夫妻來做婚姻諮商時，他們經常怪罪對方。就算他們其中一方是對的，我還是經常會講一句陳腔濫調：「你可以證明你是對的，或是你可以選擇留在婚姻裡」。

在心理治療裡尋找病因也不總是無效。有時候對於過去歷史的了解有策略性價值，可以誘發改變。比如，一個青少年可能開始抽菸，因為他的父母親特別看重健康，這時候抽菸就變成一個反抗的行為，用來建立新的自我身份認同。在這種情況，治療師可以幫忙找出「病因」，協助青少年去發現積極的休閒娛樂，這些休閒娛樂與父母親的不同，同時也可以產生新的自我身份認同。比如，治療師可以詢問青少年個案是否有興趣參加樂團、參與戲劇演出、參與創造性藝術、照顧動物、烹飪等等。

問題可以從多重角度來檢視，而找到一個「真正的」病因對許多心理問題而言幾乎是不可能的。一個問題可能歸因於遺傳、過去創傷、環境、有缺陷的童年、這些因素的組合，或是其他原因。同時，一個問題可能是個案自己個人的因素，也有可能是跟別人有關的因素。比如，問題可能存在於伴侶其中一人身上、存在於伴侶兩人互動關係之間、存在於個案和整個家庭互動之間，或是存在於整個家庭跟機構互動之間，或是整個家庭與文化之間的衝突。所以，一個問題可以被視為存在個人內在、關係之間，或是一個團體裡

面——所有這些觀點，某種程度上是互相關聯的，都可以用來幫助個案改變。

但是，與其尋找一個原因來解決問題，更好的選擇是處理一個問題其中的許多元素。正如同我們看到艾瑞克森如何處理我的抽菸斗問題，一個問題是由許多元素組成。運用這些元素，我們創造出針對問題或解答的地圖，然後改變一個問題的許多元素，這在治療系統裡就變得至關重要。

治療師可以從許多不同觀點角度尋找治療方法。治療師看問題的觀點角度會決定整個治療方向。

經驗式治療

這本書的主要取向是假設，個案困鎖在僵化的狀態裡持續痛苦，而治療最好的方式是幫助個案親身體驗到改變。經驗會改變一個人的情緒和狀態，而訊息知識沒有辦法做到這點。如果你想要一個人進入幽默的狀態，創造一個醒覺式經驗，或許可以說個笑話。

讓我們思考一個狀態：做個負責任的人。父母親通常都會希望自己的孩子變成一個負責任的人。有時候他們會這樣說：「負責任的孩子成績比較好，比較好的成績表示你會進到好大學，有一個很棒的人生。這就是為什麼你要做個負責任的人」。現在，你覺得青少年聽到這些關於好成績或是好學校的說法，就會變成負責任的人嗎？不太可能。但是大部分的父母親怎麼做？他們提供小孩建議和知識，不停耳提面命，就算他們經常對於結果感到失望，還是繼續說。當我們面對一個簡單的任務時，知識和建議或許是有效的，但

是如果要誘發不一樣的狀態，我們就要創造一種蛻變經驗。

　　大部分的孩子都知道要負責任，也知道負責任是一種美德，一個優點。但是，成長的過程和社會心理因素可能會阻礙孩子學會負責任。有時候，孩子反抗父母親是為了建立自我身份認同。例如，青少年致力於創造自我身份認同，而他們經常透過反對或反抗父母親的觀念想法來建立自我身份認同。所以，治療師可以幫助青少年獲取他們的理想狀態。

　　在這裡我們以負責任為例子。要讓青少年變成負責任的人，治療師可以考量成長和改變的五個步驟。

　　步驟一，想法。青少年是否知道負責任是什麼意思？如果他們不知道，我們可以教導他們。

　　步驟二，概念體現：「我可以負責任」，這是一種內化的能力。青少年如何從一個想法轉變成真實體驗概念？必須要有一個「關鍵醒覺經驗（Significant Evocative Experience, SEE）」來幫助青少年體現概念。或許是開始照顧寵物。或許是報名去上體操課，或是喜歡上異性，然後發現要吸引對方最好的方法是變成負責任的人。

　　這裡我們談到想法，談到概念體現。獨特經驗會誘發負責任的想法，變成負責任的概念體驗：「我可以是負責任的人」。

　　步驟三，做決定——內化過程的另一個步驟：「我會是負責任的人」。一旦青少年體驗到「我可以是負責任的人」這個概念，另一個醒覺經驗可以幫助青少年進一步體驗：「我將會是負責任的人」。

　　這引導到步驟四，「啊哈！我是負責任的」，這透過另一個蛻

變式關鍵醒覺經驗（SEE）達成。我們可以把這樣的經驗當成一個參考經驗，提供一個更穩固的基礎。一個參考經驗可能就有蛻變的效果，但有時候可能需要更多的參考經驗，一個不夠。

最後，步驟五，身份認同：「我是一個負責任的人」。當然，我們的目標是建立一個新的身份認同。連結許多參考經驗就會創造一個新的身份。比如，幸福的親密關係或事業上的成就可能連結到一個身份：「我是聰明的」、「我是一個好老師」、「我結婚了」。但是，參考經驗也可能創造不好的身份認同，像是，「我不夠好」、「沒有人愛我」。負面的醒覺經驗可能創造負面的身份認同。

因為我們假設不是所有的身份認同都是好的，治療師必須有多樣方法協助個案建立正向身份認同，而這些方法最好是透過醒覺方式達成。運用邏輯思考無法改變我們的身份認同，身份認同的改變需要透過醒覺體驗時刻。

建立一個適當的身份認同經常是治療的中心目標。有些人或許會按部就班從想法、概念體現、做決定、進入一個新的狀態、建立一個新的身份來進行。但是，有些時候一個新的身份認同可以很快從一個關鍵醒覺經驗來具體實現。以下是個例子。

有一次我幫一群資深治療師上課，我邀請一個人上台做現場臨床示範。上台的是個心理學博士，他提到他酗酒的問題，他對於他的目標不是很明確：「或許我只應該喝一杯酒。」「又或許，兩杯酒也應該可以。」「或許我不應該喝任何酒。」「又或許我不應該碰任何含酒精的飲料」。我們圍繞在他的「或許」攻擊裡面，治療沒有任何進展。所以我使用了一個艾瑞克森學派指導原則來處理這

問題：找到一個互動式的解決方案。這個解決方法要有其他人的參與。

在這個案例上，我讓自己參與解決方案。我邀請對方：「我想跟你達成一個協議。我在接下來一年不吃任何甜點。如果這是我的承諾，那你的承諾是什麼？」我了解在這個案例裡社交承諾與責任會有重大影響，所以我以身作則做了個承諾，讓我們雙方創造一個負責任的結果。結果我們兩人都承諾做到我們的正向誓言。

在這個現場示範裡，我是專家的身份。總要有一個人改變，如果個案無法改變，那治療師可以有所改變。

但是，這個案例也有一個前情提要：

在現場示範的當天早上，我一邊做運動，同時聽著一個醫師專家在演講關於飲食的事。那個專家建議「不要吃糖」。然後我想著，「是啦，聽起來不錯」。但我完全沒想要改變自己的飲食。我並沒有真正「聽進去」這個訊息。

然而，我不知道的是，概念蛻變為理解的過程正在潛意識層面進行。在現場示範結束後的隔天早上，一件我完全沒有預期的事情突然發生：我的身份認同改變了，我變得再也不想念甜點了。我感到很神奇。當我在前一天提供這個解決方案時，我以為我會用自我意志力去執行承諾。但我幾乎是立即改變了我的身份認同。整整一年的時間，我沒有碰過任何甜點。就算到現在，對於甜點，我也頂多吃一兩口。我不知道我的身份認同會改變。我以為我只是靠著決心不吃甜點。但是，那個現場示範的經驗，完美地將我轉換為一個不一樣的人：一個不想吃甜點的人。所以，根據我的個人經驗，不見得一定要按部就班地完成這五個步驟才能獲得新的身份認同，不

管是正面認同或是負面認同。有時候，我們跳過幾個步驟，一個新的身份認同也可即時建立。但是在所有的案例裡，身份認同都是透過經驗來創建，而不是透過提供知識訊息來建立。

知道和理解

「消化吸收事實」和「理解如何去調整的概念」需要不同的流程。當個案來尋求治療時，治療師應該先評量個案對於自己的問題了解多少，還有個案在概念上理解到什麼。人們都知道在關係裡面要友善對待彼此，要有好的健康習慣，也知道在工作或是學校裡要做個負責任的人。個案在沒有動力工作，或與配偶沒有連結時，或許知道該做什麼去改善，但他們是否真的理解，並且實際去執行他們知道的事情呢？

以下這個問題的答案，對於解決人們生活裡許多困境是必要的：連結「知道」和「理解」之間的橋樑是什麼？艾瑞克森對於這個問題的答案是：實際體驗到的經驗會創造一座橋樑，以連結知道和理解。

但是，在經驗式治療方法裡有一個先天模糊的本質。經驗，就像隱喻，是隱晦不明的。當一個人經驗到某件事時，通常會使用一種解讀的過程，相反地，當我們在給出訊息和知識時，不需要任何的解讀，因為事實都很具體。

就好像艾瑞克森說吃生蠔這個故事。艾瑞克森可以簡單直接地告訴我說他的生日是 12 月 5 日。相反地，他用他獨特的方式來幫助我了解某些基本的原則：他是一個貫徹經驗式風格的人。將一個

訊息包裝精美是艾瑞克森經驗式風格的骨幹。這會產生一個效果，讓原本隱藏的訊息變得更加活靈活現，永生難忘。正因為他沒有直接告知對方，所以他的方式會激發出不同的意義。關於這個我沒有預期的吃生蠔故事，我必須激發我的內在智慧來找到獨特意義。

另一個艾瑞克森治療原則是引導導向，而不是直接告知或建議。比如，他沒有告訴我說，「不要抽菸斗」。相反地，他告訴我一個抽菸斗的朋友的故事，這將我帶領到一個經驗式的時刻，引導我產生理解概念的感受。

成為經驗式

或許這聽起來有點誇張，但我相信艾瑞克森在他的治療過程裡是百分之百經驗式的。這不僅是他存在於這世界上的個人風格，也是他的教導風格。當我還是他學生時，他就一直是經驗式的老師。而他的經驗式學派是從催眠衍生出來的。

艾瑞克森是催眠大師，而催眠本身就是一個經驗式的方法。你不會用催眠來提供知識；你不會用催眠來提供建議；你不會用催眠來評論別人的過去歷史或是過程。你使用催眠來幫助個案實際體驗到自我成長發展——個案可以真實體驗到蛻變，進入一個最佳狀態。如果治療師用催眠做基礎發展經驗式學派，那他們在做治療的過程中會很自然地呈現經驗式的風格。他們可能提供一個正式的催眠引導，而這完全是經驗式的風格。但就算他們沒有提供正式催眠，也可能用一種艾瑞克森稱之為「自然式催眠」的方法來幫助個案有獨特的體驗。

我正在撰寫艾瑞克森傳記。為了這本書，我面談了許多跟艾瑞克森相關的人，包括艾瑞克森的三個姐妹、八個小孩、他們的配偶、他的孫子孫女們，還有他的同事。跟艾瑞克森的家人、同事們會談更加堅定我對艾瑞克森的了解，艾瑞克森在人際關係情境裡總是經驗式的風格──不論是跟家人、朋友、同事或學生（儘管他在寫作上是屬於教條式的風格）。當我剛開始做治療時，我的風格並不是經驗式的，隨著我的臨床治療經驗累積成熟，我的風格變得更加經驗式。

　　有很多方法可以讓治療變成個案享受的一種獨特體驗，其中關於治療師如何看待諮商室這件事就是一個好的出發點。治療師可以把諮商室看成是一個舞台，在舞台上治療師可以激發一齣改變的戲碼。治療師可以跟個案溝通一系列策略計畫，透過真實體驗改變且有療效的經驗，個案可以在生命裡活出改變、更加快樂。

　　在本書裡提到的經驗式方法源自於一個催眠學派。對所有治療師而言，學習催眠很有幫助，就算他們或許永遠不會在實際治療時使用，只要你的治療目標是概念體現，經驗式方法就會促成改變的發生。（進一步研究，請看本系列第一部曲：《催眠引導》，Zeig，2014）

　　學習催眠讓我成為一個更有效能的溝通者。催眠教導我如何策略性使用更多溝通管道。在學習催眠之前，我接受傳統心理治療的訓練：「我的嘴巴講給你的耳朵聽，你的嘴巴講給我的耳朵聽」。治療師跟個案說話，反之亦然。這樣的治療方式就好像是簡單地唸一段稿子，因為傳統的心理治療技巧是著重在口語溝通。相反地，艾瑞克森探索了如何運用溝通的多重管道，他並不侷限於口語溝

通。

　　如果我們把繪畫當成是治療的一種比喻。畫家的工具是畫筆，調色盤，以及一個可以作畫的表面。畫家會探索如何運用這些工具來創作獨特又有醒覺體驗的畫作。

　　催眠訓練幫助治療師使用許多不同的媒介做治療——使用治療師的調色盤——這有個治療上的優勢。治療師可以調配出許多不同顏色，包括姿勢、動作、彼此距離、說話速度、音調、聲音方向等等。艾瑞克森所有學術論文裡都存在這些元素的策略性運用。

　　藝術家會探索他們的媒介如何使用，但是他們的表達受限於這些媒介。畫家通常有顏料和畫布，詩人有語言和紙，編舞者有舞者和舞台，編劇有故事和演員。在他們各自領域裡，藝術家致力於將個人風格表達藝術提升到最高境界；他們用藝術來激發觀眾獨特的經驗。

　　在以下例子，我們學習艾瑞克森如何善用他的「調色盤」。在幫助一個很容易暈船的個案時，艾瑞克森用了一個模糊的催眠引導，他運用了聲音的位置作為線索來誘發一個心理生理反應（Erickson, 1973）。個案的眼睛是閉著的，艾瑞克森模仿說話的方式就好像某人在船上會發生的聲音一樣。他擺動著身體，左右搖晃，改變他發出聲音的位置。令個案感到非常驚訝的是，他竟然在艾瑞克森辦公室裡開始感到暈船。

　　當艾瑞克森做這個案例時，那個年代還沒有身心靈交互影響這種流行理論。

　　艾瑞克森教導身為治療師的我們，如何使用調色盤上的所有東西來幫助個案發展自我潛力，幫助他們達到一個更棒、更能靈活運

用的狀態。另一個艾瑞克森學派原則：了解你的溝通媒介，並發揮它的所有潛能。

回顧我們在本章討論的六個原則：

1. **創造獨特經驗使個案理解。**
2. **處理小元素，而不是大問題。**
3. **創造許多誘發點，而不去連結它們。**
4. **尋找一個互動性解決方案。**
5. **當你的目標是誘發概念的體現時，引導個案朝向目標前進，而不是直接告知訊息。**
6. **了解你使用的溝通媒介，並發揮它的最大潛能。**

第二章探討宏觀架構的治療方法，本書的組織結構將圍繞在這個框架上展開。

| 第二章 |

治療方法的宏觀架構

　　許多心理治療學派的建立都是從大師個人風格開展格局。對於佛洛伊德和他的跟隨者而言，治療的出發點是一個清楚明確的人格理論，隨之而來的才是治療方法。

　　佛洛伊德對於人類心理學的起源感興趣。他鋪蓋了心理治療的大道，也建立了一個新的歷史潮流：人們開始對於探索和改變頭腦這件事感興趣。佛洛伊德聚焦於人們如何變成他們現在的樣子，他在探索心理這個議題上功不可沒。但是，沒有人可以完全搞清楚為什麼我們會產生種種的行為，因為其中建構因素實在太複雜，無法用任何一個理論涵蓋所有。

　　在格局上，佛洛伊德的人格理論比他的治療方法強大許多，他的心理治療理論奠基於自由聯想、詮釋以及澄清。相較於佛洛伊德，艾瑞克森發現了無數的治療方法來激發改變，而且不需要任何明確的人格理論。艾瑞克森其實沒有一個明確的治療方法理論，他是一個不探討理論的人。他很靈活地替每個個案發展一個新的治療方法。

　　在本章，我試著將艾瑞克森的實際治療方法變成一個有組織架構的模式——從宏觀視角來看短期治療方法。這個模式有個清楚結構，幫助你理解如何運用艾瑞克森治療方法創造一個有效短期治

療。

　　簡單地說，這個宏觀架構治療方法奠基於五個選擇點。每個選擇點奠基於一個中心問題。這五個選擇點交互作用，互相影響。

設定目標

　　第一個選擇點是設定目標，但這不見得是心理治療的出發點。我們在這裡概要提到設定目標，在後面三章會有更詳細說明。

　　第一個選擇點的中心問題是：「作為一個治療師，我應該溝通些什麼？」治療師需要策略性了解他們想幫個案體驗什麼。在每一次治療會談時，總有許多不同方法建構一個目標。在其他領域，目標建構可能容易些。譬如在醫學上，如果一個病患有細菌感染，醫生就會開抗生素。如果這個病患去找其他醫生，另一個醫生也可能同樣開抗生素。但是，心理治療跟醫學的基本公式不一樣，跟醫學領域裡標準的治療方法也不一樣。

　　在心理治療裡，如果一個個案抱怨，「我沒有動力」，不同的治療師會設定不同目標。一個治療師可能說，「讓我們改變你的想法」。另一個治療師可能說，「讓我們改變你的行為」。第三個治療師可能說，「讓我們檢視一下你的態度」。另一個可能說，「讓我們探討一下你的人際關係，看看這與你的問題是否相關」。另一個可能說，「讓我們檢視一下你的過去，看看你為什麼沒有動力」。然後還有另一個治療師可能說，「讓我們找到你有動力的部分，以及沒有動力的部分，讓這兩部分開始對話」。

　　在心理治療裡我們用醒覺式過程激勵個案，而不是全部一樣的

目標。在治療過程裡，很多時候治療師會根據自己的治療學派來訂定目標。不同心理治療學派會設定不同的目標。認知行為治療學派跟結構式家族治療學派或是完形治療學派的目標不一樣。更甚者，治療師不見得要接受個案對於他自己問題的看法。相反地，他們可以一起討論治療目標，這個討論本身就是一個有效的治療過程。

以下是艾瑞克森治療學派用來設定目標的一系列清單：

- 誘發改變的獨特經驗。
- 聚焦在現象學目標以及次要目標。
- 保持正向，聚焦在個案強項以及個案創造建設性改變的能力。
- 了解這個改變不僅發生在諮商室裡，也可以運用到個案的日常生活裡。
- 策略性思考並引導到結果。
- 關注當下的結構動力。
- 系統化進行，尋找互動式的解決方案。
- 運用自由聯想啟動內在資源。
- 選擇知道解法的目標。
- 創造一個美好結局的視覺畫面。

接下來，我會逐一解釋每個項目背後的原理。

誘發改變的獨特經驗

我們的生活經驗可以幫助我們創造一個獨特經驗，並引導狀態和身份認同的蛻變轉化。回顧第一章，我們提到青少年的不負責任。一個青少年通常知道負責任的重要性，所以直接解釋給他們聽是無效的溝通。但是，我們可以創造一個體驗式時刻：一個關鍵醒

覺經驗，或是「參考經驗」，可以幫助青少年進入一個獨特經驗裡：「我可以負起責任」。然後，可能需要另一個關鍵體驗事件協助一個參考經驗蛻變成為一個新身份認同：「我是一個負責任的人」。

參考經驗可以在關鍵時刻派上用場，創造新的身份認同。生命裡的關鍵時刻，像是結婚或離婚，或開始一個新工作，都可以產生一個新身份認同。另外有些關鍵潛意識時刻也會幫助我們有獨特體驗。比如「我現在是個男人了」、「我現在是個女人了」，或是「我現在是一個真正的治療師了」。然而，參考經驗也可能造成負面身份認同，像是，「我很笨」、「我沒有創造力」、「沒有人愛我」。

治療師可以聚焦在創造正向關鍵時刻上，這些時刻是誘發個案最佳經驗狀態不可多得的良機。我們將會看到，透過說故事、催眠、直接告知、遊戲、平行任務等等方法，我們可以包裝目標，用來誘發一個醒覺式經驗。

聚焦在現象學目標及次要目標

現象學，或是主觀世界的反射，是一種關於生活經驗的研究學問。它正好是科學的相反面，科學是研究客觀世界。心理治療的目標大多數是現象學導向。而醫學目標更多時候是奠基於科學上。

舉例來說，關於愛的研究，這是一種現象學，而不是科學。我們可以透過研究浪漫詩集來感受愛，因為當讀者在讀浪漫詩篇時會感受愛的感覺。但是，愛也可以透過物理生理學來研究，例如，對於在熱戀中的人做頭腦斷層掃描，並分析結果。但是，沒有一種科

學可以幫助人們主觀地體驗愛是什麼。

用一種科學的方法誘發愛的感覺是無效的。愛必須是「自然發生」，無法強求，就好像改變的獨特體驗必須「自然發生」。如果你只是跟你心儀的對象說以下這些話，愛並不會自然發生：「你應該要愛我，以下是五個你應該愛我的合理理由：我很聰明，我很幽默，我很健康，我很會溝通，我經濟上獨立。」

我們需要一個主觀現象引導才能誘發愛，就好像誘發個案狀態和身份的改變通常需要主觀現象的引導。愛是一種元素綜合體——一系列的元素不照順序排列，而且隨時間而改變。愛的蔓延是透過醒覺經驗，而不是公式演算。愛的醒覺是一種直覺的感受，對於愛與被愛的雙方訊息可能隱晦不明。對對方慈愛、保護對方、關心對方的需求，這些都可能讓我們感受到愛；但或許，這些方法也可能無效。愛的過程必須自己親身體驗，而不是透過學術或是科學的方法。改變一個人的狀態和身份也是類似的體驗。

心理治療奠基於一種全人醒覺模式，因為我們經常面對非常模糊的問題和解答。心理問題和愛，這兩者都具備許多不同面向的次要目標元素。譬如熱戀中的人會帶給他的愛人深刻豐富的經驗，包含許多次要目標，像是共享的興趣、熱情、慈愛、幽默等等。相同地，治療師也可以透過創造個案的問題地圖或解答地圖誘發次要目標。一個問題是由許多元素組成。例如我們之後會提到的，與其把憂鬱症當作一個大的問題來治療，治療師可以聚焦在許多小元素，像是鑽牛角尖、缺乏奮鬥目標、害怕與人接觸、對人生悲觀等等。

這就是經驗式治療第七原則：創造問題地圖，創造解答地圖。（後面的章節會提到關於這個原則和相關次要目標發展。）

保持正向，聚焦在個案強項以及個案創造建設性改變的能力

目標應該是正向的，同時連結到個案強項。它們應該是未來導向。生命是活在當下，而不是過去，生命應該向未來發展。治療師應該學習如何發現個案資源，並刺激活化它們，善加利用。如果個案在音樂上有天份，發展這個強項。如果個案在運動上有天份，或是很會自我省思，善用這些強項。

了解改變不僅發生在諮商室裡，也可以運用到個案的日常生活裡

治療上的改變不應該只侷限在諮商室裡，因為真實的改變是發生在個案的日常生活裡。所以，治療師可以用禮物包裝一個目標，或是提供一個有療效的回家作業，讓改變可以真實發生在個案生活裡。艾瑞克森有個著名治療方法是運用直接指令來刺激個案重塑生命。在《不尋常的治療》這本書裡有許多類似的案例文獻。（Haley, 1973）

策略性思考並引導到結果

學術研究、音樂、電影都是一種策略性發展。一系列步驟會引導到一個重要主題的呈現。同樣地，治療師可以創造一系列步驟引導個案實現目標。（這個策略性過程的運用，會在第九章詳述。）

關注當下的結構動力

我們可以聚焦在個案的感知、行為、想法、情緒和相關的狀態

進而找到目標。處理個案的過去歷史並非必要,除非你有個策略性理由必須如此做。

系統化進行,尋找互動式、情境相關的解決方案

　　經驗式治療的第八原則是:尋找互動式的解決方案——有其他人共同參與的解決方案。就算這個問題看來只跟個案本身有關,互動式的直接指令可以補充治療計畫的不足。譬如,如果個案想解決抽菸問題,我們可以運用催眠。然而,我們可以給個案一個連結到其他人的指令。譬如,我可能在催眠裡給個案建議,無論何時,當他犯菸癮想抽菸時,把菸癮當作一個訊號,提醒他要讚美某個人。另一做法是,我可能建議個案玩個節制的遊戲,不告訴其他人他的改變,看看是否有別人注意到他的節制和改變。

　　目標應該要包含系統元素,像是家庭、學校、工作、宗教、文化和社交團體。同時,在一個情境裡的問題,可能是另一個情境中的解答。比如,有魄力這件事在特定情境中可能是個問題,而在另一個情境中可能是資源。同時,情境可以用來刺激獨特經驗。如果治療目標是讓個案體驗到大自然的美麗,參觀國家公園會是一個很棒的參考經驗。

　　治療師通常沒有意識到改變的系統本質,因為系統化重塑生命經驗並不見得是線性邏輯。例如我為一位職業籃球員提供諮詢,比賽時,他使用特定投籃方式總是失敗投不進。他的教練們從專業籃球的角度思考,說:「我們要教他更多的投籃技巧,要求他練習更多。」教練們堅持一種內化、公式推算的解決方法。

　　而我的想法是,能夠教導這個籃球員,徹底改變他場上表現的

人是他母親，不是專業籃球教練。這個年輕人成長的過程中沒有父親的存在。所以，他生命裡最重要的人是他母親。他的母親會到球場看他比賽，在中場休息時，他會跟母親交談。

我想要讓母親能夠參與在兒子的球隊練習，幫助他克服在比賽中表現不佳的問題。我相信母親是這個年輕人的最佳教練，因為母親們總是經常教導孩子們如何玩遊戲。

我跟球隊的教練以及運動心理師解釋我的看法，告訴他們這位母親早已經是球隊的一份子，但是他們堅持直線思考，執著於找到最佳訓練員以及最佳投籃技巧。最終，我無法讓他們從一個系統化的角度來看事情。有時候，僵化體系的自我內在平衡總是強壓過創新改變的力量。

▍運用自由聯想啟動內在資源

自由聯想存在於頭腦意識之前，是由記憶、想法、感知和情感組成。前意識自由聯想會引發人類各種行為。在艾瑞克森創新的多層次溝通語言裡，他（1966 年文獻）會誘發自由聯想來改變行為、情緒、想法和關係，直到創建足夠的自由聯想，產生強大動能「驅動」最佳狀態的誕生。現代社會心理學就是研究這些隱而未見的自由聯想如何驅動行為的改變。

艾瑞克森曾在一個厭食症的女孩身上運用多層次溝通技巧（Zeig, 1985）。他在治療過程中告訴這個女孩許多冒險故事，都是關於他父親曾是牛仔。每個冒險故事都包含一些跟食物有關的隱喻，同時也包含一些元素引導女孩感受更多自己的情緒變化，因為這女孩向來非常壓抑自身情感。慢慢地，這個女孩開始吃些東西，

感受自身更多情緒，這些改變都來自於艾瑞克森誘發多層次連結，刺激改變的發生。

一個相關的催眠原則叫做「意動效果（ideodynamic effect）」。自由聯想可以提升感官經驗（ideosensory experience，意動感官經驗）和生理行為（ideomotor activity，意動生理行為）。例如當我們詳細地描述吃檸檬這件事，你會自動分泌口水。或是，如果汽車前座乘客想要車子快速停下，他可以很用力地踩下想像的煞車板，讓駕駛停下來。

▍選擇知道解法的目標

第九原則：選擇知道解法的目標。有句經典名言是說，治療師根據自身能力來決定要處理的目標，這句話對傳統訓練的治療師而言可能很陌生，因為傳統治療師對於臨床目標和治療過程經常是公式化演算。然而，條條大路通羅馬。如果個案帶來的議題是憂鬱症，傳統治療方法可能聚焦在問題上。相反地，治療師也可以聚焦在別的元素上，同樣產生療效和改變。我曾經參加行為治療學派先驅約瑟夫‧沃爾普（Joseph Wolpe）舉辦的憂鬱症工作坊。他慣用的治療方式是去敏感化（desensitization）。他在憂鬱的人身上發現有焦慮症狀，然後他將焦慮去敏感化，這樣就能有效治療憂鬱症。

個案的目標應該是靈活有彈性的，並不是像刻在墓碑上的刻板生硬。通常在個案談論的自身問題裡，存在一種與生俱來反對改變的阻抗力量。說到底，他們會出現在諮商室裡，證明儘管他們很努力，困擾他們的問題依然存在。我們可以商量討論目標，也可以重塑目標。因此，重新定義一個問題或目標是有效療癒的重要步驟。

第十原則是：在治療早期重新定義問題。好比說，策略上我們可以指出個案並沒有「憂鬱症」（他自己覺得有問題），而是有一個受壓抑的憤怒情緒——而治療師知道如何治療處理這個情緒。當我們重新定義問題時，雙方都會感覺輕鬆些。

▌ 創造一個美好結局的視覺畫面

在《聖經》箴言裡有一句話：「沒有異象，民就放肆。」在短期心理治療裡，每次治療過程以及兩次治療之間都應該有具體目標。我從比爾・歐漢隆身上學到的一件事，是創造一個視覺畫面，例如告訴個案：「想像一台無聲的電視機。看著電視螢幕上出現的是你想要達成的事情。告訴我這看起來像什麼，包括其中的情境」。

當個案和治療師一起使用視覺畫面技巧時，可以促使改變的發生。短期心理治療師需要設定目標；他們需要思考如何在個案身上誘發改變的體驗。我經常建議學催眠的學生們，除非你看得到理想目標是什麼，不然不要太早帶個案進入催眠引導或催眠治療。

結論是，不同心理治療學派關於目標設定有不同的核心價值，沒有所謂的誰好誰壞。我們需要記得，在社交情境裡的目標，像是治療目標，跟醫學治療目標是不一樣的，因為心理治療目標可以由個案和治療師共同創造。

禮物包裝

設立特定目標很重要，而策略性計畫如何呈現這個目標也是同

等重要。治療師可以問自己，「我要如何呈現這個目標給個案？」我把這個呈現的過程稱之為「禮物包裝」，當我們完善地呈現，這可以強化目標的實現。

多年前，當一個記者訪問我，他認為催眠暗示和新年新希望或許有某種程度的相關聯，那時我想到「禮物包裝」這個創新點子。當記者問我如何定義催眠時，我解釋給他聽，催眠是一種禮物包裝的獨特體驗。

我們可以透過催眠的方法強化治療上的建議。當我們把概念用催眠包裝成禮物傳遞給個案，治療的成功機率會增加。進一步地說，催眠有個功能面向是作為禮物包裝使用。

禮物包裝並不侷限於催眠上的運用。一個故事、一首詩、一幅畫、一個玩笑、一個隱喻都可以被看作是禮物包裝。禮物包裝本質上模糊不明，所以接收禮物的人醒覺，進而發現隱藏的訊息。

1973 年，我很天真地去拜訪艾瑞克森，想要學習治療技巧，因為在我的學術訓練裡缺乏很多技巧教導。在當時，像是重新框架或是使用故事軼聞這類技巧是前所未聞。我沒有意識到當時艾瑞克森並沒有興趣要教導技巧，雖然他寫了不少關於技巧的文獻。

在 1970 年代晚期，當我開始教導專業人士時，我主要教導禮物包裝技巧，因為我相信這對於成功的治療很關鍵。有些治療師發展出禮物包裝的獨特能力，並把這樣的能力運用在每個個案身上。事實上，可能在個案還沒有進入治療室之前，治療師已經決定運用這個技巧。有些催眠治療師對每個個案使用催眠技巧；有些治療師主要是使用眼動減敏治療法（EMDR）；有些完形治療師在每個個案身上使用空椅法。如果一個治療師精通一種治療方法，這種特定

治療方法或許就足夠刺激產生最佳改變。然而，世界上有許多治療方法可以選擇，只使用單一方法可能造成自我設限。

下表列出艾瑞克森學派先驅們常用的禮物包裝治療方法。這些方法有個大概的順序排列，依照間接治療方法的順序遞增。間接療法有個根本原則：間接療法的程度加深與接收到的阻抗程度有相關影響（原則第十一）。治療師可以從直接建議開始，如果遇到阻抗，再轉變到間接療法。

表 2-1：禮物包裝

1. 直接建議	11. 未來導向
2. 催眠	12. 改變歷史
3. 間接建議	13. 困惑
4. 直接指令／任務	14. 隱喻
5. 模糊功能作業	15. 象徵
6. 病症描述	16. 軼事趣聞
7. 重新框架／正向雙關語	17. 身體雕塑
8. 嚴格考驗	18. 平行溝通
9. 替換	19. 雙關語技巧
10. 夢想排練	

以上提到的禮物包裝技巧，在許多專業期刊以及書籍都有詳細記載描述。儘管在這本書裡我們無法詳盡的描述所有技巧，但在第七章會一一提到。

我們可以如此運用這個表：例如，我們的目標是運動，如何禮物包裝？我們可以給個直接建議，簡單地說：「你這個星期要運動

五天，這會讓你感覺好些。」同樣的目標可以用其他方法傳遞。透過催眠架構的包裝，直接建議可以變得更有效。在催眠引導之後，治療師或許可以說：「你的潛意識了解運動的重要性，潛意識會督促你一星期去健身房五天。」

我們也可以用間接建議在同一個目標上。例如，「我不知道這個星期的哪五天你會去運動。」或者，我們可以運用一種自相矛盾的重新框架方法：「你這一整個星期都不能去運動，因為這會帶出你伴侶關於懶惰的不安全感。只有當我們幫你的伴侶感受安全感之後，你才可以去達成你的運動目標。」在這個例子裡，運動這個目標被剝奪了，並且被重新框架，作為保護伴侶脆弱的附屬品。

治療師重複建議個案去運動，或強勢地告訴個案「要去運動！去運動！你一定要運動！」通常是無效的。然而，如果用漸進的方法，用多重禮物包裝的技巧，通常會造成不一樣的結果。

這就引出了經驗式治療的第十二原則，跟創作樂曲同樣的道理：漸進式溝通，而不是反覆述說。漸進式做法是我們不斷回到同一主題，並產生不同變化。相對於重複述說，漸進式溝通效果更好，一個訊息可以透過多種漸進方法來傳遞。

貝多芬是使用漸進式樂曲的音樂大師。在他著名的《第五交響曲》中，他在樂曲開始時使用兩個音符和四個音調（一、二、三、向下降）。這個交響樂的主題透過一系列漸進式樂章發展出來：同一個主題的多重變化。

在物理世界裡，重複增加某個東西的強度可能造成改變：施加更大的力量，反應就會增加。但是社交系統運作的方式並不像物理系統。漸進式溝通可能比重複述說來得有效。

結論是，第十三原則：透過不同技巧，我們可以用禮物包裝概念和經驗，而技巧本身不會有療效。在醫學上，醫療技巧用來療癒病人。然而，如果我們認為心理治療跟醫學治療運作的方式一樣，那是認知上的錯誤理解。催眠無法療癒任何人。眼動減敏治療技巧（EMDR）、系統化去敏感技巧，或是認知行為技巧都無法療癒任何人。禮物包裝是激發最佳概念體驗的方法（嘗試多層次溝通）。禮物包裝就像是某種容器，可以把有用的概念傳遞到接收者身上，訊息可以傳遞到頭腦、心智等多個不同層次。這是一種激發簡單概念想法的重要方法。

量身訂做

短期心理治療無法單靠禮物包裝目標就可以達成。一個訊息的有效與否是依據它所誘發的反應來決定，而不是這個技巧的熟練與否。要增加個案正向反應，我們可以量身訂做治療方法來符合個案獨特需求。

量身訂做是治療師深刻了解個案所處位置觀點，並分辨如何使用它。這個過程對治療師而言可能是種挑戰。根本概念是，治療師保持不評判的態度，開放心胸去了解如何運用個案所在位置。量身訂做是透過個案的觀點做治療。如果個案有一種緩慢步調又沉悶的個人風格，治療師可以找到方法運用這個風格。或許我們可以把這樣的個案看作似「禪」一般的風格，他總是花時間讓自己保持在正念覺察裡。

我們可以修正禮物包裝來符合個案需求。但是，請記得，對個

案 A 有效的重新框架，不見得對個案 B 有效，對個案 A 有效的催眠，不見得對個案 B 有效。治療師應該致力於用個案的經驗式語言與個案溝通。曼德拉（Nelson Mandela）曾經說過：「如果你用一個人聽得懂的語言與他溝通，他會記在腦子裡；如果你用對方的經驗語言與他溝通，他會記在心裡」。

量身訂做意味客製化每次治療過程，對艾瑞克森而言這是最重要的事。艾瑞克森的好朋友以及合作夥伴瑪格麗特・米德（Margret Mead）是著名美國人類學家，她在艾瑞克森 75 歲生日時寫了一篇祝賀文，刊登在美國臨床催眠學術期刊上。其中她提到艾瑞克森對於每個個案都會發展一種新的治療方法（參見 Mead, 1976 文獻）。

在 1978 年我開始籌備第一屆艾瑞克森學派國際年會，艾瑞克森當時還在世。然而，他在這個大會正式開始前八個月去世了，大會在 1980 年 12 月舉辦。我當時滿心期待這個大會能在他 79 歲生日舉辦，雖然這個願望最終沒有實現，但是在他去世前，他知道有 750 人報名參加這個大會，其中有許多人從來沒有參加過催眠國際大會。

1978 年，我邀請艾瑞克森寫一段話來總結他的治療風格，要印在大會的手冊上。他寫道：「每個人都是獨一無二的個體。因此，心理治療應該依據每個人獨特需求量身訂做，而不是強求將個人套進一個人類行為的框架理論裡」。

在做治療時，我通常不會從目標開始，而會從量身訂做開始。當我瞭解個案所處的位置與觀點，了解問題持續存在的背後機制時，我會更容易量身訂做目標，選擇我的禮物包裝方式。在第五

章，我們會更深入探討量身訂做。

創造一個過程

　　一旦量身訂做目標，並且完成了禮物包裝，治療師會面臨另一個挑戰：創造一個賦權個案的過程。在專業領域進步的路途上，我發現過程變得非常重要。在我還不了解策略性過程之前，我研究禮物包裝，然後我慢慢發現治療不僅僅只在技巧層面。在我重新研究艾瑞克森時，我發現之前沒注意到的某個天才面向：他極度看重策略性過程。在網球或是高爾夫球領域，學習技巧的目的是打到球，但是在比賽過程中，前置準備以及後續跟進同等重要。

　　不僅在運動領域我們運用策略性發展過程，在電視和電影的專業領域也有三步驟過程。這三步驟的組成是：進入、主題發展、退出。電影裡第一個場景拍攝飛機在天空飛（作為進入的場景），這引導到下個場景：某些事在飛機裡發生（主題提供）。而退出場景可能是一段音樂或一段對話，這會接續到下一個場景。電影導演知道如何運用三步驟跟觀眾溝通，這會加深醒覺式經驗感受。

　　餐廳裡的菜單有類似的三步驟過程：前菜、主菜、甜點。在心理治療裡，催眠可以是前菜，是主菜，或是甜點。催眠可以作為治療的準備工作，作為治療主軸，或是作為治療主軸的後續跟進，也就是建議個案將治療主軸誘發的資源落實運用在日常生活中。

　　表 2-2 闡述策略性發展三步驟常用方法。

　　圖 2-1 則描述艾瑞克森做一個治療時的時間線。讀者可以在以下網址購買這個影片：https://catalog.erickson-foundation.org/item/

表 2-2：治療的過程

準備工作	治療主軸	後續跟進
評估	直接建議	確認
跟隨	催眠	遺忘
種種子	間接建議	過程說明
處理阻抗	直接指令／任務	夢想排練
建立反應	病症描述	測試治療結果
催眠	重新框架	任務
同理心	艱困挑戰	寫信／寫 email ／打電話
重新定義	隱喻	催眠
去穩定化	軼事趣聞	激勵
激勵	多層次溝通	建立自信

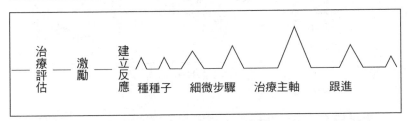

圖 2-1：心理治療的時間線

therapy-marital-system-dvd。

在這個影片的治療裡，艾瑞克森說了一個五分鐘的故事，作為治療主軸，但是他在講故事之前花了半小時建構戲劇化效果。然後，他又花了半小時的時間跟進這個故事。透過一系列策略性步驟，艾瑞克森花時間建構治療舞台，用五分鐘時間提供包裝精美的目標，然後花時間後續跟進完成整個過程。

一個劇作家運用策略性過程來編寫劇本。故事主題總是逐步發

展的，在主題開始前有些線索鋪陳事件和情境發生，或許也運用短暫回顧片段。但是最終，在所有電影裡，導演會整合所有元素，創造一個完整結局。小說家和作曲家也使用類似戲劇化過程。建築師也可能會在入口處加入一個元素作為線索，然後整棟大樓接著延伸彙整到同一主題。

我們可以把戲劇化過程看成一系列富有韻律感的步驟，如圖2-2：

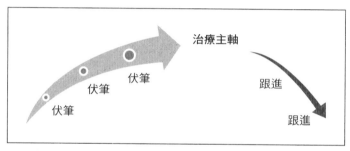

圖 2-2：戲劇化過程

還是研究生時，我學習用簡單句子溝通。所以，在早期專業工作上，我經常使用簡單句子作為主要療法。然後我跟艾瑞克森學習，發現他經常用三句一組的方式說話，在過程裡運用多變方法：進入、提供主要療法、離開。我最終理解他如此策略發展其中的重要性，後來這個風格也變成我自己在生活裡以及專業上的主要溝通方式。

在我的第一部曲《催眠引導》（Zeig, 2014）中，我描述了三句一組的催眠語句，稱之為「解離陳述句」。以下是一個範例：

1. 你的意識心智可以注意到我的說話聲音，當你……

2. ……你的潛意識心智可以探索內在的聲音變化，因為……

3. ……能夠完整體驗一件事很棒。

第一步跟隨當下現實情境。第二步有目的地加入模糊暗示：「探索內在的聲音變化。」第三步提供一個動機用來加深體驗感受。這個最基本的形式裡有三個步驟：跟隨、暗示、激勵。其中的模糊暗示「探索內在的聲音變化」是用來激發個案內在體驗的。

如果醫生運用三步驟過程，病患配合度可能會提高。讓我們舉例看看此過程的運作方式。例如一個職業音樂家去看醫生，醫生可以這麼說：（1）「今天你來看病，我知道這對你而言很重要。我知道貫徹始終以及勤勉不懈向來是你在專業上成功的主因。（2）這是你的處方簽（或許用一種平行溝通語氣強調）。請按時吃藥。（3）這個藥會幫助你在成功的道路上繼續邁進。這藥已經幫助其他許多跟你有類似症狀的人」。再次強調，三步驟：跟隨、暗示、鼓勵（進入、提供主要治療、退出）。

運用策略過程提供量身訂做以及禮物包裝的目標，能幫助治療師在治療上更深入有效率。治療師如果學習這些方法並運用在臨床治療工作，治療效果會更持久、深入、有效率。

我們之前提到的四個選擇點，在各自位置上都有一個核心提問。但是，把他們放在一起，就會有一個最重要的核心提問出現：「我如何做治療？」治療師可以透過讀書或是傳統教育系統來學習四個選擇點。然而在第五個選擇點，我們會探討一個完全不同的提問：「身為治療師，我該如何看待自己？」要學習這第五個選項，最好要透過直接體驗而非學術性知識；最好是透過心靈導師或督導啟發。

治療師的態度

　　治療師的態度對於成功治療至關重要，或許是最重要因素。我們可以思考四個類別：濾鏡、肌肉、心、帽子。在個人生活和專業領域上我們都有濾鏡，也就是看事情的角度。我們也都有肌肉：做事情的方法。然後我們每個人也都有心：慈悲心；以及一頂「帽子」，或稱為社交角色。（英文諺語說，「她戴了很多頂帽子」，表示她善於人際交往，角色多變。）

　　在我成長過程裡，我學會傳統的看事情角度和做事方法，而且對於慈悲心和社交角色有刻板印象。另一方面，我的專業訓練教我一些關於濾鏡、肌肉、心、和帽子的特別的事。比如，當我學習人際溝通分析時，我會從「遊戲」和「人生腳本」的角度看事情。這個過程通常讓我用一種說教式的態度，教導個案一種結構式分析，包括評估個案內在父母、內在小孩、內在大人的自我狀態。因為人際溝通分析通常以團體方式進行，在團體成員中會產生慈悲心。我的社交角色是運用我自由奔放的內在小孩自我狀態，我很享受這個帶團體過程。相反地，在精神分析裡治療師尋找移情作用以及運用詮釋。他們會有一種較正式的方法來表達他們的慈悲心，而他們的社交角色在整個療程裡從頭到尾都一致。治療是否有效，很大部分決定於治療師的態度或是狀態。然後，治療目標透過個案所在位置與治療師態度之間的互動而決定。第十一章會深入討論如何發展治療師狀態。

　　當我看個案時，我通常會有一個幻想。我想像一個鑽石在我眼前——更具體而言，我看見「選擇點鑽石模式」（見圖 2-3）。我

的主要治療方法是基於使這五個選擇點都有效。

　　這個鑽石是奠基於五個關鍵選擇點：（一）目標，（二）量身訂做，（三）禮物包裝，（四）策略過程，（五）治療師的態度。再次強調，治療師設定目標的提問是：我想要溝通什麼？量身訂做的問題是：我如何為個案客製化這次治療？禮物包裝的問題是：我如何溝通這個目標？策略過程的提問是：我該創造怎樣的過程？治療師也可以問自己：作為一個治療師，我想要扮演什麼樣的角色？該怎麼做？

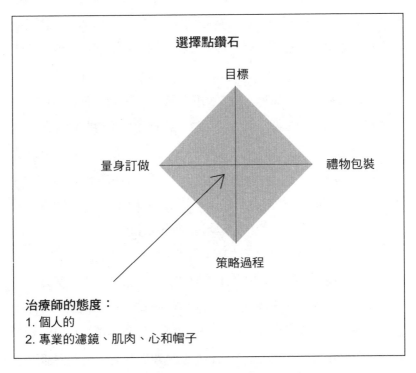

圖 2-3：艾瑞克森學派選擇點鑽石模式

心理治療起源於精神分析學派，當時的治療師只有一個位置，每個治療師都說同樣的話。在當時運用統一教材很重要，因為治療目標是誘發移情作用：釋放阻礙日常生活功能的壓抑負面回憶，使這些回憶浮現。在佛洛伊德年代，治療師沒有接受如何使用所有「溝通」管道以產生療效的訓練。他們沒學過姿勢、動作、詩意表達等等。在當時，如果治療師的行為影響個案的移情作用，這是錯誤的。移情必須毫無差錯地呈現在治療師的「空白螢幕」上。如果治療師干擾了個案的移情作用，會被認為產生「反移情作用」。反移情的定義是分析師的情感跟個案的混淆在一起，而這種反移情對個案的治療可能是好的，也可能是壞的。可能是分析師的潛意識情感，在治療過程中被攪動而浮現，分析師把這些情感投射疊加到個案身上。

　　在傳統精神分析領域，社交角色是固定的。個案有安排好的預約時間，可能是一星期三到五次治療。精神分析師會跟個案握手；然後個案躺在沙發上，把所有浮現腦海的東西講出來。精神分析師有三種技巧：詮釋（Interpretation）、澄清（Clarification）、面質（Confrontation）。精神分析師不會特別活躍，僅會做些詮釋，譬如「我很好奇這件事是否讓你想起從前的某件事。」整整五十分鐘之後，分析師會說，「今天的時間到了。」然後分析師和個案再次握手，個案從另一個門離開，才不會碰見其他來做治療的個案。

　　在艾瑞克森學派和其他短期心理治療學派，治療師比較有彈性、較靈活。建立一個制式化的治療框架對於某些學派有用，尤其是當目標放在人格改變上時。當目標隨情境改變時，我們要運用策略性方法，因為我們想要的治療目標比設定一個狹隘固定框架來得

重要。

一個運用選擇點的假想例子

　　這五個選擇點可以提升治療師的靈活彈性以及效能。如果治療師有個目標，選擇直接跟個案說明白，可能會誘發改變。如果是這樣，治療師就不需要繼續做其他處置。如果這種方法無效，治療師可以重新定義先前問題，然後說：「你檢視自身問題的角度有問題。你看事物的角度會影響你的自信心和情緒」。

　　如果這樣無效，治療師還有其他選擇。其中一個選擇是說同樣的話，只是增加說話強度力道。比如，「改變對現實的看法，讓自己好過一些，這是非常重要的！」然後，「這是非常非常重要的：你可以改變你對現實的看法，而讓自己更好過些。」這是一種機械性的重複模式。如果一個物件拒絕移動，我們就加強推拉力道。在醫學上我們也發現同樣道理。如果病患對於某個藥物沒有反應，醫師可以增加劑量，很可能會有效果。

　　然而在心理治療裡，「增加劑量」經常無效。所以，治療師可以選擇改變他的治療方法。治療師可以這樣說（用隱喻的方式），「看看生命裡的花朵，而不是看雜草。」或是：「你沒有以對自己最有利的方式運用過去的人生經驗。」或是：「你沒有用調整過的方式與人連結。」或是：「你沒有活出生命的意義。」或是：「你沒有憂鬱症；你只是無聊。」記住，我們可以靈活運用目標。

　　就像我們之前提到，我們可以定義問題是存在於自身內或是在關係之中。問題可以存在於一個人內在，在兩個人互動間，或是在

團體內，就像問題存在於家庭或工作團隊裡。問題也可以被定義為一個團體在一個機構裡的互動，或是受到某種特定文化的影響。治療師經常把個案問題視為僅存在於個案內在。然而，這個看法並不總是有效，所以治療師可以嘗試一下關係上的定義。從不同角度尋找答案，然後記住，在一個情境裡有效的方法，不見得在另一個情境有效。

目標在某些原則上是普世通用的。例如在醫學上，如果一個人骨折了，醫師會治療他。然而在社交情境裡（如心理治療），目標會透過個案所在的位置以及治療師的態度兩者之間的互動共同創造。在社交情境裡，目標不是固定的，而是靈活有彈性的。這就提到我們治療師的第十四原則：創造容易達成的目標。

如果治療師不想改變目標，另一個選擇是找到新方法包裝目標。譬如，如果目標是運動，治療師可以誘發催眠然後暗示，「現在你可以運動。」治療師也可以用故事來包裝運動的概念。

如果上述方法也無效，治療師可以運用量身定做，使用個案的經驗語言來溝通。也可以選擇改變過程，運用三步驟方法：準備工作、治療主軸、後續跟進。如果這些都無效，還有最後一個選擇：改變治療師。這並不是要你轉介個案給別人或同事，而是治療師本身必須改變，變得更加好玩、更嚴肅、更說教性、更經驗式、更靈活等等。

我跟艾瑞克森學習超過數百個小時，包括個別學習或是團體學習，有一半時間他都在幫我成為更靈活的人。心理治療裡有太多的框架和正統性存在。治療可以從治療師本身變得更靈活這個議題開始。最終的目標是要誘發個案的靈活彈性。

當個案有個問題時，有些治療師會幫助個案尋找原因。一般來說，人們喜歡尋找問題起因，因為他們覺得這是必要的。人們經常想要冠上責任：「這是你的錯；這是我的錯。」就像本書先前提到的，在親密關係裡，伴侶可以選擇堅持自己是對的，或是為了延續關係而放棄堅持這個想法。我們不知道許多問題的原因，每個人都有自己的想法，但我們經常無法自制地想要尋找原因，或是責怪別人，把責任推到別人身上，就好像原因會帶來答案一樣。其實指責別人或是歸咎責任並不會帶來答案。

我們在第三、第四章會看到另一種方法：分辨問題元素。還記得艾瑞克森那個抽菸斗的笨拙朋友嗎？運用元素，治療師可以創造出問題的地圖，甚至能創造出解答的地圖。為了瞭解元素的重要性，在下一章我們將解構催眠。

回顧本章列出的原則如下：

7. 創造問題地圖，創造解答地圖。

8. 尋找一個互動式解答，邀請其他人參與解答方案。

9. 選擇知道解法的目標。

10. 重新定義問題的時機越早越好。

11. 你感受到的阻抗有多少，就放多少份量的間接溝通在治療裡。

12. 運用漸進式方法，而不是單調重複。

13. 技巧是用來禮物包裝概念和經驗的。技巧本身沒有療效。

14. 創造容易達成的目標。

| 第三章 |

催眠教會我的事：解構各種元素

　　以下催眠腳本是我在教導基礎臨床心理治療實務課程時，所帶領的團體催眠引導。這並不是催眠課程，只有少數學生體驗過催眠。我的目標是讓學生體驗醒覺式溝通，透過引導各種元素構建完整狀態，並且統整這些誘發出來的元素。更進一步，我希望學生能夠了解如何透過解構個案問題，將其轉變成各種元素，來了解建立目標的過程。這個催眠引導，一開始是比較說教式的語氣，然後我慢慢轉變成比較催眠式的引導，透過改變我的音調、說話速度、以及我說話的方向來達成這個目標：

　　開頭我們這樣說——

　　你對於催眠有興趣，你覺得催眠是一件可以嘗試的事情；可以了解一下……可以體驗一下。你可以理性地了解一下催眠，但如果你真的有興趣，想要體驗催眠，你可以不費力氣地花一點點時間……所以你可以……讓自己舒服地坐著……這或許代表了你的肩膀很放鬆，你的手安放在大腿上，你的拇指沒有碰觸任何部位。你感覺腳穩穩的踏在地上，幫助你的身體安定。你也可以感覺到耳朵很安定，而我正在對你的耳朵說話。接下來的動作也可以是很有趣的……做一個深呼吸，你感覺很愉悅，很有價值……再做一個輕鬆

呼吸，注意到你何時將空氣全部呼出……全然地放下。就算你的眼睛是張開的，你也可以專注……真的專注於你的內在。當你的眼睛打開時，你可以……專注在放鬆體驗裡面。或者，你可以……閉上眼睛。我不知道你如何……體驗到放鬆，但你可能將放鬆作為一種身體的感覺來體驗。

　　突然，當你輕鬆地呼吸，當你全然地吐氣，你可能會覺得放鬆就像一種溫暖感受。你會在身體的中心點感受到這種溫暖嗎？還是你會在後腦勺感受這種溫暖？然後你可以……不費力氣地休息……不費力氣地知道你的內在心智可以幫助你體驗……體驗放鬆的感覺。你們當中或許有些人看到放鬆的視覺影像。你可能看到放鬆的畫面，或許有漂亮顏色、有趣形狀，或是放鬆的動作。有些人可能會想起跟放鬆有關的回憶。

　　某個片刻，你可能是個小孩子。或許你在一個安全的地方。或許你待在家裡躺在床上，爸媽正在講故事給你聽。然後當你發現體驗放鬆的方法，你可以很輕柔地……輕柔地，閉著眼睛，向上看。做一個深呼吸，當你完全吐氣時，你可以發現放鬆的方式改變了，你會注意到這個放鬆的感受如何變得更加鮮明深刻。

　　很有趣地，你完全不用特別留神。你的腳放在地板上，而你不用留心注意。你不用留心去注意……來自椅子的支撐。如此一來，你就像是一個沒有身體的心智。你就像是一個智慧體，毫不費力氣地在空間和時間裡遊走。突然之間，畫面、感覺和鮮明的回憶可能會以一種獨特的方式，來到你腦海中……用一種對的方式來臨。但你總會記得，在任何時刻當你想要體驗的時候，閉上眼睛，花時間做個深呼吸，眼珠向上看，然後全然地吐氣。然後在你全然吐氣

時，你可以鮮明地感覺最放鬆的生理狀態。

然後會有個改變，你的身體會跟著這個休息狀態調整。你的呼吸節奏改變了。你吞口水的生理反應改變了。你可能會感覺到聲音變得更加清晰。也可能感覺周圍變得更加安定。你可以有個理由幫助你自己進入催眠狀態，享受片刻放鬆，找到問題的解決方案，或許有個片刻你可以發現內在資源，一個引導你改變的內在資源。

我將會保持靜默幾秒鐘。這幾秒鐘對你來說是完全足夠的，幫助你客觀地利用這次催眠，加強你對這次經驗的理解，深刻體驗你對概念的理解。幾秒鐘的時間就完全足夠……

接下來，我想要你思考一下：現在你感受到最鮮明的是什麼？是感官的感覺、畫面、還是回憶？催眠對你來說是什麼？當你反思這個問題：「現在對我而言什麼最鮮明？」你就會知道。

接著，我邀請你把自己帶回來。你現在可以把自己帶回來……回到當下，全然地。輕鬆地呼吸，一次、兩次或三次，伸展一下，把自己帶回來……全然地清醒。

在這個催眠引導之後，我詢問學生們他們體驗到什麼。一個學生說，「我進入得很深。」另一個學生說，「我看見藍色天空，一片白雲，以及一個廣大湖泊。」另一個接著說，「我跟一個男人站在橋下。」有人接著說，「我感覺很熱，開始流汗。」另一個學生說，「我感受到空無，」另一個人說他感受到抗拒。另外三個學生描述了三種不同經驗：「我跟我的呼吸連結。」「我在一條河流裡，感覺很舒服，突然感覺受到驚嚇，我必須離開那條河流。」「我感受到解離。」學生們有許多不同主觀經驗，這些經驗大多數

都發生在催眠的領域中。我想幫助學生建立一個讓催眠可以自然發生的情境，而學生的不同反應呈現一個不爭的事實：催眠是一種非常主觀的個人經驗。

我接著解釋：「團體催眠的缺點是，我無法幫每個人量身訂做催眠引導。另一個缺點是，催眠應該是一種對話，而在做團體催眠時，我無法跟所有人同時對話。基本上，團體催眠比較像是有人帶領的靜心冥想。」

我指出催眠式溝通的根本架構有別於其他傳遞訊息的方法。在團體催眠引導時，我使用了醒覺式溝通，而不是告知式溝通。我沒有提供直接建議或是指導，而是提供經驗。我的溝通模糊隱晦，而不是直線式邏輯溝通。告知式的溝通是直線直接，而醒覺式溝通是模糊隱晦。早先在課堂裡，我使用告知式溝通來教導知識。但當我開始催眠並且提供經驗時，我開始使用醒覺式溝通。這就好像是我把「玩具」放在學生的心靈舞台上，邀請他們跟這些玩具玩耍互動。在過程中，我建立了一個情境，讓催眠可以自然發生。我提供學生的催眠引導並不是從催眠腳本中照本宣科讀來的；隨著催眠展開，我即興演出。用譬喻的方式來說，我創造了詩篇來觸碰他們的心，而不是直接對他們的左腦提供訊息。

讓我們檢視一下我在這個催眠引導中所使用的策略性目標。我希望刺激活化不同元素交互運作，讓所有的學生都有催眠體驗。我這麼做的原因是，人們體驗催眠的方式很多，當人們說他們被催眠了，基本上是根據他們自己的主觀定義而這麼說的。

進入催眠的不同路徑

以下是進入催眠的常見路徑：

（一） 當檢視內在時，有些人說，「我在催眠狀態裡。」如果這是他們對於催眠的評判標準，治療師應該要接受這個說法。

（二） 有些人需要一些強度改變以感受催眠狀態。有些人被催眠時，感到深度地放鬆，畫面和聲音變得鮮明。而對某些人而言，事物則是變得模糊。某些人會對身體的某個部分失去知覺，或是對於時間的概念變得模糊。當事物變得鮮明清楚或是模糊不清，人們會覺得自己進入催眠狀態。

（三） 有些人同時需要注意力和強度的改變，才會進入催眠狀態，也有些人需要解離現象。解離可以是以下三者其一，或是三種過程的任意組合：

　1.當事情就只是「自然發生」時。比如，一個畫面突然出現；或被催眠的人無預警地感受到一個情緒，或是無預警地感受到一個不尋常的鮮明回憶。

　2.當一個人感覺到分離的感受。有一種感覺是「既是整體的一部分，也從整體裡分離出來。」比如，個案進入一個走在沙灘上的場景，他可能會說：「我知道我在這裡，但我也同時在沙灘上。」

　3.當一個人感受到輕微的去穩定化——感覺某些事物莫名地失去平衡。

有些人需要三種改變都發生，才會體驗到催眠狀態：注意力的改變、強度的改變、體驗到解離。

（四）　有些人需要間接體驗到反應模式的改變。他們做出反應，沒有意識自己受到提示。有時候他們根本沒有察覺自己做出了反應。在催眠時我們著重在建立更多間接反應。用譬喻的方式來說，催眠就像是治療師敲個案的門，而當個案對於隱含的意義做出反應時，就好像在說：「歡迎來到我家，你可以幫我重新佈置這個家。」對於雙關語反應的研究是社會心理學的範疇。同時也是所有藝術的基礎。（要進一步了解間接暗示，尤其是跟催眠有關的部分，請參照 Zeig, 2015。）

（五）　有些人需要情境標註——在情境中的某件事，將整個經驗標註為催眠狀態。幫學生做團體催眠時，我用了一種艾瑞克森最擅長的手法：間接定義情境。比如，在諮商情境中，艾瑞克森會突然緩慢而嚴肅地說，「我將要提醒你很久很久以前發生的某件事。」當他改變說話的音調和速度，將他發出聲音的方向從個案身上移走（通常是導向地板），他就是在暗示：「該進入催眠狀態了。」藉由間接定義情境改變，艾瑞克森同時完成兩個目標：他得到人們對於暗示所產生的反應，同時定義了這是一個催眠狀態。（參見《催眠引導》，Zeig, 2014）

　　有些人需要體驗到以下五種元素，才會體驗到催眠狀態：（一）向內聚焦；（二）強度的改變；（三）解離；（四）反應模式的改變；（五）情境的標註。我永遠不會知道個案何時會說，「我進入催眠狀態了。」或是個案需要什麼來證明自己已經在催眠狀態裡。因此，我通常在開始會談時會將五種元素全部放在個案的心靈「舞台」上。透過將催眠發展成對話，我最終會學到個案認定

催眠狀態的標準。要誘發催眠，治療師可以引導個案到組成元素裡。要刺激改變發生，治療師也可以對於個案的問題或解決方案這麼做。

　　催眠不是一件事情，而是一種讓事情發生的方法。它是元素的彙整，這個組合會隨時間而改變。催眠是一種「症候群」，就像某些疾病一樣。比如，梅尼爾氏症（Meniere's disease）是一種生理失衡，醫學上稱之為疾病，主要有一系列的症狀包括耳鳴、失去聽力以及失去平衡感。幾年前，慢性疲勞症候群被重新定義為一種疾病。但因為它有一系列的症狀，所以仍被歸類為一種症候群。催眠是一種症候群，因為它有社交、心理、情境上的交錯組合。催眠有三種內在心靈元素：（一）注意力的改變；（二）感官強度的變化；（三）解離現象的誘發。而社交心理元素的部分是指個案對於暗示的反應。情境背景元素是指明顯的或是隱藏的情境定義。

　　我從來不知道個案需要什麼才能夠感受到負責任、被激勵、快樂、好奇或是關係改善。因此，我尋找不同元素來誘發這些狀態。我不會把這些狀態看成是單一個體，而是去了解這些狀態裡的不同元素，處理這些元素。我把個案的問題畫出一個元素「地圖」，而這樣做就同時創造了一個解決方案的元素地圖。

　　邏輯思考上常有一個謬誤：把催眠或心理社交問題看成是單一個體，而不是一個會隨時間改變而協同運作的元素綜合體。當一個治療師了解催眠或是問題的組成元素，就很容易創造量身訂做的催眠引導。當我們建立心理治療的目標時，也可以使用類似的解構過程，在第四章會詳述。

| 第四章 |

催眠教會我的事：
在治療裡建立目標

　　催眠練習會幫助臨床治療師了解不同狀態。就算是簡單催眠引導也可能有減輕症狀的效果。這會讓個案看到自己的狀態是可以改變的。這一章，我們會在催眠模式基礎上拓寬治療師對於建立目標的理解觀點。問題是一種狀態，而這個狀態可以分解成許多小元素。

　　當我在教課時，改變狀態本身就可以是一個目標。以下是個例子：1970年代，當我去拜訪艾瑞克森時，通常住在他家的客房裡。在客房的衣櫥地板上有一箱很老舊的捲盤式錄音卡帶，是艾瑞克森的課程錄音。我問他可不可以聽這些課程，並轉錄到卡式錄音帶上面，他說可以。之後，我跟他說，他的課程比較像是催眠引導，而不像專業指導。他說，「我從來沒有聽過這些錄音。我通常不教內容，我教學的目的是為了讓人們產生動機。」（參見文獻 Zeig, 1985 p6.）

　　在當時，我是研究所學生，我的研究態度是消化吸收並反芻學到的知識。我很難想像一堂課的目的是要誘發不同的狀態。我絞盡腦汁才能理解這樣的做法。

　　一個誘發狀態的根本原則（第十五原則），就像催眠一樣，是

了解組成元素，並刺激這些元素運作。讓我們透過「狀態模式」這個觀點來思考個案的問題。如果個案處於一個很糟糕的狀態——對於個案或是其他人來說都是無效的狀態——那治療師的工作就是幫助個案創造一個最佳狀態，而這個狀態可以透過誘發元素來達成。我們可以把催眠當成一種好用的工具，或一種標籤完形狀態的方式。我們可以把催眠當成一種狀態。啟發式的過程是誘發催眠和其他狀態的最好工具。但是，人們替催眠加上很多規則，將催眠變成了一種公式演算。

啟發式和公式演算

啟發式的過程和公式演算的差異很大。公式演算提供了一連串規則用來解決問題，目的是告知資訊。啟發式是從過去的經驗裡發展出對應策略，把許多複雜的假設簡單化，因此，更像是一種經驗式做法。（關於治療裡的啟發式做法，請參見 Zeig, 2002）

電腦以公式演算的方式運作。而公式演算總會產生一個具體解決方案。運用公式演算時，會牽涉到線性思考和邏輯上合理的步驟，而引導到具體的結果。很多情況下，電腦運作得比人腦好。我們可以教會電腦下棋，比人類棋手更厲害，因為電腦的計算能力能分析每一步棋衍生出的可能性。

演算式方法可以很優雅。有個關於偉大數學家卡爾‧弗里德里希‧高斯（Carl Friedrich Gauss）的杜撰故事：當他還是國小學生時，老師給學生們一個作業，問他們從 1 加到 100 的總和是多少。高斯不需要粉筆和石板來計算，他只是簡單的寫下 5050。計算過

程在他腦中完成，如此年輕就展現了他過人的數學天分。當人們問他計算過程時，他說：「1 加 100 是 101。2 加上 99 也是 101。3 加上 98 也是 101。101 乘上 50 是 5050。」高斯展現了一種優雅的公式演算。但是，社交行為無法用這樣的方法計算，因為社交行為中沒有具體的答案或解決方法。快樂是一個過程，並不是一個具體結果。

　　大多數治療師接受公式演算的訓練：這是治療方法，那是治療流程，照著做就行。這個做法的問題是，個案的問題很少是有具體明確解決方案的。個案若是說「我想要快樂」、「我想要做事更有效率」、「我想要有動力」或「我想要有幸福的親密關係」，這些問題都沒有明確的解決方法。個案經常困在調適不良的狀態裡，想要改變進入調適良好的狀態裡。因此，治療師在大多數治療過程中應該放棄使用公式演算治療法。因為大部分的心理問題並沒有明確的解決方法，治療師應該使用有效的啟發式療法。在我的治療方式中，最常見的啟發式療法是創造可以誘發狀態和次狀態的經驗。

　　以常見的臨床憂鬱症問題為例，有時候治療師會問個案，「你怎麼知道你是憂鬱的？」這個問題是一種企圖，用來了解問題地圖──了解這個人的憂鬱經驗組成元素。個案可能會說「我知道我很憂鬱，因為我內在很迷惘。」另一個個案可能會說「因為我不停想到過去的事。」另一個人可能說「因為我什麼事都沒做，一直在退縮。」有人可能會說「因為我沒有力氣，沒有能量。」或是「因為我是人生中的受害者。」由此我們可以看到人們在憂鬱經驗裡的許多元素。

創造地圖

表 4-1 是憂鬱症的一般症狀地圖。當然，最有價值的地圖能夠呈現一個獨特的個案如何「產生」憂鬱症。

如果一個個案身上「產生」圖表裡的一些組合元素，他會把自己的經驗標示為「憂鬱症」。

在哲學的宇宙裡有許多濾鏡。一個醫師可能會將憂鬱症視為神經傳導物質不足而產生的疾病，需要用藥物治療。在某些情況，這是正確的。然而，憂鬱症通常會伴隨其他因素。所以，透過社交情

表 4-1：憂鬱症

憂鬱症
過度專注內在
活在過去
消極
負面思考
感覺沒有希望、沒有夢想
自責
社交退縮
較喜歡碰觸
封閉思考、容易批判
貶低自己的成就
吸收社交能量
會說「如果……就好了」
感覺沒有力氣
深深相信「我不夠好」
覺得自己是受害者
視野和深度受限

境來面對個案的治療師，應該將問題視為可以用社交方法來處理。從社會建構的角度來看，憂鬱症是不存在的。憂鬱症只是一個大分類，催眠也是一個大分類。所以，治療師需要了解讓憂鬱症持續存在的各種元素，就能創造出有效的策略治療方法。

　　一旦我們畫出憂鬱症（或焦慮、或其他問題）的地圖，解決方案的元素就變得清晰明顯了。當我們「翻轉」問題，解決方案的各種元素的地圖就浮現了。

　　表 4-2 列出了憂鬱和快樂的組成元素。如果個案左邊列出來的元素組合較多，他很有可能是憂鬱的。如果是右邊列出來的元素組合較多，個案很有可能會說自己是快樂的。

表 4-2：憂鬱與快樂

憂鬱	快樂
過度專注內在	聚焦在外在
活在過去	活在現在
消極	積極
負面思考	正向思考
感覺沒有希望、沒有夢想	感覺有希望、有目標
自責	平衡的
社交退縮	參與社交活動
較喜歡碰觸	比較依賴視覺
封閉思考、容易批判	對生命、他人、所有可能性敞開
貶低自已的成就	認可自己的成就
吸收社交能量	散發社交能量
會說「如果……就好了」	會說「是的，然後……」
感覺沒有力氣	感覺充滿能量
深深相信「我不夠好」	深深相信「我沒問題」
覺得自己是受害者	覺得自己是勝利者
視野和深度受限	具有視野和深度

一旦我們辨認出問題狀態的各種元素，就很容易「翻轉」它們，看到解決之道的組成元素。每一個「憂鬱」個案都擁有過去經驗，可以用來作為解決之道的組成元素，他們可以透過自身經驗去喚醒這些元素。

治療師應該要畫出解決之道的組成元素的地圖。創造地圖的其中一個方法是探討人類功能的獨特性，包括行為、想法、情感、態度、感知、軀體喚起、身體姿勢、言語模式、對於時間的感知、人際關係模式。任何問題或是其解決之道，都可以使用這些元素來畫出地圖。

總結以上內容：（一）創造問題的地圖。（二）創造解決之道的地圖。

我們在第六章會講到更複雜的地圖系統。現在讓我們進一步探討狀態的概念。如果一個人明天早上起床說，「這是美好的一天。我想做個傳統心理學家。」或是，這個人可以說，「這是美好的一天。我想做個傳統催眠師。」我們來探討一下這個人可能進入的次狀態：

表 4-3：治療師的次狀態

傳統治療師	傳統催眠師
有同理心	直接的
傾聽的	權威的
接納	下命令
安靜的	給建議的
教育性的	必須服從的
好奇的	不斷變化的
平靜的	算計的

傳統治療師	傳統催眠師
溫暖	積極
與個案同在	有說服力的

　　一個傳統的治療師會有同理心、接納、與個案同在等等特質。如果用音樂來比喻傳統治療師，會是一個中度的主旋律帶著悅耳的音調。而傳統的催眠師是直接的、命令式的、給建議的，也是不斷變化的。傳統催眠師的音樂是理查·史特勞斯（Richard Georg Strauss）的《查拉圖斯特拉如是說》（*Thus Spoke Zarathustra*）交響詩。如果某人明天早上起床說，「這是美好的一天。我想做個艾瑞克森學派的治療師，」那這個人就是經驗式、隱喻式、有彈性、會了解系統，並且會引導個案。用音樂來比喻，就像是某種豐富、複雜的基礎旋律。對我而言，就像是貝多芬的旋律。以上的任一個次狀態都可以刺激個案產生改變。

　　以下是艾瑞克森學派狀態的組成元素：

表 4-4：艾瑞克森學派的次狀態

艾瑞克森學派治療師
經驗式的
策略運用
積極的
像導遊一般
靈活的
隱喻式的（引導式的）
順勢而為
系統式的
個別化、量身訂做
禮物包裝

身為治療師，你可以自由運用元素來創造通用的狀態。所以，在治療過程中，治療師應該了解他們自身渴望的狀態，並啟動相對應的元素。

我們可以運用狀態模型來檢視並了解催眠、問題、解決方案、甚至治療師自身狀態。以憂鬱症為例，治療師可以建立一種情境，將個案引導到快樂狀態。其中一種操作過程是處理一個元素而導致系統性改變，創造「滾雪球效應」。

艾瑞克森曾經有位女性個案，是個患憂鬱症、想自殺的藝術家。他對她所做的治療是引導她使用一個快樂元素：給她一個任務——找到每一天當中的「鮮豔色彩」。他知道這個畫家一天當中最快樂的時光，就是在使用色彩創作時。所以，騎腳踏車的男孩變成一個鮮豔顏色。隨風飄揚的葉子變成了鮮豔顏色。這個畫家非常享受這個遊戲，也跟她的小孩一起玩這個遊戲。艾瑞克森接著說，這個遊戲幫助了她，讓她從憂鬱症當中走出來。

憂鬱的人通常會困在他們自己的憂鬱情緒裡。但是，每個憂鬱的人都有一些快樂的回憶。然而，如果治療師只跟憂鬱的個案說：「快樂一點，因為這是一個美麗的世界，因為生活有很多美好的事物，所以你最好快樂一些。」這樣通常是無效的。再次強調，要改變一個人的系統，我們無法用公式演算的方式帶出不一樣的狀態。相反地，我們要創造經驗，喚醒人們沉睡的回憶。這本書在討論的是誘發經驗和內在資源的過程，而非邏輯線性的思考或提供資訊和知識。而這也是催眠矛盾的地方：催眠似乎是要讓人沉睡，但事實上，催眠的藝術是喚醒人們沉睡的潛力和力量。

表 4-5 列出狀態模式以及可能的選擇：

表 4-5：現象學的觀點

憂鬱	快樂
比較內向的	比較外向的
活在過去	活在當下
消極	積極
其他	其他
催眠	治療師
專注的	經驗式的
強度	策略式的
解離	系統式的
反應	積極的
情境定義的	順勢而為的
其他	其他

　　一個治療師在狀態模式裡有幾個選擇：（一）處理問題的各種元素，而不是一個大問題。（二）誘發解決方案的各種元素。（三）運用催眠。

　　催眠可以作為問題與解答之間的橋樑。我們以一輛倒退的車為例。個案經常處在「倒車檔」而且做無效的事。個案在心理以及社交層面上處於倒車狀態，視野受限。如果個案在倒車檔，當他要前進時，必須經過空檔。我們沒必要花很多時間在空檔上，但是進入空檔意味狀態的改變。如果一個人在傷心欲絕或是高壓緊繃狀態裡，就算只是短暫進入空檔，都是一種大躍進。空檔可以是墊腳石，幫助我們進入一個更理想的狀態裡。

　　治療師還有第四個選擇：改變治療師自己。但是再次強調，不是要治療師把個案轉介給其他人，而是邀請治療師改變本身狀

態。因為就像催眠一樣，治療師本身就是處於問題和解答之間的一座橋樑。世界級心理治療大師如米爾頓‧艾瑞克森（Milton Erickson）、維琴尼亞‧薩提爾（Virginia Satir）、維克多‧法蘭可（Victor Frankl）都是強而有力、與個案同在、且深入人心的，他們對個案產生的影響是巨大且深遠的。他們對個案的影響力也許是因為他們與人相處的方式，但他們對改變的理論是非常不同的。

既然談到改變的過程，讓我們簡單地看一下心理治療的歷史。

心理治療是從催眠開始的。佛洛伊德一開始到法國跟著夏爾科（Charcot）學習催眠，因為當時沒有治療精神疾病的社交方式；催眠是當時唯一的方法。但之後，佛洛伊德屏棄催眠，因為他發展出獨特的精神分析治療方法：自由聯想，當時的做法是個案躺在沙發上，而分析師坐在沙發後面，個案看不到的地方。

佛洛伊德活在維多利亞時代，所以當他跟病患說，「進來我的諮詢室裡，躺在沙發上，把任何浮現在腦海裡的東西說出來，」這種做法在當時是非常不尋常、前所未聞的。但是，人們很快就好轉了。

佛洛伊德把治療變成了「不尋常的對話。」這是一個我們可以思考的重要原則（第十六）：治療可以是一種不尋常的對話。事實上，個案付錢給治療師，把所有的焦點放在個案身上，光這一點就是一種不尋常的對話。其他把治療當作不尋常對話的方法包括：要求個案對著一張空椅子說話，或者用催眠的語調要個案把手臂抬起來，而個案不會感覺到自己是自發性這麼做的。

如果用樹來比喻，佛洛伊德的興趣在於樹根。他暗示我們，只要找到樹根，就能改變這棵樹。在二次世界大戰之後，心理治療

在美國蓬勃發展，從而衍生奠基於行為制約的治療方法。此學派的觀點是，如果你想要樹朝著特定方向生長，給樹一個光源，樹就會朝著光的方向生長。此後，人本主義學派開始發展。人本主義聚焦於提供同理心、真誠地對待個案、有正向意圖。愛這棵樹、欣賞這棵樹。如果你愛這棵樹、欣賞這棵樹，它就會成長。接下來，奠基於系統化原則的家族治療學派出現了。他們的觀點是：改變樹所在的環境就能夠改變樹。而現在美國的心理治療主流是認知行為治療學派，運用行為的方式來改變認知：也就是改變這棵樹「思考」的方式。艾瑞克森則代表了一種激進的改變體驗，他聚焦於：透過醒覺式經驗提升並豐富概念理解，增加調適狀態，創造更多正向身份認同。艾瑞克森學派的目標是要喚醒這棵樹沉睡的潛力。在過去幾年，情感神經生理學踏上心理治療的主要舞台，人們更深入地體驗正念以及靜心。對基因和遺傳方面更加了解，可以使樹茂盛茁壯。

我們可以用一個幽默的比喻來看不同心理治療學派。個案跟治療師說，「今天真是美好的一天！」一個精神分析師，也就是佛洛伊德的跟隨者，會這樣說：「我很好奇，你為什麼這麼親密地跟我說話。或許你把我跟你童年時期的某個人搞混了。或許你把我當成是你爸爸了。」精神分析重視的是過去歷史如何污染了現在生活。精神分析師知道，過去經驗會扭曲現在經驗。所以，如果我們分析過去經驗，或許個案就不會被過去經驗污染了。

如果個案去找人本主義治療師，說：「今天真是太美好了。」治療師可能會回答：「你今天好像感覺很棒。」治療師的目標是把個案的情感帶到當下，讓個案了解自己的感覺，並且清楚地表達出來。

如果個案去找認知治療師，說：「今天真是太美好了！」治療師可能會回答：「你是如何得到這個結論的？什麼資料支持你的說法？」這個學派會尋找限制個人發展的認知念頭和認知扭曲。

　　如果個案去找艾瑞克森學派治療師，然後說：「今天真是太美好了！」他可能會得到以下反饋：「沒錯，今天真是太美好了。你可以深呼吸，閉上眼睛，當你全然吐氣時，認真地去經驗『今天是美好的一天』。我不知道你會不會看到『今天是美好的一天』這個畫面，或者是你感受到『今天是美好的一天』這種感覺，或者是你想起『今天是美好的一天』的相關回憶。然後當你再一次深呼吸，你可以用你自己的方式進入內在，並且記得『今天是美好的一天』。就像你可以回想過去，你也可以展望未來。因為，當你回家的時候，你手中有一把鑰匙，這是屬於你的鑰匙，你有能力去打開那扇門，你感覺到鑰匙插入門孔裡，突然之間……這一天真是太美好了。」然後個案可能會覺得：「我的老天啊，我只是簡單地說今天是美好的一天，他怎麼能夠想出這麼多東西？」

　　現在，如果我們想要觸碰心智頭腦深處，譬如邊緣系統裡的杏仁體，我們應該用一種專門設計對特定大腦區域產生影響的特殊溝通方式。經驗式的溝通能影響邊緣系統。動物透過經驗溝通，而不是透過語言。藝術家也是透過經驗溝通。比如說，音樂是一種溝通方式，音樂用一種獨特的方式影響我們的情感，而這是語言做不到的。舞蹈、電影、詩歌、繪畫和其他藝術形式都是為了要產生邊緣共振的效果。為了碰觸個案更深的心靈層面，我們必須成為優秀的經驗式溝通者。我們需要使用醒覺式溝通來創造獨特經驗。創造地圖會增加治療師的治療選擇。同時，為了強化調適狀態，治療師可

以根據個案的獨特本質量身訂做獨特訊息。

　這一章的原則如下：

15. 了解元素，並且刺激元素交互運作。

16. 治療可以是一種不尋常的對話。

| 第五章 |

量身訂做：評估

　　醫學上，醫療診斷決定治療計畫。假如一位精神科醫師診斷病患有思覺失調，他會開特定的精神科用藥給病患。醫學上，診斷被視為一個整體：細菌感染是一個整體、憂鬱症是一個整體、癌症是一個整體等等。然而，只有人的疾病可以被診斷出來，人的資質，包括優點和潛能，是無法被診斷的。

　　在心理治療領域，一個診斷代表一套公式化的治療計劃，個體的獨特性變得不是那麼重要。關於這一點，我們當然不應該這樣看待。進一步來說，社交上的治療方法跟身體疾病治療大不相同，因為心理治療師可以處理許多元素，而不是將疾病當成一個整體來處理。

　　在大多數臨床工作，我們會強調診斷的重要性。但我更喜歡用評估的角度來思考。診斷總是會帶出病理學上的負面意義，也就是我們假設個案的系統是有問題的。相反地，用評估的方式會讓我們去思考一個人的優點，以及他們的缺點。同時，激發個人強項會比聚焦在問題上更有效。「評估（assessment）」和「評量（evaluation）」這兩個詞比起「診斷（diagnosis）」更有彈性、涵蓋的意義更廣。

　　艾瑞克森學派強調客製化治療計劃。如果治療師評估認知層面、感知層面、情緒、心理層面、行為、時空背景、個案在關係裡

的相對「位置」，然後根據這個評估量身訂做一個治療計畫，催眠治療和心理治療就可以有效地客製化。

本章檢視治療師可以用來評量個案位置的評估策略，同時也提供一個概觀，讓讀者了解治療師如何整合這些評估訊息來量身訂做目標。

簡介

來尋求治療的人們通常認為自己是「受害者」，某種程度上覺得自己被冤枉了，或是有缺陷。他們常用一種無能為力的方式溝通：「我無法停止抽菸」、「我無法正向思考」、「我無法有好的親密關係」、「我無法忘記我的過去」、「我總感覺未來會繼續失敗」。

一個有智慧的治療師會假設個案有潛藏的資源。所以，個案有能力發展好的親密關係、戒菸、正向思考等等。這個假設前提是，個案過去曾經展現過這樣的能力。治療師的任務就是發掘個案的正向過去歷史，並把潛在資源誘發出來。治療師可以把這樣的假設透過禮物包裝的方式傳遞給個案，所以個案可以體驗自身潛力，並且進一步承擔自身成敗的責任。

治療師應該思考兩個關於量身訂做的最重要提問：（一）個案的位置是什麼？（二）我如何運用個案所處的位置來客製化禮物包裝的目標？身為治療師，我們的工作是催化個案的蛻變。為了達到這一點，我們必須盡可能了解我們的個案（在我們能做到的範圍內），以及個案的問題。

本章的重點放在評估治療過程當下的結構，這個結構可以用以誘發調適狀態。

我在這裡提出的框架跟美國疾病診斷標準（ICD）以及美國精神心理疾病診斷標準（DSM）定義的分類標準是不一樣的，兩者都是精神疾病的分類標準。作為一個經驗式治療師，我對於誘發改變更有興趣，而不是將精神疾病分類然後下診斷。因此，我使用評估的方式，並依據評估結果建立建設性的治療計畫。這一章所描述的重點包括了一些可被觀察到的特性，可以運用在治療和催眠引導中。這些特性可以作為路標，幫助治療師朝向理想的方向前進，同時也可以當作資源使用。

本章中，我們討論個案所在的位置──個案的個人風格，以及人際關係如何連結──我們可以透過近身觀察「讀取到」個案的這些訊息。這樣的評估提供治療師寶貴訊息，可以用在治療計畫上。第八章探討如何把這些透過個案所得到的線索拼湊組合，量身訂做一個對個案來說最有效果的治療計劃。

一個結構完整的評估，重點在於真實存在的症狀，而不是追究病因和理論。當然，這個評估是奠基於治療師的觀點。不管是評估或是診斷，都會受到治療師所處位置的觀點、作為，以及連結方式的影響。

一個評估基本上提供了治療師進入個案所處情境的洞見，幫助治療師為個案客製有意義且有效的治療方法。

個案所在位置

這一章，我們可以透過兩個系統來檢視一個人如何看待自己的世界：（一）評估分類：感知和人際關係風格；以及（二）「鉤子」：價值觀。

我試著用幾頁文字概括地、必要地總結一下人格和行為特質。我所提到的分類方式並不總是可以透過學術研究印證。然而，這些分類方法對我的臨床工作幫助很大。

量身訂做

量身訂做是治療師的人性大冒險——了解另一個文化的冒險。當我們在治療裡使用量身訂做，就像是進入一個陌生國度旅行，我們希望這趟旅程盡可能多采多姿，所以我們會學習這陌生國度裡的文化、語言、歷史和特別景點。我們的個案居住在一個陌生國度裡，我們的工作就是盡可能去發現他們獨一無二的特質。你可以把這一章看成是旅遊導覽，提供用來探索新大陸的實用對話以及充滿洞見的小撇步。一趟成功的旅程跟適應力息息相關：一種適應陌生環境的能力，而不是把陌生國度變成自己家的複製品。艾瑞克森學派治療師盡可能地去適應個案的「國度」，而不是強迫個案去服從治療師的主觀看法或是人類行為的學派理論。

這一章，我們理解個案所處的國度。下一章，我們探討治療師如何適應變化萬千的異國風情。

評估分類

　　評估分類主要有兩大類：內在心靈層面與外在人際互動層面。內在心靈層面包括了感知運作以及處理運作。內在心靈與外在人際關係評估這兩個分類，主要是依據個案落在連續序列裡的哪一個點上決定，兩者都有兩個極端的點，我們定義為個性的極端點。比如，「強化者／弱化者」代表了某個特定範圍裡行為的相反兩極——在連續光譜上我們可以看到個案的行為座落在序列上的位置。

　　我找出了適用個案的十六種評估分類，提供給治療師使用。然而，並不是所有的分類都是必要或是絕對重要的，要視個案而定。要決定一個情境裡最重要的分類評估，要視以下情況而定：

- 找到評估分類最失衡的那一項。
- 找到評估分類跟個案問題最相關的那一項。這同時也可能是最失衡的那一項。
- 個案從類別改變到成功適應的靈活度。評估分類應該隨著持續改變的環境條件而變化，當遇到挑戰時，個人可以快速自在地轉換自身角色。當個人受限於過去挫敗經驗時，問題就產生了——僵固會阻止有效改變發生。
- 找到個案自認別人（包括治療師）對他的看法及個案對自己看法之間的落差。一般來說兩者會有一致性，但是當不一致存在時，我會試著從個案看自己的主觀角度來與個案連結。

　　以下的評估分類是我工作裡很重要的部分。我從不同的來源萃取這些分類。其他學派的治療師，依據他們的感知和偏好會有不

表 5-1：評估分類

內在心靈層面：		
感知運作系統		
1. 注意力風格		
• 內在專注 ↔ 外在專注		
• 聚焦 ↔ 散焦		
2. 個人偏好的感知系統		
• 聽覺		
• 視覺		
• 觸覺		
思考運作系統		
• 線性 ↔ 隨機		
• 強化 ↔ 弱化		
• 特殊化 ↔ 一般化		
• 創造 ↔ 刪除 ↔ 扭曲		
外在人際層面：		
人際關係／社交分類		
• 出生順序：獨生子女／老大、中間的小孩、老么		
• 成長背景：都市／市郊、鄉下／小鎮		
• 責怪別人 ↔ 責怪自己		
• 吸收能量 ↔ 散發能量		
• 直接 ↔ 間接		
• 追趕者 ↔ 逃跑者		
• 在上位者 ↔ 在下位者		

同分類。然而艾瑞克森應該會認為這些評估分類是不必要的，甚至就算我列出的分類非常普遍，他可能還是會覺得這些分類是侷限性的。或許他有個隱藏清單，但是沒有任何項目是顯而易見的。艾瑞克森推崇靈活度。譬如，如果他發現一個個案是內向多於外向的，

他會透過一個更外顯的引導幫助個案創造平衡，但是他從來不會明白地討論這些。

感知運作系統

感知運作系統是一種正常、自由流動、主要是自動運作的感知處理過程。注意力風格是一種感知運作系統，其中有顯著兩極分化：內在專注／外在專注以及聚焦／散焦。

一、內在專注／外在專注

個案的注意力是更多傾向內在，還是傾向外在？很明顯地，特定條件會改變這個因素。例如開車時，你需要更多外在注意力，而不是心裡想著日落很美。然而，跳脫某個特定情境框架，個案可能會想要在某個狀態裡，而非另一個狀態。

艾瑞克森是一個極度外在專注的人。他是我所遇過最外在專注的人。或許是因為長年忍受嚴重的慢性痛苦，使得艾瑞克森不得不轉移他的內在專注到外在，因為他的內在專注只會讓他的疼痛無限放大。靠著聚焦在他身體之外的這個世界裡的細微差別，艾瑞克森練就一身超強的外在感知能力。他觀察別人非語言行為中的極度細微變化，能力無人能出其右。

相反地，我有次跟一個榮格分析師學習，他是如此專注在內在狀態，我甚至開始懷疑他是否知道他老婆的眼睛是什麼顏色。這類關於眼睛顏色的訊息對他來說無關緊要，他只聚焦他內在心靈的各

個角落和所有裂縫。

　　評估分類可以運用在催眠引導以及心理治療上。如果我們運用評估分類作為路標使用，治療師可以透過聚焦在個案的內在經驗，幫專注內在的個案做催眠引導。（催眠引導的相關資訊請參見《催眠引導》，Zeig, 2014）。最終，這個催眠引導可以導向更多外在感知，目標是要誘發感知改變。個案很有可能會認為這個經驗「獨一無二」，而這樣的結果對催眠經驗及讓個案體驗到另一種處理模式（催眠）來說，都是很有益的。

　　幫助內在專注個案的催眠引導範例如下：

　　你可以閉上眼睛，關注內在，發現身體某些地方舒服的感覺蠻明顯的，然後你真的不知道這些舒服的感覺會如何延伸。會在胸口還是腹部更多呢？會向上延伸或是向下延伸呢？

　　接著，引導到外在：

　　現在，當你感覺到放鬆一些，你真的不需要去處理冷氣機或是外面車子的聲音，這一點也不重要。

　　以上的例子中，催眠引導是從一個內在生理經驗的探討開始，然後導向外在的聽覺經驗。這個催眠引導可以簡單地從內在視覺經驗或是內在聽覺經驗開始，取決於個案本身偏向視覺型或是聽覺型。

　　如果遇到一個外在專注傾向的人，催眠引導就可以從外在專注

這一頭開始，慢慢轉移到光譜另一端的內在專注。

　　你現在坐在這裡，可能會注意到我後面桌子的顏色，或是我坐在椅子上的姿勢，但你或許不需要發現你自己的腳如何放在地板上，或是你的手如何⋯⋯擺放⋯⋯在你的大腿上。但是，你眼皮漸漸閉上之時，你會發現你在眨眼睛。因為當你注意到外在發生的事情時，你也可能發現你內在開始漂浮的念頭想法，所以你可以想起小時候的美好回憶畫面，或是很快地進入一個有趣的白日夢之中。

　　在這個例子裡，催眠引導從外在事物的視覺引導開始，然後轉移到內在視覺經驗。

　　催眠「內在導向」的人時，可以描述元素：「花點時間，閉上眼睛，然後感受一下運動可以帶給你怎樣的幫助。」對於外在導向的人可以這樣說：「在戶外運動更可以享受大自然的聲音和景色。」

　　我們早先提到，僵固的評估分類會對個案造成障礙。如果一個人是內在聚焦的，這個僵固本身很可能會對個案造成困擾。例如，一個內化的人可能會向內在尋找減輕痛苦的方法。如果一個人被診斷出憂鬱症，治療師很可能發現個案是過度內在聚焦的人。治療的目標可能是幫助個案發展一個較為外在導向的生活。相反地，一個被診斷為有強迫症的人傾向於把焦點放在外在世界。這類個案的治療目標可以是發展一個更滿意、鮮活豐富的內在世界。成為一個外向的人並不是憂鬱症的解藥，但可以幫助個案重新將生活導向不一樣的軌道。

在心理治療裡，沒有某種特殊技巧是專門用來治療某種問題。所有的心理問題都是由許多元素組成。恢復健康的心智是一個建立狀態的過程，過程當中我們引導個案體驗一小部分線索，這些線索是催眠或解決方案的組成元素。

現在，你可能有個莫名其妙的念頭：如果你明天早上起床，告訴自己「今天是美好的一天，但我想要讓自己憂鬱。」要達到此目標，可以執行其中一個元素，像是「迷失在內心裡」或是鑽牛角尖。

▎二、聚焦／散焦

大部分人都有自由流動的注意力風格：有時候我們非常聚焦專注；有時候注意力散亂無章。強迫症個案通常是高度聚焦，然而疑心病的個案或是愛搗蛋的青少年通常是散亂失焦。這些失焦的人通常對周遭環境特別警覺，一點風吹草動就會分神，對於環境的細微變化過度敏感。

對於一個聚焦的人，我們可以運用眼睛固定催眠引導，一開始很具體詳盡地描述個案眼睛所看的物件。同樣的催眠引導用在散焦的個案身上，我們會更隨機選取物件，治療師引導個案來來回回把焦點放在不同的事物上，像是感知、感覺、行為等。治療師接著在個案感知偏好的相反方向誘發一個不一樣的反應，引導聚焦的個案散焦，引導散焦的個案聚焦。

以下是針對高度聚焦的個案所做的眼睛固定催眠引導假設性案例：

你會發現牆壁上有一個點非常吸引你注意。你可能會對這個點的形狀感到好奇。或許你對這個點的顏色感到驚艷。這個點看起來好像不在二元象限裡，而是立體的。

切換到散焦：

但是你不需要去處理外面那個越來越近的聲音，你在椅子上放鬆時，舒服的感覺可能會逐漸加深。

再次強調，催眠引導的目標是幫助個案從一個習慣狀態切換到另一個不一樣的狀態。治療師可以在開始時使用個案的喜好風格步調，然後轉移方向來切換狀態。

以下是注意力風格的二元象限網格：

表 5-2：注意力風格

內向	外向
聚焦	散焦

一個人的注意力風格可以是內向聚焦，或是內向散焦；或是外向聚焦，或是外向散焦。

個人偏好的感知系統

班德勒（Bandler）和葛瑞德（Grinder）（1979）兩人討論在

他們的神經語言學（Neuro-Linguistic Programming, NLP）模型中，代表性系統（represental system）是如何運用的。在我們處理訊息的過程中，個人可能無意識地偏好使用三種感知系統中的某種特定感知：視覺、聽覺、觸覺，他們的說話內容會反應出個人偏好。使用視覺感知世界的人可能會說「我看到……」、「我的看法是……」或「這個看起來是……」。使用聽覺的人可能會說「我聽到……」、「這說法聽起來……」或「這聽起來沒錯。」使用觸覺的人可能會說「我的直覺是……」，或「關於這件事，我的感覺是……」，或是「我心裡有個感受……」。

以下是一個故事，幫助我們理解個案如何透過這些偏好感知系統，對催眠產生反應：

當我還是研究所學生時，我對一個大學部的學生做催眠，他堅持他在「催眠過程」中沒有被催眠。然而，當我要求他張開眼睛並且看到一朵玫瑰時，他回饋說他看到一朵想像的花，並且詳細地描述這朵想像的花的樣貌。然而，他再三否認這個視覺化過程是他有被催眠的「證據」。我感到很困惑。再進一步詳談，我詢問他大學主修什麼。他是一個攝影系的學生。視覺化的結果對他來說就像是家常便飯，他可以不費吹灰之力，不靠意志力或主觀想像就直接看到視覺化圖像。所以，他說他沒有被催眠。催眠是一種主觀現象，只有透過個案主觀認定才能決定他是否被催眠。

我幫這位大學生做催眠時，只是菜鳥催眠治療師，我的催眠技巧是照本宣科的。現在，我對於艾瑞克森學派有較多經驗，如果再給我一次機會重新催眠這位大學生，我會改變我的技巧，創造一個更多主觀參與的自動化經驗。我會建議一些觸覺經驗（或許是四肢

某個地方麻痺了）而不是採用視覺方法。我相信這樣的方法會比較成功。

對於感知系統的偏好會有些相伴隨的行為出現。治療師可以透過個案的行為或舉動找出他偏好的感知系統。譬如，聽覺型的人可能會把他的慣用耳朵轉向治療師的方向，專注於聆聽每個字句；視覺型的人可能明顯地眼觀四面，注意周圍環境。

在催眠引導中，開始時治療師可以先運用個案偏好的感知系統，最終逐漸轉向另一個感知系統。再次強調，我們的目的是要創造感知方式的改變。

70年代中期，在艾瑞克森的某個教學工作坊裡，我目睹了艾瑞克森如何運用一個學生的偏好感知系統。艾瑞克森知道這個學生是視覺型的人，所以他問問題時聚焦在聽覺模式，他這麼問：「當你上次在這裡時，誰感覺比較不舒服？你是如何透過他所說的話而下這個結論的？」我發現艾瑞克森致力於增強這個學生運用聽覺感知系統的靈活性。然而，當艾瑞克森跟我工作時，他知道我是聽覺型的人，所以把焦點放在發展我的視覺能力。例如：他曾經對我提出一個假設性問題：「一個人穿著便服在街上朝你迎面走來。他是個警察。你注意到什麼？你如何分辨出他是警察？」

我最終理解艾瑞克森察覺一個人感知系統失衡層面的敏銳能力。他會鍛鍊人們較少發展的能力，透過禮物包裝的方式幫助人們發揮潛力和沉睡力量。為了更有效地過生活，我們要發展一種靈活性，在適當時機運用適當方式解決相對應的問題。任意切換運用不同感知系統，會提高一個人的調適能力。

思考運作系統

思考運作系統是關於個人如何看待這個世界，然後發展一個觀點來回應這世界。儘管我們大多數人有自動化且自由流動的注意力風格，但思考運作系統更偏向意識層面，且靠意志力來做決定。主要三種思考運作系統包括：（一）線性／隨機，（二）強化／弱化，（三）特殊化／一般化。

▌一、線性／隨機

艾瑞克森曾經把自己的思考模式跟他太太比較，艾瑞克森太太的思考過程比較直接、有順序，而艾瑞克森則是比較「這裡一點，那裡一點」的思考模式（Zeig, 1980）。艾瑞克森注意到對於他和他太太的不同思考模式，兩個孩子有不同的反應。當他的大兒子和二兒子還很小時，兩個小孩使用不同策略找到復活節彩蛋（美國文化習俗在復活節會把雞蛋藏起來讓小孩子尋找）。伯特（Bert）總是能找到爸爸藏的蛋，而蘭斯（Lance）總是能找到媽媽藏的蛋。理由很簡單，伯特的思考模式比較像艾瑞克森，是隨機式思考，而蘭斯的思考模式比較像艾瑞克森太太，是直線式思考。艾瑞克森醫師的藏蛋策略比較隨機，而艾瑞克森太太的藏蛋策略比較系統化。某個復活節，伯特竟然找到了媽媽藏的蛋，這讓大家都大吃一驚。艾瑞克森問伯特他怎麼找到的。伯特回答，「爸爸，這很簡單，我只是想著：如果是媽媽，她會把蛋藏在哪裡呢？」

一個線性思考者，會思考每個接續步驟，他們可能會說：「這裡是催眠引導的十項原則，」然後把它們一一列出。相反地，一個

隨機思考者可能會用趣聞軼事來呈現這些原則。再次強調，依據現實情況的需求，個人應該有能力可以從一個思考處理類別自由移動到另一個類別。例如寫一本書，通常會牽涉到線性思考策略。或許這也是艾瑞克森不寫書的原因，但是他會寫很多文章，這可能比較符合他的隨機思考模式。

注意力風格和思考運作系統不一樣。一個人可以是聚焦的，同時又使用隨機的思考運作，就像艾瑞克森。他可以極度聚焦在個案身上，而當他在處理個案提供的訊息時，他又是一個隨機思考者。

當我們對線性思考者作催眠引導時，可以從逐步放鬆這個技巧開始，從頭部開始放鬆，一個部位接著一個部位，按部就班地一路放鬆到腳趾頭。對於隨機思考者，催眠引導可以隨機地選取不同部位。以下這個例子中，我們從一邊轉移到另一邊：

現在，當你放鬆你的手時，可能也會想要注意到手指頭的放鬆。你可能也很有興趣知道如何讓膝蓋放鬆，因為你不需要去思考我聲音裡面的放鬆頻率。但你可以開始注意到手指頭的放鬆感覺，然後這些放鬆感覺如何逐步發展，這些感覺如何從你的手指尖開始，逐步移到你的手掌心，然後移到你的前臂、上手臂，然後到你的肩膀，最後放鬆的感覺移動到脖子和頭部。

在這個例子裡，催眠引導是從隨機思考模式轉移到線性思考模式。再次強調，催眠引導的方向可以從慣用的優勢風格，轉移到不常用的弱勢風格。

面對線性思考者，我們可以給一系列的步驟和任務；面對隨機

思考者，我們可以給許多的可能性。

▌二、強化／弱化

　　一個強化者看到一隻老鼠會感覺是一隻大象；一個弱化者看到一隻大象會感覺像是一隻老鼠。相似地，當強化者突然聽到或看到無預期的聲音或移動時，會戲劇化地大吃一驚。弱化者對於這類的事情可能完全沒注意到。強化者通常會大驚小怪，弱化者通常會見怪不怪。

　　我們透過動作以及重複字句可以分辨出強化者與弱化者之間的差別。強化者說話時通常會有誇張、誇大的字句，像是我們常聽到「太神奇了」、「太令人吃驚了」、「太厲害了」，這些字句遍佈在強化者的說話當中。強化者通常會有華麗的動作。相反地，弱化者會用程度最弱的修飾詞，像是「僅僅」和「一些些」，而他們的動作通常也比較拘謹。

　　弱化者通常比較務實，而強化者通常比較自發性。弱化者通常是安靜、保守的；而強化者通常是善於社交、好交際的。弱化者比較沉著冷靜，而強化者容易情緒激動。弱化者比較是掌控的、僵化的，強化者比較是自由奔放的。科學家通常是弱化者，而藝術家通常是強化者。很奇怪的是，弱化者和強化者經常會結婚。或許科學家和藝術家的結合有某種程度的互補，但也可能產生很多問題。在關係的早期，女生可能會覺得，「這真是太神奇了！他怎麼可以隨時全然地冷靜沉著又保持平衡呢？」男生可能會認為「她有時候蠻熱情的，這點蠻有趣、令人有點好奇。」但是數年之後，她可能會跟朋友說，「他實在是太無趣了！」他可能跟同事說，「我對她誇

張的反應有點受不了。」

我們思考一下：如果幫一個經常惹麻煩的青春期少女做治療。這個女生可能是一個弱化者，同時又是散焦的注意力風格。她會不停地在週遭環境尋找刺激。如果你請她閉上眼睛放鬆下來，她可能會坐立難安，然後問你「我們下一步要幹嘛？」這類型的人通常缺乏一個穩固的內心世界。然而，如果透過催眠幫助她發展做白日夢的能力，然後再延伸到增強內在思考的能力，可能會對改變她的行為有幫助。

要幫一個強化者作催眠引導，我們可以這樣說：

這將會是一個你所曾經遇過最神奇、最厲害、最令人難以置信的一次經驗。你可以全心全意自在投入，做個深呼吸放鬆下來，然後全然地放手，進入到心靈最深處的深度催眠狀態。

對於弱化者，催眠引導就完全不同：

你可能會發現催眠有點好玩。你可能偶爾會發現有些東西是有點新奇的。你可能在未來的某個時刻會發現這些東西有點用處。

我們注意到在以上的例子裡，分類被用來作為鼓舞個案的工具。上面的例子不是透過催眠引導把分類從一項目變成另一項目。在此處的目的是根據不同個案進行鼓舞，增加治療的配合度。

通常，個案知道該如何做，但是不會照著做。好的溝通者會誘發動機，而不是僅提供建議。例如醫生可能對一個強化者說，「這

是你的藥，對於你的病情，這絕對是市面上最好的藥。我很多病患吃了這種藥，病就好了。」如果治療師要建議一個弱化者做家庭治療，治療師可能會說：「你可以考慮一下，至少下次帶你的家人過來。這可能是一個機會，可以了解至少在某些程度上，他們是認可你的某些成就的。」

在我常年學習催眠的過程裡，我體會到一個重要原則（第十七原則），建議→激勵。每一個指令都可以透過量身訂做的過程誘發個案執行。

強化者／弱化者可能是這個分類裡最重要的一個特性。有個至理名言說，很多來尋求治療的個案都發展出一套僵化的模式，強化生活裡的負面狀態，弱化正向情境。人生要快樂，很明顯的策略就是強化正向情境，弱化負面狀態。

▎三、特殊化／一般化

有些人會習慣全面性的看待事物，有些人會專注在事物的細節。兩個人參加同一個活動，其中一人可能會描述整體的經驗感覺，而另一人可能會描述錯綜複雜的細節。個案通常會一般化他們的問題：「我總是覺得哪裡不舒服」、「我從來沒有準時過」、「我從來沒有做任何事是完美的」在這些例子裡，聚焦在特定細節上或許有幫助。治療師可以這樣說：「你不是說，你只有在見到你家人時會覺得不舒服？」或是「從你剛剛所說的，你大部分情況是只有上班時會遲到。」

四、創造／刪除／扭曲

人們很擅長於創造、刪除和扭曲經驗。人類的經驗都是主觀看法。我們會根據自身對於世界的主觀感知來反應，而不是奠基於客觀、可被量化的決定因素來反應。因此，人們的行為有高度獨特性。有些時候我們困在某個特性裡，就會造成心理上的困擾。

在催眠領域裡，創造／刪除／扭曲具有啟發性價值。催眠治療師學習如何誘發催眠現象，包括正負向的視覺、聽覺及感覺的幻覺。時間扭曲是一種催眠現象；年齡回溯也是一種催眠現象。催眠治療裡有個格言是，把催眠現象運用在個案呈現的問題上面，用來減輕問題。譬如，如果個案的問題是疼痛，又很容易進入時間扭曲裡，他就可以學習如何透過時間扭曲增加感覺舒服的時間，減少感覺疼痛的時間。如果個案對於年齡回溯很有反應，可以回溯到疼痛發生之前的美好時光。

在催眠治療的剛開始階段，治療師可以探索一下個案對於哪個催眠現象反應最好。了解個案是否可以輕鬆地創造、刪除或是扭曲個人感知，對治療過程會有幫助。如果個案擅長刪除經驗的話，也很可能可以輕鬆經驗失憶或是負面幻覺。如果個案擅長扭曲經驗，那可能時間扭曲可以派上用處。如果個案擅長創造經驗，那運用年齡回溯或是強化回憶經驗（使回憶鮮活化）可能會有幫助。

前文我們提出了運用評估分類的三種方法：（一）了解個案所處的位置；（二）引導治療或催眠的方向；（三）成為一個激勵者。現在，我們再來看看另兩種運用方法：（四）人們如何創造他的問題，和（五）人們如何把解決方法套用到問題上。譬如，如果你明天早上起床告訴自己，「今天是很適合讓自己憂鬱的一天」，

你可能會使用一系列的感知系統讓自己憂鬱：內向的、感覺的以及負面強化。但是如果你明天早上起床，決定要像艾瑞克森一樣快樂，你將會是外向的、視覺的、以及正面強化。

人類的行為包含內在心靈層面以及外在人際關係層面。以下我們要提到另一系列的人際關係以及社交分類。

人際關係（關係的／社交的）

人類行為有人際關係上的價值。大多數心理治療裡的問題都跟人際關係有關。人們與別人互動時會發展出某些特定的技巧和策略，而人們互動的模式跟以下的分類有關：

1. 出生順序
2. 城市／鄉村成長背景
3. 責怪別人／責怪自己
4. 吸收能量／散發能量
5. 直接反應／間接反應
6. 追趕者／逃跑者
7. 在上位者／在下位者

┃ 一、出生順序

長子／獨生子通常比較害羞、聰明、嚴肅、誠實、保守。無意外地，很高比例的心理治療師是長子或是獨生子，因為這些人在早年成長過程中就要擔負起照顧弟弟妹妹，甚至幫忙照顧父母親的責任——這個早年建立的角色，延續到成年之後就變成專業心理治療

師。

排在中間的小孩通常比較獨立、叛逆、喜好社交。他們通常在藝術上有傑出表現。么子通常會繼承哥哥姊姊的個性。他們可能是有魅力的、不成熟的、有熱情的、容易相處的。

當然出生順序的特性只是概括性的陳述。然而，我們可以運用這些一般化特性來增強個案的配合度。譬如，長子通常會受到直接建議的激勵，我們可以鼓勵他們去照顧別人。排行中間的小孩，我們可以用似是而非的建議，因為他們天性叛逆。而針對么子，我們可以透過聚焦於他們自我中心的需求來鼓勵他們。

有許多關於出生順序的論述書籍。如果你對這方面的研究有興趣，可以參考法蘭克・薩洛威（Frank Sulloway）的《天生反骨：家庭內的演化戰爭》（Born to Rebel, 1997）。

當個案和學生來找艾瑞克森諮詢時，他不會花太多時間在過去歷史上。相反地，他通常會問他們一系列的問題，這些問題會提供他充足的細節資訊，像是出生順序以及他們成長的環境（Zeig, 1980, p.32）。對於艾瑞克森來說，出生順序以及在城市或鄉村長大是很重要的訊息。艾瑞克森深深相信，一個人的出生順序以及早年成長的環境，在治療過程中有舉足輕重的地位。關於艾瑞克森對於城市及鄉村的特殊觀點可以在《跟大師學催眠：米爾頓・艾瑞克森治療實錄》（*A Teaching Seminar with Milton H. Erickson*, Zeig, 1980, p.232）這本書中找到，

二、城市／鄉村成長背景

艾瑞克森相信在鄉村成長的人比較未來導向，而在城市中成

長的人比較當下導向（Zeig, 1980, p.231）。艾瑞克森本人是在鄉村長大，他是未來導向的人。他或許受到父親的影響，他父親在九十歲時栽種了許多果樹，儘管他知道自己親眼見到這些果樹長出果子的機會不大。艾瑞克森的父母親有著未來導向的特質。在他父母親婚姻的早期，他母親會醃製許多罐頭果醬。她告訴先生，她會在他們結婚五十週年時把這些果醬分送親朋好友。當他們結婚五十週年時，他們兩人忘記了這件事。之後，他們決定在他們七十五週年時把果醬分送大家。不幸地，他們只共度了結婚七十三週年，然後這些果醬就流傳到艾瑞克森和他太太手中。

　　艾瑞克森在威斯康辛州的一個鄉下小農場長大。這個農場是他們一家人主要的經濟來源。威斯康辛的冬天非常寒冷，所以他們一家人通常會醃製食物作為冬天糧食。因為他的父母親非常未來導向，艾瑞克森本人也毫無意外地是未來導向的人。和太太結婚的第一年，他給太太一個禮物，並告訴她結婚第五週年時才可以打開。

　　當我自願要幫艾瑞克森拍全家福照片時，我對於艾瑞克森放眼未來的思考模式有個難忘經驗。照片裡有艾瑞克森、他太太、他女兒羅珊娜（Roxanna），以及孫女羅倫（Laural）。在拍照之前，艾瑞克森堅持要把一個木雕的貓頭鷹放進全家福照片裡。照片裡，艾瑞克森坐在輪椅上，他左臂抱著孫女羅倫，同時左手捧著貓頭鷹的木雕，在孫女之下，那是他送給孫女的出生禮物。羅倫小時候的乳名叫「尖叫（screech，也能用來形容鳥類的叫聲）」，因為這小孫女驚人的哭聲有時候聽起來像是在尖叫。因此，艾瑞克森給孫女的禮物恰到好處。在拍照當天稍晚，艾瑞克森跟我說那個禮物有個沒那麼明顯的意義，也告訴我那隻貓頭鷹為什麼要在照片裡：

這隻尖叫貓頭鷹在照片裡有個重大意義。它讓你感受到很多很多的人性、親切、體貼，而卻又是個簡單的小東西。體型相較之下，這裡有隻小小的尖叫貓頭鷹，有個大大的小孫女。尖叫貓頭鷹在小孫女下面，小孫女高高在上……現在，時間前進到小孫女16歲，當她看著這張照片時，她會看到這小小的貓頭鷹，會看到大大的小女孩。當她是高中生時，她會整合自己長大的感覺，作為一個小女孩溫暖的回憶，以及那隻小小的尖叫貓頭鷹。所以，你會看到所有這些回憶如何天衣無縫地編織交疊。（Zeig, 1980, pp. 312-313）

艾瑞克森在包裝一個禮物，要在孫女十六歲時給她驚喜。這是一個鄉村導向的做法！作為一個農村男孩，艾瑞克森了解一個道理，當你種下一顆種子，你不會預期這種子立刻長大馬上可以收割。

我們可以透過語言的不同風格來評估城市和鄉村的特性。面對一個在城市裡長大的人，我不會說「我快速地跳上去，比一隻雞往甲蟲身上撲過去還快。」我很容易被看穿我是城市人，另一個原因是我的猶太背景，因為大部分的猶太人住在城市裡而不是鄉村。同時，我的生理特徵也可以看出我小時候花比較多時間在閱讀上，而不是在農田裡跑來跑去。地區的特殊口音、說話風格、穿著風格、現實導向以及生理特徵都可以指出一個人是來自城市或是鄉村。

我記得一個案例，艾瑞克森運用他對於「生命的四季」的獨特理解做治療。在艾瑞克森醫師過世後，艾瑞克森太太轉介一位女士給我。這位女士在十八歲時接受過艾瑞克森的治療。當時她的問題是經常跌倒，但是找不到醫學上的原因。這位個案是個藝術家，

嫁給一個很嚴格、控制欲很強的丈夫，是位工程師。喪失功能的感情生活，在她實際生理層面上呈現（同時也是一個譬喻）的是：她在她老公控制欲的壓力之下站不住腳。但是，艾瑞克森並沒有做這樣的詮釋；這不是艾瑞克森的風格。他建議兩人離婚，但是這對夫妻抗議，因為宗教的因素，他們想要繼續維持婚姻關係。艾瑞克森讓他們一起參與家庭計劃（生育計畫），然後這位女士就不再跌倒了。治療過程結束時，艾瑞克森告訴這位女士，「妳現在不需要任何心理治療了。當妳四十歲的某個時期，妳可能會需要一些治療幫助。」當她來找我做治療時，正好是她四十幾歲，又開始跌倒的時候。

艾瑞克森之所以可以這樣精準預測將來會發生的事情，是因為他的未來導向能力。當這位女士四十歲時，她家中最後一個小孩離家獨立了，而她也無法抵抗控制欲很強的先生了。我的策略是讓她參與有興趣的事——她喜歡培育純種狗——這對她的身心健康很有幫助。

結論是，發展一個未來導向可以豐富治療師的療癒工作，同時也會增加對個案療癒的效果。結構完整的治療不見得一定要保持在此時此刻，改變也不會一夜之間發生。透過看向未來，治療師可以預期個案可能會面對的阻礙，設計出對個案有幫助的策略，幫助他們度過難關。

三、責怪別人／責怪自己

人們有時很像肚臍：有些人是「凸肚臍」，有些人是「凹肚臍」。一個責怪自己的人總是自我批判，把所有過錯算到自己頭

上，而一個責怪別人的人經常會把自己的不幸責怪到別人頭上。（輕微責怪別人的人比自我批判的人快樂些。）

一個自責的人如果睡過頭，他會抱怨自己「這真是太糟糕了！我怎麼可以這麼糟糕？」相反地，一個他責的人可能這樣說，「這個鬧鐘是不是壞掉了？」

一個自責的人讀這本書，可能會想「我一定是不夠聰明才會看不懂這本書，我應該在學校多念點書。」一個他責的人可能會說，「這個作者根本不知道自己在寫什麼。他應該多做點研究，寫清楚些！」

自責的人經常會說，「我到底哪裡做錯了？」治療師可以運用這一點來做催眠引導：

你的意識心智可以找到所有你犯的錯，但你的潛意識心智可以毫無差錯地享受深入放鬆的過程。

當治療師面對一個他責的人時，也可以發展同樣有建設性的催眠引導：

你的意識心智可以找到所有我犯的錯，但你的潛意識心智可以毫無差錯地享受深入放鬆的過程。

注意到以上這兩個例子是圍繞在意識心智有個阻抗力量存在，而潛意識心智可以採取配合的方式運作。

當我們要給他責的人直接建議時，可以包含一個拒絕或是批評

的元素在內，因為他責的人需要被拒絕或是被批評。譬如，當治療師跟一個想要減肥的他責個案工作時，可以這麼說：「當你是小孩子的時候，大人告訴你，『把你碗裡的食物吃光，不要玩食物』，在那個時期這樣的說法是正確的，但我們現在可以挑戰那個說法。所以，這週的每一餐，我要你刻意留些食物在你的碗裡，並且很認真地玩食物，有創意地玩食物，並且慢慢玩。你說你對建築有興趣，所以你可以把你的食物蓋成一棟高樓大廈或是一間房子。然後從餐桌上起身，很叛逆地留些食物在餐盤裡。」透過這種指令，他責的個案可以拒絕治療師指派複雜任務裡的其中一兩項元素，同時又達到他想要的節食計畫。

在自責和他責兩者中間取得平衡是我們想要的目標，因為有時候自我批判可能對我們有幫助。然而，批判和究責很少會具有建設性。就好像強化者和弱化者的關係一樣，自責和他責的人通常會結婚。最終，婚姻裡的壓力就來自於這兩者之間的特性差異。

▎四、吸收能量／散發能量

某些人就像太陽一樣，耀眼光芒照射在他們周遭的人身上；他們的存在使整個房間充滿能量和亮光。另一方面，有些人像是黑洞，就像海綿一樣吸收能量。吸收能量者或是散發能量者的特質在社交場合最明顯。

對於散發能量者的催眠引導可能是：

聽著，我剛剛讀完傑弗瑞寫的書，雖然我不是催眠專家，但是我相信催眠會對你有幫助，所以我想試試。但是，我真的需要你的

幫忙。我需要你幫助我,讓我知道如何幫助你。

　　對於吸收能量者:

　　你不需要做任何事情,我會做所有的事情。這個催眠經驗就好像是心靈按摩一樣。

五、直接反應／間接反應

　　有些人對於直接反應最有感覺。就像在軍隊裡,軍人通常對於直接命令有反應。同樣的道理也適用在警察和消防員,在這些工作崗位上都有層級命令。間接反應指的是,有些人會對細微線索特別有反應,甚至到不自覺地模仿他人行為的程度。如果治療師深呼吸並嘆一口氣,個案可能不自覺也跟著這個細微線索做了同樣動作,他們的鏡像神經元可能特別敏銳。

　　對於直接建議有反應的個案,治療師可以採用比較權威的說話方式。對於細微線索有反應的人,治療師可以用一種比較被動、間接的方式溝通。

六、追趕者／逃跑者

　　在湯姆士‧佛卡地(Thomas Fogarty)的系統理論研究(1978)中,他探討人際關係裡的距離感,聚焦在我們成長過程中發展出人際關係裡的情感距離。佛卡地探討人際關係裡兩種移動面向:(一)向事物移動,(二)向人移動。逃跑者會傾向於逃避人群,朝向事物移動。追趕者傾向於朝人群移動,對於事物較無感。

與其去定義一個人是逃跑者還是追趕者，治療師可以運用這兩種動力來鼓舞個案，創造催眠引導。對於逃跑者可以這麼說：「催眠可能對於你想完成的目標有很大價值，但是在開始行動之前，先讓我們花點時間好好思考一下。」對於追趕者：「讓我們盡快開始工作吧。」

有些人像猴子；有些人像烏龜。當面臨挑戰時，有些人會朝向挑戰前進，有些人會退縮。對於那些喜歡一頭栽進去的個案，治療師或許可以說：「讓我們先想個計畫吧。」對於那些畏縮不敢前進的個案，治療師可以說：「讓我們按部就班地一步步前進吧。」

七、在上位者／在下位者

大多數雙向的關係存在著兩個角色：一個是在上位者，另一個是在下位者。（但也有些關係是建立在雙方維持平等之上。）在上位者會主導一切，按照個人的喜好來做決定。另一方面，在下位者在行動之前會再三評估環境和他人的看法，尋找可能線索。他們會依據外在條件來做決定，通常會接受在上位者的指揮。治療師可以透過觀察個案的行為表現來了解這兩種特性：在上位者通常會有堅定的眼神接觸，採取比較大膽的姿勢動作；在下位者通常比較躊躇猶豫。

關係裡的權力互動：互補互動以及對稱互動

葛雷格利・貝克森（Gregory Bateson）在其著作《溝通：精神病學的社交矩陣》（*Communication: The Social Matrix of Psychiatry,*

1954）中提到，所有溝通都包括關係互動的訊息；而所有溝通可以被分類為互補式或是對稱式溝通。溝通分析師保羅・瓦茲拉威克、珍奈・貝芬・貝弗拉斯、唐・傑克森（Watzlawick, Beavin, and Jackson, 1967），以及傑・海利（Haley, 1963）更進一步地發展了貝克森的理論。

在一個互補關係裡，在上位者控制並且定義這段關係，在下位者會回應在上位者的指令。互補關係通常是比較穩定的。相對應地，一個對稱式關係是建立在關係雙方都是平等的基礎上，這類型的關係通常比較不穩定。

根據情況，一個人可能同時在一段關係裡既是在上位者又是在下位者，因為有這樣的彈性對於關係的正常連結是很重要的。例如當我在教導工作坊時，我是在上位者，控制並且定義整個情境。但是當下課休息時，我可能是在下位者，渴望從某個學生身上學到東西。當我在教導工作坊時，我可能跟挑戰我的學生維持對稱式關係，這會讓我們兩人同時有機會從彼此身上學習到東西。

一般人通常不會公開地討論在關係裡誰要在哪個位置。相反地，我們會在相遇的片刻就自動跳進某個位置。階級制度是一種普遍的動物行為，也是我們社交生理系統進化的一部分。

階級位置不僅僅是侷限在動物王國裡。當我還是舊金山州立大學的臨床心理研究生時，我們一群學生受邀參觀依莎蘭機構（Esalen Institute）。當時的老師威爾・舒茲（Will Shutz）要學生排成一排，從教室前面排到教室後面。有些人擠破頭想要排最前面，我一點也不驚訝。但是，擠破頭想排到最後的人也是一堆，這令我很驚訝。最驚訝的是，竟然也有很多人為了中間的位置起衝

突。

　　有時候，關係裡的角色是基於情境而設定：一個人可能在社交情境是處於在上位者角色，但是他的伴侶可能在處理財務上是在上位者角色。

　　對稱式關係，表面上看起來是平等的雙方，實際上可能是單薄無力且不穩定的，因為有可能雙方都搶著要主導權。我們來看一下對稱式關係的例子：

A： 我學艾瑞克森催眠一段時間了。

B： 喔，我也在學艾瑞克森催眠。

A： 我知道艾瑞克森對於催眠最大的貢獻就是發展出困惑技巧。

B： 但是基於我對於艾瑞克森的了解，他的最大貢獻是多層次的溝通。

A： 傑‧海利（艾瑞克森初期大弟子）曾說過困惑技巧是每個催眠引導的重要關鍵。

B： 或許是，但是艾瑞克森關於多層次溝通的文獻研究其實是更重要的。

　　這個對話再繼續惡化下去，可能會有三種結局：

　　第一種可能是對話變成一種互補關係，其中一人成為在上位者，另一人成為在下位者。A可能為了停止惡化會這樣說：「艾瑞克森對於多層次溝通的看法是什麼呢？」

　　第二種可能是雙方起口角，關係就結束了。A可能失去耐心，

大吼說：「你對於艾瑞克森的工作一無所知！我要走了。」（在身體上或是情緒上的虐待關係裡，情緒爆炸和伴隨而來的暴力行為可以是從很多小事引發的。）

第三種可能是找出一個調節器，放在系統裡，允許對話的張力只惡化到某種程度。調節器可能是一個非語言的姿勢，可能是其中一人雙手在胸前交叉。一旦這個調節器出現了，關係裡的雙方可能會回復到比較互補的角色裡，或是他們可能轉換話題，然後緊張情勢就緩解了。

在一個雙方都很強勢的正常關係裡，通常會有一個調節器，儘管我們不見得可以找出調節器。夥伴之間彼此支持，看到對方的優點，通常會發展出一個隱形的成熟系統，在這當中壓力得到適當調節。保羅·卡特（Paul Carter, 1982）曾觀察到，一對夫妻在老公戒菸之後開始產生婚姻問題。原來在這對夫妻的概念系統裡，只要老公去拿香菸，就是一個緊張情勢升高的警示燈。在老公戒菸之後，當緊張情勢升高時就沒有警示燈可以提醒他們兩人了。少了調節器，在對稱式關係裡的兩人可能經常感受到情況惡化，越來越痛苦。

對稱式關係如果沒有一個調節器，很可能快速崩壞瓦解。有些人會持續想要在關係裡保持主導地位，這種情況就不會有平等位置存在。舉例來說，一對夫妻會列出每週的花錢清單，一週結束後，討論彼此花費，確保雙方支出是公平的。他們的對話可能會像這樣：

老公：好的，上次我們出去，妳付了電影錢，我出了晚餐錢。

這次，換妳出晚餐錢，我付電影錢。

老婆：你確定是這樣嗎？我怎麼記得晚餐錢和電影錢都是我出的。這次，換你出錢了。

　　對稱式關係經常是充滿對立和衝突的。因為這種關係的很多層面是開放協商的，彼此間的衝突可能變成常態，連日常生活瑣事都可以是衝突的來源。很多治療師認為對稱式的夫妻關係很難處理。接受治療的夫妻雙方如果經常爭奪主導權，那不管治療師給怎樣的回饋都沒有用。夫妻兩人中的一人可能會說，「爭主導權？我才沒有要爭主導權。或許對方在爭主導權吧，但我絕對沒有！」突然間，治療師發現自己也掉進與個案僵持惡化的對稱式關係難題裡。

　　像我們早先提到的，缺乏適時、彈性地根據情況調整在上位者、在下位者，或是對稱位者這些角色的能力，關係通常會產生很多問題。人們通常會習慣僵化地掉進一個刻板印象的角色裡，在所有情境都只有一個角色。我曾經拜訪一個歐洲學者教授，他很堅持要保持在上位者的角色，我們談話時，他花了大部分的時間在糾正我的英文（我必須說，他說的是錯的）。

　　艾瑞克森在他的人際關係裡總是扮演在上位者。我們第一次見面時他七十二歲，所以在我的觀察中，艾瑞克森的在上位者角色不僅僅是個人特質，也歸因於他的專業地位、年紀以及自信。艾瑞克森的豐富人生經驗以及敏銳觀察幫助他控制並定義關係裡的角色。我只有一次看到艾瑞克森處於在下位者的角色。我有一次不小心說了句俏皮話讓他招架不住，但他很快又重新找回主導權，回敬我一句俏皮話。他回到在上位者的角色是這麼地自然流暢，讓我感到萬

分驚訝和困惑，到今日我還是不記得我那天到底說了什麼。

艾瑞克森工作時經常保持在上位者的角色，這是一個做催眠以及心理治療時經常會出現的角色，因為在這種工作模式裡，治療師致力於喚醒個案最佳狀態。然而，有時候用在下位者的策略位置也可能對治療過程有幫助。

偉大的家族治療大師，卡爾·華特克（Carl Whitaker）就很擅長運用在下位者的位置。我在 1980 年拜訪他，當時他在費城兒童治療中心做主治醫師。那時是在一個家族治療大師督導班，外圈坐著心理治療的學生們，內圈是華特克和接受治療的家庭成員。個案是一個年輕的思覺失調病患。開始會談沒多久，華特克醫師就開始打瞌睡了。當他醒來的時候，他跟這一家人分享，他打瞌睡時做了一個夢，跟這個家庭有關。幾分鐘之後，他又睡著了，醒來時又跟這家人分享了另一個相關的夢。當華特克醫師第三次睡著又醒來時，家庭裡的爸爸要求華特克醫師解釋一下這是怎麼一回事。華特克醫師說，「我承認，當我焦慮時，我經常會睡著」。

華特克醫師的自白和坦承給了這家人一個訊息。他們一開始是很緊張的，但是慢慢可以放鬆下來，就跟華特克醫師一樣。這個年輕的思覺失調患者接著開始正常對話。到了會談結束時，這家人感覺到彼此之間相處愉悅。他們感激擁抱了華特克醫師，然後離開。

作為學生，我們其實很困惑，毫無頭緒。華特克醫師以完整系統的方式來思考，並解釋給我們聽：「在一個空間及社交系統裡，只會有一個瘋狂的人。」華特克的不尋常行為產生了系統上的效益：這家人的行為改變了，團結在一起。這個案例中，治療師使用了在下位者的位置，改變因此發生。

幾年之後，華特克醫師告訴我他唯一一次拜訪艾瑞克森醫師的經驗。艾瑞克森在亞特蘭大演講，華特克趕到機場去接他。艾瑞克森上車時問華特克：「你有幾個小孩？」華特克說他有六個小孩。艾瑞克森告訴華特克他有八個小孩。華特克說從那一刻起，他們之間的角色就確定了：艾瑞克森是在上位者，華特克是在下位者。

　　艾瑞克森總是保持在上位者的位置，致力於創造醒覺式經驗。他所站的位置就好像許多宗教的偉大領袖一般。作為一個催眠治療師，他的角色是要誘發個案和學生的狀態改變，這需要一個在上位者的角色。

　　我曾經問過艾瑞克森，他是否曾對教學感到厭倦。他驚訝地回答我，「一點也不會，我只是單純地好奇我能從教學當中學到什麼。」處於在上位者的位置並不會阻礙學習。當個案很僵固，堅持要永遠處於一個特定位置上，改變就會受阻，甚至成為不可能的事。

　　問一個永遠在上位者的人為何堅持當在上位者，對於改變發生一點幫助也沒有。個案不會認為這是問題的主因。甚至，個案可能用一種超然態度說「這個說法很有趣」，因為這類型的人已經發展出一套熟練技巧對付挑戰，確保自己繼續保持在上位者的地位。

　　有些人堅持要當在下位者，通常他們會呈現一種長期受害者的姿態，誇大缺點，並經常抱怨別人對他們的不諒解。就像以下假設性對話中的奶奶：

孫子：奶奶，妳最近好嗎？
奶奶：喔，我好孤單。

孫子：那妳怎麼不出門，跟一些人見見面？

奶奶：喔，我全身骨頭都在痛，走路出門實在太遠了。

孫子：那妳怎麼不打電話，叫朋友過來看看妳？

奶奶：我也很想啊，但你不懂，我這裡一團亂，我又沒有力氣好好整理家裡。

孫子：那妳怎麼不打電話就好，跟朋友在電話裡聊天？

奶奶：我也很想啊，但我聽力不好，講電話也很費力啊。

　　當我們近距離檢視一下，會發現奶奶好像一直保持在下位者的角色，但實際上有另外的潛在動力。很明顯，奶奶表面上讓自己成為一個受害者的角色，但其實她掌控全局，定義關係裡的位置，就好像在上位者一樣。貝特森把這個位置稱為「後設互補角色」（meta-complementary）（Haley, 1963）。後設互補的束縛發生在當事人採取在下位者角色，而實際上卻是在上位者角色。稱之為「束縛」，是因為當事人並不認為自己是在上位者。在傳統精神科命名中，這個過程稱之為「潛在利益」（secondary gain）。

　　但若我們跟個案討論潛在利益，通常不會改變病情。如果你堅持跟一個像奶奶一樣僵固的在下位者說，她其實在用她的病症控制關係，她可能會回你：「你是什麼意思，說我在控制關係？我才是那個可憐的受害人啊！」

　　當我讀研究所實習時，我治療一位很害怕走進商店裡的女士。有趣的是，她的姓氏與商店同義。她先生是在上位者。這位女士的恐懼讓她把自己深深地放在下位者的角色裡。但是，因為她的症狀很嚴重，無法去商店裡買日用品，變成她先生要去，藉此她獲得了

婚姻關係裡的控制權,也讓她成為一個後設互補角色的在上位者。在當時,我並沒有看出婚姻關係裡的不平衡,以及太太想要獲得平等和能力的掙扎。今天,如果我再遇到類似的情況,我可能會建議這對夫妻接受婚姻諮商。

在上位者不但控制且定義關係裡的角色,也會引導在下位者的角色,這可能是健康的,也可能是病態的。被默默地賦予在下位者角色的人,可能會感覺自己愚笨、不被愛或是無能為力。但其實在上位者也可以賦予另一個人正向角色,像是聰明或是有創造力。

因為在上位者可以賦予角色和調適後的狀態,所以在治療裡這個位子很重要。試想,一個家庭裡階層混亂,任性小孩變成家裡的小霸王,凌駕於父母親之上。透過控制關係,小孩取得了權力,賦予父母親一個無能父母的角色。在克羅伊・瑪丹的經典著作《策略家族治療》(*Strategic Family Therapy*, 1981)裡,克羅伊示範如何運用策略治療方法來改變家族階層結構,進而產生療效並且減緩病症。重新排列家族結構通常可以透過「右半腦」來達成,像是給予家庭作業,或是運用比喻式的溝通。直接的討論對於改變家族權力／地位結構通常無效,因為地位的競爭通常不在意識層面或是語言層面,而是在潛意識隱而未見的層面。當我們遇見一個人的時候,我們不會跟自己說,「在這個情況之中,我將做一個在上位者或在下位者。」所以,就像我們之前說的,這些角色的決定是在遇見一個人最初的幾秒鐘之內,透過非語言行為如舉止、音調、姿勢等等而決定。

運用階層做治療

　　以下是一個啟發式原則（第十八號）：心理治療可以在問題產生的層面產生療效。如果一個問題是透過語言溝通產生，就可以透過公開討論而解決。如果一個問題是透過隱而未見的層面（潛意識或是邊緣系統）產生，治療就應該朝那個方向前進。我們可以透過社交生理系統的演化來運用溝通技巧。經驗式方法會處理並啟動腦部底層中心。大多數的問題在意識產生前的連結層次就已產生，並不是刻意的。因此，任務、比喻和其他「右腦」技巧，運用「邊緣溝通系統」運作，誘發新的連結，切斷老舊過時的設定，會帶來很棒的療效。把我們的潛意識帶到意識層面並不是唯一的改變之道。就像小孩子學習語言時主要是透過潛意識進行，人類行為的改變很多時候不需要透過意識作為介質。

　　保羅・瓦茲拉威克（1982）提供了一個艾瑞克森運用右腦的精彩案例（傑・海利〔Haley, 1973〕也提過這個案例）：

　　一對夫妻經營一家小餐廳，夫妻倆總是為了店裡的大小事情爭吵。太太堅持要讓先生作主掌管這間店，因為太太想要待在家裡。先生卻指出太太永遠不可能讓他掌管店裡的一切，因為太太總是認為如果不是她在旁盯著，先生早就把店給搞砸了。在詳細了解夫妻雙方的說詞以及細節之後，艾瑞克森給他們一個行為治療的方法。每天早上，先生要比太太早半個小時到店裡。這個簡單的改變，看起來跟「現實」問題非常遙遠，卻讓這兩夫妻根深蒂固的爭吵模式無法運作。當太太到店裡的時候，發現原先許多她認為非她不可

的工作，已經被先生早早做完了。太太慢慢發現，她如果再晚半小時到店裡好像也可以；她也發現，就算不用等到先生關店再一起回家，好像也可以。太太慢慢發現她有很多時間可以照顧家裡，然後先生也越來越能夠把店管理好，不用太太操心。

艾瑞克森很精準地調頻到一個人的風格是在上位者或是在下位者，他也經常運用策略性任務、玩笑、甚至困惑技巧來打斷僵固的行為模式。因為治療的主要目標之一是要誘發有效的角色和狀態，所以治療師學習如何評估個案的階層風格是很重要的。

另外，治療師需要時刻警覺治療關係裡的權力互動模式。要引起改變，治療師要保持在上位者角色。此外，個案付錢給治療師，引導調適行為方向的治療經驗。治療裡的對話通常傾向一邊，治療師通常聚焦在個案的問題上。如果個案老是要當在上位者，治療很難有效。

治療師的工作是站在個案立場來誘發改變。這只有當治療師處於在上位者角色時才會有效——透過專業訓練和經驗來控制並定義治療關係。甚至可以說，治療師的任務是引導或誘發適切狀態和角色，這需要治療師處於控制和定義關係的角色上。能夠創造經驗式理解的技巧對於治療效果至關重要，這也需要治療師處於在上位者地位。

在量身訂做的催眠過程中運用權力互動關係

如果我們對在上位者個案運用眼睛定焦催眠引導，治療師在開

始時可以如此說：「有看到我桌上那個小雕像嗎？你可以看著那個方向。」這個策略給個案選擇的機會。在上位者想要掌控局面，而這個指令提供作主的機會。我們提供的這個選擇仍然是建構在催眠框架裡，是透過治療師模糊的定義而給出的。

對於在下位者的眼睛定焦催眠引導則可以直接一點：「看見我桌上那個小雕像嗎？看著雕像頭頂反射的光芒，將視線焦點固定在上面。」

治療師也可以從個案偏好的那一端移開。幫在上位者催眠可以循序漸進，讓他在在下位者的位置越來越自在。對於一個在下位者，治療師可以採取後設互補的在下位者位置，就能暗示、鼓勵個案成為更積極主動的人。

在 1964 年，艾瑞克森幫一位在下位者女士催眠。催眠到一半時，艾瑞克森突然用一種小孩子甜甜的口氣對她說話，「你知道我的名字叫米爾頓。我媽在很久之前幫我取了這個名字。」透過模仿小男孩的聲音，艾瑞克森某種程度上是在刺激個案理解母子關係，這會立即使女士位於在上位者的角色，然後很自然地，個案接著說米爾頓是個「好名字」。

小結

本章目前列出的評估分類是我在治療裡最常使用的一些方法，然而，還有許多其他分類存在，包括：依賴／獨立；旁觀者／參與者；防禦／攻擊；抽象／具體；溫暖／寒冷；打開／關閉；順從的／反抗的；一致的／不一致的；內向／外向；一般化／具體化；有

彈性的／僵固的等等。其他治療學派會有不同觀點，並創造他們自己的評估分類。

　　這些分類並不是用來規範絕對定義，這些分類可以有多重用途：

- 作為路標，來協助治療師創造有效的催眠引導。為了創造不同的主觀觀點，我們可以運用偏好的一端或是相反的一端。
- 透過聚焦個案的濾鏡，可以更有效地量身訂做治療過程。
- 用來述說個案的經驗語言，這樣我們可以更同理個案身處的情境。
- 用來量身訂做激勵。例如我們可以給予一個線性思考的個案一系列理由來完成治療中所賦予的任務。對於一個看重內心感覺的人，他們可以完成任務讓自己感覺好過些。
- 用來確定個案的問題是如何產生的。這就會講到地圖製作（第六章的主題）。為了產生憂鬱，個案可以向內看、注重感受、強化負面、社交上退縮、保持在下位者位置等等。
- 用來產生有效模式。模式模仿是 NLP 神經語言學的最大貢獻。如果我們要使用艾瑞克森模式，我們必須是外向的、視覺型的、強化正向、致力於在上位者的位置等等。

　　再次說明，關於個案在光譜上的位置，並沒有絕對的測量方式。詮釋是完全依據個別治療師的參考觀點而定。譬如，一位治療師可能認為某個案是外向的，而另一位治療師可能認為同一個案是內向的。個案有可能在面對第一個治療師時比較外向，然後面對第二個治療師時比較內向。同樣的道理，一個自責型的治療師可能會覺得個案是他責型的人。在以上兩個例子中，治療師所做出的分辨

都與其本身的特質相關。透過這些分類而得的評估是一種感知，而不是絕對科學。

另一種評估方法則是運用分類來辨識不同個性模式。有些模式是生物本能。

生物本能模式

生物本能模式是動物遇到特定刺激時的本能反應。動物行為學裡有大量研究文獻。這個模式一旦被觸發了，就無法停止，直到整個本能模式行為完成為止。一個例子是某些鳥類的交配舞蹈。或許有些專家覺得人類不適用於這樣的動物行為模式，但是人類的某些重複行為是跟動物行為很類似的。

我們想像一下，假如我們默默地觀察一群正經歷過重大危機的人。很快地，我們發現這些人展現不同的明顯本能反應，這些反應呈現了不同的人格特質。

舉例來說，可能會有這樣的生理反應：有些人可能會頻尿；有些人可能坐立難安。（是的，簡單來說，有些人可能嚇得「屁滾尿流」，有些人可能嚇到「尿不出來」。）

當遇到生物本能的挑戰時，也有人格特質上的不同性格區分。一個人可能變成兇猛的獅子，另一人可能變成受驚的羚羊；一個人可能像負鼠一樣，遇到危機就假死，另一個人變成凍僵的小山羊；一個人可能變成縮頭烏龜，另一個人可能變成跑向媽媽的小動物。當遇到危險時，每個人都可能呈現不同特質，有人戰鬥、有人逃走、有人封閉、有人退縮、有人躲起來、有人黏著不放、有人投

降、有人衝鋒陷陣。在動物世界裡，遇到危險時，最常見的反應就是逃跑。

還有情緒反應的差別。根據情緒性格和習慣，有些人呈現害怕恐懼、有些人是生氣、興奮、沮喪、或甚至有罪惡感。

如果這些人的家長也在現場，我們可以很快地把親子配對起來，因為父母親跟小孩會有類似的問題解決策略。這種問題解決策略通常會代代相傳。問題解決策略或許不是先天基因決定，但是小孩透過父母親的生物本能模式會學習到類似的處理方式。有些是外來的因素影響。這些生理上、社交上、情緒上的行為模式可說是「代代相傳的模式」，我們可以將其看作「鉤子」。

鉤子

我們不僅是透過評估分類來了解個案，治療師也可以透過個案的位置或「鉤子」來進一步了解個案。「鉤子」會決定個案如何反應和行動。特定的鉤子會造成個案擺脫不了的重複且多餘的行為模式。它們有合理的存在價值，通常作為保持關係平衡的一種機制。

理查・費雪、約翰、維克蘭、琳恩、席格（Fisch, Weakland, Segal, 1983）是首先發表「鉤子（hook）」這個概念的先驅。（在他們隨後的發表文獻改用「位置〔 position 〕」這個詞）。在 1970 年代早期參加心理研究機構的工作坊讀到這些著作之前，我已經研究鉤子超過十年。

我之前提到的評估分類具有啟發價值，但是若治療師僵化地套用這些分類是很危險的。譬如，我們可以輕易地把一個人歸類為強

化者，但我懷疑這樣做會產生療效。以個案的鉤子來思考是比較有流動性和彈性的做法。這個做法是在評估個案所處位置。就像我早先提到的，艾瑞克森並不喜歡標籤或分類個案，但他暗中使用鉤子來強化治療效果。

我們不需要判斷鉤子是正面的或負面的；一個鉤子僅僅呈現了一個人所處的位置。以下是一些例子：

- 猶豫不決的。
- 除非刺激一下，不然只提供不完整訊息。
- 過多頭腦分析，反應很慢。
- 總是要當老大；掌控全局。
- 大公無私，付出。
- 總是告訴別人對方想聽的話。
- 需要很多安全感。
- 過度小心且挑剔。
- 經常忘記自己的行為會對別人造成困擾。
- 總是實話實說。
- 說謊。
- 動作緩慢。
- 穿著時尚。

不論是正面或負面，鉤子就只是個人價值觀。譬如，有些人的鉤子可能是說謊，看重說謊可能帶來的好處，甚至可能覺得欺騙是天經地義，然而有些人看重誠實，對於自己總是實話實說感到自豪。

鉤子並不只是人格特質這麼簡單。艾瑞克森曾經幫我在一本書

上簽名，上面寫著「就只是另一本讓你頭髮捲曲的書」，因為他知道我對於自己的捲髮很自豪。

鉤子在個案的過去可能曾經很有價值，但現在卻一文不值。然而，一旦一個行為模式啟動了，通常就會一直進行到完全結束為止。

找出個案的鉤子這個觀念會在兩個層次運作：（一）它讓治療師針對個案進行評估；（二）它可以用來量身訂做個案的指令，治療師運用鉤子作為訂做治療計劃的工具。

人們都習慣於做他們認為有價值的事，也會把他們所做的事視為有價值的。一旦我們確定了個案的價值觀系統，就可以運用該系統量身訂做治療計劃，換句話說，就是透過個案的濾鏡看事物。譬如，如果個案重視無私利他，我們就可以將治療掛在這個鉤子上，鼓勵個案為了別人而改變。對於一個自我中心的個案，治療可以簡單地框架在個案自身的利益上。

鉤子基本上是一個潛意識模式。大部分的人不會注意到它的存在，完全不會覺察到。個案可能會忽略他們的鉤子，就好像我們會忽略一些背景資訊，像是雜貨店、餐廳、電梯裡放的音樂，以及冷氣機或是汽車引擎的聲音。然而，治療師應該要留意這些鉤子，因為這可以用來強化療效。

個案身上可能存在數不盡的鉤子。我在這裡會提到八個分類，是我在治療裡經常用來幫助我評估的工具。這些分類可以幫助治療師回答一個後設問題：「個案所處的位置是什麼？」最佳的使用情況是盡量不要僵化地使用這些分類，要聚焦在後設問題上。接下來的這些分類可以幫助治療師決定最佳的治療計劃。

一、人格特質／社交角色

人格特質通常對治療師而言是容易觀察到的。我曾經遇過一個個案，他是家中獨子。他的雙親一位有嚴重身體殘疾，一位有嚴重情緒障礙。在個案很小的時候，他就被教導要「安靜」、「小心」和「負責任」。他也很聽從爸媽的話，他被這些行為「鉤住了」，當遇到狀況時，這些行為和價值觀就會派上用場。不幸地，這些人格特質阻礙他，使他在應該好好放鬆時無法放鬆，例如跟家人一起玩耍時。為了幫助他，我尊重他這些鉤子，透過催眠強調安靜、小心、和負責任這些特質存在於特定情境的必要性和效益，但最終引導他到一個更適切的結果。

個案可能呈現的其他人格特質包括感覺自己無能、自我批判、忠誠、有自信等等。這些人格特質都是人們讓自己習慣的社交角色。

二、語言模式

為了建立良好關係並提供幫助，治療師應該要了解語言的鉤子。特定的人格特質通常伴隨著特定語言模式。譬如一個頭腦清晰有組織的人可能在演說時特別強調言詞的精準度，小心翼翼地選擇每個字句。

語言模式在治療上其實很有用，但有時很難去區別出來，因為語言模式經常是不著痕跡地攪和在個案的談話裡，就像我們之前提過的，我們容易忽略穩定存在的訊息模式和重複模式。有些個案可能重複地使用弱化者的用詞，像是：「一點點」、「或許」、「僅是」或是「看起來像是」。語言模式也可以指出個案問題的本質。

譬如，焦慮的個案可能經常說：「要是……怎麼辦？」憂鬱個案可能說：「如果……就好了。」個案的談話可能加入一些語助詞，例如「喔，所以？」、「我是說……」、「……像……」、「所以呢……」和「……你知道嗎」？這些字句可能看起來沒有字面意義，但是如果治療師想建立緊密關係，可以不著痕跡地模仿對方重複使用的語助詞。運用個案的語言模式可以讓個案對你的建議更加印象深刻，也更有療效。

個案可能用的其他語言模式包括修辭語句和比喻說法。個案可能講話中規中矩、出言不遜，或是陳腔濫調。再次強調，治療師可以運用個案的表達方式來強化治療效果。語言模式對催眠很有幫助。當一個個案習慣用「不」來回答是非題時，治療師可以運用這個語言模式，創造一個雙重否定或三重否定的治療建議：

「聽起來不像是你這星期完全不想運動，不是嗎」？（三重否定句）

病症描述可以透過催眠重新框架。譬如，如果個案在催眠狀態裡描述他的身體疼痛就像是「火在燒、壓迫、溫和的」，治療師可以重新框架個案的病症語句，並成為催眠引導的一部分：

你不需要經歷壓力……可以輕鬆地坐在椅子上。你的內心可以看著那個壓力……你的手放在大腿上，然後你可以做任何想要的調整，讓自己感受放鬆程度的提升。然後你可能突然回想起小時候某個舒服的片刻，記得你想跟朋友一起玩耍的火熱渴望，以及朋友如何讓你感受到溫和的放鬆。

重新框架病症語句作為催眠語句一部分的這類微技巧，單獨來說並沒有療效，但是系統性地與其他方法混合就會很有幫助。

當我初踏入治療師這個行業時，我會寫下個案第一次會談時所說的話，以便日後分析個案重複的語言模式。最終，我可以找出重複語言模式，不需要再記錄第一次會談內容，但在剛開始執業時這是很有幫助的。

▎三、明顯的缺乏

透過一些訓練，治療師可以調整自己的頻率，以發現個案身上明顯的缺乏。當然，「明顯的缺乏」這個詞是自相矛盾的。但是請注意：個案身上所缺乏的東西往往比實際的錯誤和偏差更難察覺。明顯的缺乏可以是生理上或是心理上的。心理上，個案可能明顯缺乏果斷力，或是其他情緒。有些人有身體上的缺乏。我有個朋友的手指截肢了，但直到幾星期後我才發現。

關於學生沒有發現自己如何錯過一些很明顯的東西，艾瑞克森講了許多故事。例如艾瑞克森的一個學生帶自己的太太去見艾瑞克森，艾瑞克森立刻指出他太太的腳趾有長蹼，黏在一起。這個學生從來沒發現他太太腳趾有蹼，但更奇怪的是，他太太自己也沒注意到，直到艾瑞克森指出這一點。

為了克服無意識的盲點，艾瑞克森指導學生在與個案初次會面時要注意明顯的缺乏，因此更完整了解個案的行為和問題。艾瑞克森說，學生應該要注意個案是否雙眼視力正常，是否雙耳聽力正常，是否十隻手指都健全等等。

同時，在語言表達和肢體語言裡也有明顯的缺乏。有些人可能

從不使用副詞或形容詞，或是身體的動作可能是受限的。可能社會化的行為是缺乏的，像是微笑或是大笑。有些人可能在特定心理層面（情緒／行為／社交）缺乏某些特質。例如可能對於自己從不生氣或是從不落淚感到驕傲。

▍四、非語言模式

非語言模式包括了高強度的凝神注視或是眼神閃爍迴避。有些人喜歡肢體接觸，有些人則無法接受。個案在說話時可能有肢體的動作，可能動作大，可能動作小，可能誇張，可能隱晦。彼此距離的測量，是靠近一點，還是遠離一點，或是需要更多個人空間，這些都是非語言模式。治療師可以更熟練地覺察到個案呈現的特質以及其他細節。

▍五、安全感運作

我用「安全感運作」這個詞來描述一個特定的語言或非語言行為，用以提升社交心理層面上的安全感。簡單的行為可能像是抓抓頭、玩弄頭髮、抓抓腿、雙手抱胸，或是喃喃自語「嗯哼」。然而，安全感運作對於提供內心舒適感不見得有實質效用。或許安全感運作在過去很有效，但長遠來看，安全感運作通常很少有太大功用。譬如強迫洗手（被認為是一種中和效果）的行為，可能在一開始是用來減輕對細菌感染的恐懼。但是如果經常這樣做，反而無法減輕恐懼，而是增加更多的焦慮。

治療師對個案的行為要仔細觀察，特別是在壓力大的情境下，如第一次會談。這是個案覺得最不安的時候，個案會不自覺地呈現

安全感運作行為。治療師可以在催眠引導或是引導想像時，適時運用個案的安全感運作行為。例如，如果個案總是雙手抱胸，治療師可以說個故事，當故事主角克服他的問題時，會擺出雙手抱胸的勝利姿勢。

六、時間

　　人們有三種傾向：過去、現在、未來。每個人不同的時間傾向會直接影響他們眼前的問題。治療師可以根據個案的時間傾向來做治療計劃。假設個案的談話都是以過去時間為主。如果個案太過於執著過去無法改變的悲劇裡，就可能會造成憂鬱。同樣地，如果個案太過沉溺在擔心未來可能發生的事情，可能會焦慮。當我們要對一個過度執著在過去或未來的個案做催眠引導時，我們可以協助個案更聚焦於當下。催眠引導本質上就是協助個案沉浸在當下的經驗裡，因此它是現在導向。

　　但是個案也可能太過於存在於當下。譬如，一個青少年只在乎「當下的快樂」，可能就會忽略了過去的教訓，以及未來可能要承擔的後果。這個青少年可能只活在當下這一刻。但是，理想的位置是生活在當下，放眼未來，同時考慮過去學到的教訓和未來可能的後果。

　　評估一個人跟時間的關係，可以從一個人做事的快慢看出來。有些問題的惡化是跟人如何看待時間有關。會有暴食症跟焦慮問題的人，通常做事都很急躁。更多訊息請參見菲利普・金巴多、約翰・波伊德的《你何時要吃棉花糖？——時間心理學與七型人格》（*The Time Paradox: The New Psychology of Time That Will Change Your*

Life, Philip Zimbardo, John Boyd, 2009）。

▌七、關係需求

　　關係需求講的是一個人如何公開地或是隱晦地要求某人做某事。當我們做伴侶諮詢或是家庭治療時很容易看到關係需求，在做個別諮詢時比較少見。關係需求的例子像是，某人無理地要求另一個人用特定的方式說話（講慢一點，或是講清楚一點）；要求另一個人展現他的脆弱；在伴侶諮商裡總是打斷另一個人說話，試圖幫對方解釋或加上自己的評論；要求清楚的建議；執著於一定要知道事情為什麼變成這樣。

　　通常關係需求是一個心理壓力過大的指標；個案對於關係需求越強烈越大，表示人格問題越嚴重。因此，治療師是否能夠辨別出關係模式很重要。

　　很多治療師發現，區分互動模式，找到控制關係的隱藏規則是很困難的事，特別是在親密關係裡。英文字彙是以個人為中心設計發展的，而不是依據關係互動模式設計。愛與生氣都是一種內在狀態的描述，但這些情緒也可能是人際互動關係的一種模式。譬如，愛的互動關係定義可以用一個縮寫來表達：TOPIAH（Take Obvious Pleasure In Another's Happiness），意思是在另一個人的快樂裡得到明顯幸福感。愛是一種互動模式，當你的另一半在做他很喜歡做的事，你會感同身受也感受快樂。一旦我們在伴侶治療或是家庭治療裡經驗到這個情緒，就會浮現對於互動模式的完整理解。

八、序列

當我們解構鉤子時，發現它包括兩個部分：元素和序列；他們不是靜止的整體。鉤子是隨著時間一再重複出現的多餘行為模式。在《人間遊戲》（*Games People Play*）這本書裡，艾瑞克·伯恩（Eric Berne）給了一個關於序列模式的睿智描述，他稱之為「遊戲」（Berne, 1964）。

伯恩的遊戲公式看起來像這樣：

誘騙點＋切入點 → 反應 → 開關切換 → 困惑 → 感覺很糟糕，付出代價。

我們用個比喻來解釋：一條魚在湖裡游著，看見一隻蟲掛在鉤子上。誘騙點是被設計用來吸引注意力的那隻蟲，切入點用伯恩的說法是性格弱點（或許是沒注意，或許是飢餓），讓魚看不見鉤子。魚想要吃蟲子，所以本能反應是吃蟲子。當釣魚線往上拉時，開關打開了。這時會有一個片刻的困惑，因為魚沒有預料到有鉤子。而在這個比喻的結局，魚感覺很糟糕，付出代價死掉了。

我們用做生意來比喻：A 跟 B 說她想要創業做生意，但是沒有錢。B 說願意提供資金贊助幫忙創業。A 接受了這個提議，但是當 A 進行創業計畫時，B 突然撤出資金贊助，A 感到很生氣又很困惑。A 太過於一頭熱想要創業，而沒有看到 B 提供創業資金又突然撤資的過去歷史。A 的創業計畫失敗了，背負大筆債務。

人們玩的遊戲由一系列有順序的步驟組成。單單一組序列不足以評估一個模式，但是有經驗的治療師最終會發現模式，然後在治療過程中使用。

以下就是一個運用序列的例子：

個　　案：我感覺壓力太大，我處於耗竭崩潰的邊緣。

治療師：我會說，現在是度假的好時機。

個　　案：真是太棒的主意了。但是我現在不能休長假。我或許可以休一個週末。

治療師：聽起來不錯。

個　　案：等一下……我們無法休一個週末，因為我太太現在正在處理一個很重要的案子。她那個重要項目可能要花一段時間，我們可能連一天都沒辦法休。我想我永遠無法休息了。感覺事事都不順心。大家都有休假，但我想我不值得擁有一個真正的假期吧。

這個個案的序列可以拆解成六個步驟：

1. 暗示治療師給個建議。

2. 稱讚治療師提供一個很棒的主意。

3. 修改一下治療師的提議。

4. 在提議中找到破綻。

5. 感到挫敗。

6. 保持在自我苛責「失敗者」的角色當中。

在人際溝通分析治療學派裡，這個模式會被標籤為「是的－但是」遊戲。

我們可以正向地運用這個序列，比如創建一個催眠引導。順勢而為的原則（第十九）提到，無論個案用什麼東西創造問題，我們都可以重新設計那些東西用來創造解答。問題的順序可以被用在催眠引導過程裡，元素可以被重新正向框架，結果就會變成正向的。

以下是使用上面對話來進行的假設性序列催眠引導：

1. 你或許發現自己變得輕鬆，就好像毫不費力從心出發……
2. ……你可以花點時間去好好思考這個建議，同時內心監督自己去找到那個舒服放鬆的點……
3. ……儘管可能有另一個經驗、回憶或圖像可以幫助你更放鬆一點……
4. ……但是你會發現你無法在身體的所有層面上都放鬆下來……
5. ……然後你的意識心智可能為了你的努力而感到挫敗……
6. ……然後，你的意識心智可以是努力掙扎著要放鬆的失敗者……但是你的內心可以實現放鬆狀態……用你自己的方式，用你自己覺得對的方式。

　　除了創造催眠引導之外，還有其他方法可以運用序列。結合順勢而為的策略運用序列，會達到相輔相成的效果。治療師的工作是禮物包裝概念，然後讓個案自己拆禮物，進入最佳調適狀態。

　　把步驟都排列出來，可以提供治療師洞見，找到可以中斷序列的地方。一個常見的目標是在序列最脆弱的那個點上中斷序列。這可以透過加一個步驟來執行。譬如，在前面的例子裡，當個案對於治療師提出的建議感到充滿希望時，治療師或許可以加入一個建議，邀請個案暫停，做個深呼吸，揉一揉臉，或是做些無關緊要的動作。在那個點上，任何的建議都可能有效，因為在序列裡任何的小改變，都會造成滾雪球效應，誘發改變。

治療師也可以把這個序列帶到談話裡，讓個案知道，然後兩人可以一起設計一套中斷模式的方法。在心理治療裡，洞見有其存在的價值和地位，對某些個案來說，幫助他們覺察到自己潛意識的特定模式或許有療效。

這八個分類可以用來評估並且了解個案所處的位置。鉤子也可以看成是評估分類的一個重要元素。譬如，一個在關係裡的上位者，可能有特定的時間傾向，使用特定的語言模式、非語言模式、序列、明顯的缺乏、關係需求，以及安全感運作。還有一些人格特質元素—調適良好或調適不良的。

總結

我們有組織地建構一個評估，描述當下存在的模式，用以決定治療目標、禮物包裝方法，甚至治療計劃。結構式的評估能幫助我們清楚理解個案如何創造他們的問題。治療師可以透過創造一個地圖來看清評估的各個面向，然後聚焦在那些可以產生改變的元素裡。

評估分類和鉤子是一個基本基礎，我們還可以創造更複雜的地圖來增進治療效果。在下一章中，我們用更複雜的地圖進一步探討憂鬱症。

本章的原則有：

17. 建議→ 激勵

18. 心理治療可以在問題所在的層面產生療效。

19.不論個案用什麼來創造問題，同樣的東西也可以被重新設計
　　來創造解答。

| 第六章 |

進階地圖製作

　　若我們運用現象學的觀點來看「憂鬱症」的話，它是一個社交建構情境，而不是一種神經傳導缺陷的疾病。將憂鬱症標籤為社交建構是很有幫助的，因為治療師可以因此創造一個社交上的治療方法，而不是醫學的治療方法。

　　關於憂鬱症，有一個更激進的社交建構觀點，是認為憂鬱症並不存在——至少不是像心理專業人士普遍認定的那樣。同樣地，焦慮和其他社交心理問題也不存在。

　　我做出這樣異端一般的論述，明顯跟心理治療傳統理解相違背，其實有實際的理由，而不是要挑戰傳統。我是否相信憂鬱症並不存在？「是」也「不是」。我的答案是取決於臨床上的權宜之計。有些時候在某個情境的事實，並不適用在另一個情境。

　　世界上有大實相和小實相。小實相是絕對的實相；而大實相出現時，正面實相以及負面實相都成立。例如在物理學上，光並不是唯一實相；它可以同時表現出粒子和光波的型態。心理上的問題也很類似，焦慮症、憂鬱症也不是單一實相，可以有很多不同形式。

　　一個心理問題可以被視為一種狀態、一種互動模式、一種重複發生的暫時序列、一種社交技巧缺陷、一個生理過程、一種個性風格，或是一個包含以上數種元素的系統。治療師如何畫出「問題地

圖」也就決定了要使用哪種治療方法。要有效地穿越複雜的憂鬱領域，我們需要地圖，因為地圖能提供我們相關的選擇。在這一章，我鼓勵治療師創造個案所帶來問題的複雜地圖，因為這樣做會快速引導到更有效的治療方案。

在這一章，我將重點放在憂鬱症，但所有心理問題都可以畫出地圖。治療師可以畫出焦慮地圖、壞習慣地圖、不幸福親密關係地圖等等。我們也同樣可以畫出個案強項地圖，這對於建立解決方案非常有幫助。

在這一章，我將治療重點放在現象學評估模式以及伴隨的徵兆。我同時也會深入探討現象學地圖概念，幫助讀者更加了解個案的主觀現實。其實治療師和個案在治療開始前已經各自有地圖了。這些地圖是治療師和個案對於問題的主觀認定現實，可能有其限制存在。然而，如果治療師能創造一個更複雜的問題地圖，就能提供更多社交治療方法的選項。

個案的地圖

對於自己在這個混亂世界中用來協調並創造秩序的複雜隱晦地圖，個案總是有個過度簡單的標題。這些簡單的標題通常是靜態的名詞，常常會導致一種僵化的社交互動規則，我們稱為「名詞化」。所謂的「名詞化」是將一個不是名詞的詞轉變成名詞。我們使用名詞來精準描述事情。但是，把某種複雜的東西名詞化，變成一個標籤，可能會模糊掉潛在的動態互動過程。名詞化對於個案和治療師都會造成限制。用譬喻來說，名詞化就像是把兩者都關在監

獄裡，而定義問題，並把問題看成是元素和過程的複雜互動，就是出獄的方法。如果個案的問題是生理上的，可以透過藥物來治療。而當我們運用社交情境來治療時，處理潛在元素和過程是比較好的方法。

憂鬱症（depression）是動詞「憂鬱（depress）」或動名詞「正在憂鬱（depressing）」的名詞化。憂鬱本身並不是單一實體，把憂鬱症標籤為單一實體會逐漸演變成一個靜止的信念，相信憂鬱是「一個東西」。不論在意識或潛意識層面相信憂鬱是一種具體明確的東西，都對心理治療過程沒有幫助。

人們通常認為自己是「憂鬱的（depressed）」，而沒有發現自己的憂鬱其實是一種複雜的、動態的過程。待在憂鬱中甚至可以變成一種編碼後的生活風格，變成一個人的身份認同。現在，作為一個治療師，我同理個案所描述的情緒狀態，也不會輕忽他們自我定義的受限制狀態。然而，我致力於創造一個不一樣的標籤——可以刺激改變發生的標籤。為了達到這個目的，我通常會思考個案如何「創造」他的問題。例如，個案如何在自己身上創造「憂鬱」？透過這種思考方式，我把元素和過程這兩者納入了名詞化的憂鬱之中。

看待一個問題，以憂鬱為例，包含元素和過程的觀點是有幫助的，因為改變元素和過程會比改變一個整體更容易。個案通常把問題當作需要修理的東西帶到治療師面前，也通常會明示或暗示治療師幫他們療癒那些問題，就好像治療師有神奇的法力，而個案自己對於現況是無能為力的。當治療師幫助個案透過經驗理解自己是人生劇本的作者，而不是無法改變的疾病底下的被動受害者，治療效

果會好很多。

疾病模式

　　把憂鬱症看成一種疾病或許對於很多專業領域有其必要性，如疾病分類學、人口學、統計學、保險公司、臨床研究員、精神科醫師，當然也包括藥廠，但是對於第一線的心理治療師而言，這樣的分類診斷沒有啟發式價值和意義。做出診斷也就決定了治療計劃。當醫師診斷個案有憂鬱症時，也就是間接暗示我們只能透過藥物來治療。但治療師可以透過改變個案的經驗來提供個案更好的幫助。首先，治療師可以為個案帶來的問題創造一個更有建設性、更有彈性的標籤。至少，治療師可以幫助個案看到，某種程度上個案透過有為和無為的方式使自己「憂鬱」，這暗示自我改變的可能性。

　　當代對於憂鬱的共通觀點是，把憂鬱視為腦功能失調或腦內化學物質失衡的結果。在心理治療裡，如果我們對憂鬱抱持這種觀點，那就是自我設限，而無法找到更多好的治療選擇。我傾向於使用目標導向的觀點，我們首先關注治療的彈性和有效性。從這種有利位置出發，我可以把問題解構成元素，而每一個元素都可以用社交治療方式來改變。解構能夠創造療癒和啟發價值；同時，我們也要了解個案自身的現象學：生活經驗對個案來說的隱含意義。

　　在解釋現象學地圖之前，我想提供讀者一些當代認知行為治療學派（cognitive behavioral therapy, CBT）的觀點，幫助我們更了解啟發式與邏輯式導向的差別。

認知行為治療

　　認知行為治療，也就是把行為治療的技巧運用在認知層面上，是當代很流行的一種治療憂鬱症的方法。大量的認知行為治療學術研究證明，認知行為治療可以實際改變人的大腦。我們很自然地發現，改變心智就可以改變大腦。譬如，當你談戀愛時，你的大腦改變了：邊緣系統進入超速運作狀態，釋放出大量多巴胺；下丘腦被點亮了；杏仁核活動減少，杏仁核的功能與恐懼以及如何從錯誤中學習有關。

　　在憂鬱情況裡，認知行為治療比藥物更有效，因為個案學會技巧，就不需要依賴抗憂鬱藥物治療。從現象學角度來看，認知行為治療的主要效果是改變一個人的主觀經驗。一旦個案的主觀經驗改變了，個案就會有一張新地圖、一個比較正向的標籤、運用更好的方式來組織社交心理生活的複雜層面。

　　然而，認知行為治療仍然聚焦在醫學基礎上，治療方法是邏輯演算，一連串序列決定會造成一個結果。把心理治療醫學化，變成可操作的手冊，這件事本質上沒問題；事實上，很多治療師比較喜歡運用邏輯演算方式，而不是奠基於現象的啟發式治療法。但是，認知行為治療聚焦在修正自動化思考，而自動化思考並不一定是個案憂鬱經驗的核心部分，所以修正自動化思考不見得對治療來說是重要的。

現象學

　　海森堡（Heisenberg）的不確定性原理（uncertainty principle）假設如果我們確定粒子的位置，動量的不確定性就會增加。人們問偉大的物理學家尼爾斯‧波耳（Niels Bohr）「清晰（clarity）」的互補面是什麼，他的答案是「精準（precision）」。現象學是科學的互補面。科學家運用邏輯演算，而現象學是奠基於啟發式做法。科學講究精準，探討物理世界的事實。現象學則是關於體驗與理解，研究我們如何活出不一樣的經驗。科學家透過邏輯演算得到一個明確結論。現象學運用啟發式做法：運用從生活經驗裡得到的歸納結論來實現夢想。

　　人們會使用邏輯演算以及啟發式這兩種做法來處理日常生活。然而，用科學來探討一個狀態會有侷限效果，例如快樂，因為快樂沒有明確界線，而是會演變的過程。當我們讀詩的時候，可能誘發快樂狀態，因為詩人透過處理不同現象誘發我們體驗到感覺。

　　我會如此強調現象學，大部分是因為我多年研究催眠的結果，受到我的啟蒙老師艾瑞克森醫師的影響。我的畢生熱情是研究催眠，這幫助我了解狀態以及生活經驗的內涵意義。當治療師了解隱含的架構以及個案憂鬱狀態的組成元素時，心理治療可以輕易地產生療效。

　　致力於使用社交治療方法的治療師可以創造出現象地圖，透過社交溝通方式來照亮一個人的目標。我們聚焦於評估而不是治療策略，因為適切評估會引導出有效的治療策略。當治療師在評估階段可以找到分類的有用資訊，我們就可以運用常識來引導介入策略。

再次強調，評估和診斷是不同的。診斷與病理學相關。記得，做評估時要同時考量資產和負債。若治療師評估個案所處位置，心理治療的效果會最好，因為心理評估會導向社交心理介入方式。我們可以把評估焦點放在創造有用的問題和解答地圖。我早期的現象學地圖稱為「溝通元素」（Zeig, 1980 b）。這個溝通元素模式聚焦在一個人如何維持調適良好或調適不良的狀態。

溝通元素

　　所有溝通都是由許多元素共同組成。湯瑪士・薩斯（Thomas Szasz, 1954）指出，所有的病症都是一種溝通。以下表格列出溝通的主要和次要元素。次要元素是由主要元素組成，並且會修正主要元素。次要元素的數目實在多不勝數，因為他們是由治療師的獨特優勢觀點產生的。我們透過這個列表可以了解問題的現象學。治療師可以了解個案如何創造問題，從而產生解答地圖。

　　溝通元素大致有十四個項目。六個主要元素：認知、情感、行為、感知、關係、生理，以及八個次要元素：態度、情境、品質、象徵、模糊、歷史、文化、靈性等元素。

　　溝通包括了認知元素（思考內容）、情感元素（一個人的感受，可以是隱藏的或是明顯的），以及相對應的行為。如果一個人說，「今天真是美好的一天！」認知元素是從天氣的角度看，情感元素則是說話者的心情顯然很好，行為元素則包括了說話者在陳述當下呈現的姿勢和其他非語言的行為。

　　感知元素則是用來溝通的感官頻道，以及感官如何在內心呈

現。美好的一天可以透過視覺及／或感覺來體驗。在內心，也可以透過內心圖像或內心感覺呈現。

溝通會發生在一個關係的情境裡，指出關係的本質，可能是好關係、壞關係，或是不好不壞的關係。所有的互動都包含一個隱藏陳述，關於個案與另一個人之間關係的意義。「今天真是美好的一天！」這句話或許要溝通的是「我在這段關係裡很開心」，或是「這段關係很膚淺表面，講講天氣這種場面話就好」。然而，所有的溝通都是生理事件，奠基於生理的化學運作過程。

如果所有溝通就像這六種元素如此簡單，那治療師的工作就輕鬆多了。然而，就算是「今天是美好的一天！」這樣簡單的陳述，都可能同時加上許多次要元素，如態度，而這可以改變整個溝通過程。態度包括伴隨出現的行為、情感和念頭。一個人的態度可以是正向、負向或是中立的。如果個案說「今天真是美好的一天」，他可能在表達「我喜歡積極快樂」、「我真是愚蠢又不知所云」，或「我只是在告訴大家天氣很好」。

另外，溝通會發生在特定且獨一無二的情境裡，只在特定地點和時間發生。語言強度、音調和說話速度等等品質因素，也會進一步修正主要元素。「今天真是美好的一天」不同於「今、天、真、是、美、好、的、一、天！」或是「今天真～是美好的一天」。

溝通是象徵性的。「今天」這個詞是一種象徵概念的口語表達。溝通也可以透過不明確的表達而變得模稜兩可。在鳳凰城說「今天真是美好的一天」，可能是陰天而且要下雨了的意思，因為鳳凰城一年有大概三百天豔陽高照。

模糊有很多形式。我們在一個層面說的話，在另一層面可能有

不同意義。大多數溝通（語言和非語言）都有多重意義。所以，溝通可能發生在聽者和說者都沒有察覺的層面，而他們卻不自覺地回應著彼此。

所有溝通都有歷史元素，因為溝通是個人歷史的特質呈現。同時，溝通也是一種個人所處文化的呈現。有些人會說溝通有靈性的層面存在，或許是呈現一個人在「生命全景」中的位置。

任何的溝通、病症或是治療反應都包含我們之前講的元素（認知、情感、行為、感知、關係、生理；態度、情境、品質、象徵、模糊、歷史、文化、靈性），不同的治療學派會看重不同的元素。人本主義治療學派強調溝通的情感面向；認知行為治療學派中，認知元素是最重要的；而史金納（B. F. Skinner）博士的跟隨者重視行為；家庭治療學派重視家人之間的關係；榮格學派重視象徵元素；理情行為療法重視態度；艾瑞克森學派重視模稜兩可；精神分析學派重視阻礙現在的過去歷史。心理治療學派各有其情境背景。所以，如果你想要自立一個新的心理治療學派，你只能創造一個高品質學派（qualitative school）！

個案通常強調他們溝通的某個面向，把其他面向排除在外，然後繼續困在他們對問題的自我觀點裡。任何問題整體來看都是一種溝通，其中包含許多不停演變的元素。然而，個案如果視自己為憂鬱的，通常只會強調某些元素。要回答這個問題：「你怎麼知道自己是憂鬱的？」有些人會說他感到哀傷；有些人會說沒有活下去的動力；有些人有很多「負面」想法。有些個案會說他們看到「黑暗畫面」。有些個案說他們知道自己憂鬱因為自己很消極。有些個案說他們的憂鬱是生理問題（有些情況下真的是生理問題）。有些人

相信他們是憂鬱的，因為他們的人際關係很差，有些人感到憂鬱，因為他們很嚴厲地自我批評，因此感到很自卑。對某些人而言，憂鬱要看特定時間和特定場地。憂鬱也可能是過去創傷或是痛苦回憶造成的。個案可能感覺人生無趣，或是感到存在危機或靈性危機。有些人會用象徵或是比喻的方式描述憂鬱，就像「掉進一個無底深淵黑洞裡」。「憂鬱」這個詞本質上有象徵涵義，因為文字是物件、事實、經驗的象徵表達。憂鬱這個詞是從拉丁文 depressionem 或 deprimere 演變而來的，意思是「壓下去」，這個解釋很合理，因為有些個案會說他們感到沉重，或是感覺被壓得喘不過氣。

憂鬱症的啟發式療法

一個簡單的治療原則（第二十號）是從外圍切入治療，透過個案描述的問題本質來找到溝通元素。治療師可以選擇一個外圍元素，然後誘發改變。重點是找到一個在個案經驗之中比較不重要的元素，然後改變這個元素。這是一種系統化過程，外圍改變可以像滾雪球般擴大影響，造成全面性效用。

治療師可以從什麼地方開始治療呢？不是從個案談話裡所強調的部分開始，因為那部分有很多的抗阻；那個部分長期困擾個案，是堅固難以打破的。如果個案描述他的憂鬱是被負面念頭困擾，我可能會透過感知的改變來做治療：我可能會建議個案經常去注意環境裡光和影的複雜模式。或是建議他每小時清潔一次眼鏡，讓這變成好玩的事。我可能建議他定期稱讚某個人。一個看似不起眼的感知小改變，將其象徵化（「清潔一個人的視線觀點」），或是改變

關係，都可以創造正向動力。

　　另一個啟發式原則（第二十一號）是提供指令幫助個案在自身模式裡產生細微改變，這可能會產生疊加效果。憂鬱是由元素構建的複雜系統，個案可能沒有發現他們自己所呈現的元素。如果治療師幫助個案改變了模式裡的許多元素，會產生系統性影響，憂鬱狀態也可能會改變。

　　另一個啟發式原則（第二十二號）是運用平行方法。我們可以誘發個案體內潛在的改變資源。當憂鬱被分解成小元素時，或許可以幫助治療師看到個案過去曾經成功改變想法、感覺、行為等的經驗。治療師可以設計一系列的正向平行經驗，幫助個案從過去想法、感覺、行為的改變歷史中，重新經驗一次體驗式的理解。以平行方法處理問題，會幫助個案從平行經驗中找到意義，然後得到自發性體悟。

　　把問題分解成小元素可以改變治療師對於問題本質的理解觀點。為了創造介入方法，我們必須努力瞭解個案的個人現象學複雜層面，導致他們用「憂鬱」、「焦慮」、「擁有糟糕的關係」來標籤自己。

憂鬱是一種社交建構

　　憂鬱是一個用來描述特定現象的簡便說法──一系列導致一個人將「憂鬱症」標籤貼在自己身上的隱藏事件和關係。

　　我們之前提到，個案通常會強調生活經驗的某些面向，這有可能造成他們將「憂鬱症」標籤貼在自己身上。很明顯地，「憂鬱」

通常不會單一存在。問題會隨時間而變化。個案所描述的問題現象元素會隨時間演化。在某次會談裡，個案可能描述他的憂鬱是跟念頭有關，在另一個時間點上，憂鬱可能是跟感覺有關。

我永遠不知道個案會用什麼經驗來證明「自己是憂鬱的」。任何一個憂鬱元素或是數個憂鬱元素的組合都可能導致個案將自己標示為「憂鬱的」。然而，個案自己的定義不見得符合治療師的定義。因此，治療師一定要知道個案所說的「憂鬱」是什麼意思，而不是自己猜想。

為了了解個案的經驗，治療師可以把自己看成是地圖繪製師，創造現象地圖。一個適當的評估可以回答以下問題：「這個人的憂鬱現象地圖是什麼樣子？」以及「這個人是如何創造憂鬱的？」當然，我們處理其他所有的心理社會問題時，也可以問同樣的問題。創造地圖會幫助個案朝他們想去的地方前進。創造地圖的目的是透過更多可達成的目標來提升治療效果。

把憂鬱症當作社交建構來檢視，並運用溝通元素創造分類，僅僅是分類領域裡的其中一個方法。還有很多其他方法可以用來幫助治療，像是創造解答的現象地圖。

創造解答地圖

現象地圖可以幫助治療師設計策略，引導出解答。如果治療師能夠決定問題地圖，就可以透過反向操作元素這種啟發式做法來創造解答地圖。例如，相對於憂鬱的人，快樂的人可能是外向、活在當下、活潑、積極、有希望、熱情、與人相處愉快、對新事物敞

開、目標導向、視覺傾向、經常充滿活力的。快樂的人也會真心接受別人的稱讚、散發光芒、運用正向自我對話、不會老是把問題怪罪到自己或別人身上、活出生命的意義和價值、經常以一個勝利者的角色看待事物。當然，若能與這些元素中的數個產生連結，一個人很有可能會覺得「我是快樂的！」

在第四章，我們討論到憂鬱和快樂的地圖，以及治療師如何運用以下四種方法來達成治療目標：（一）鬆動問題的元素，（二）誘發解答狀態的元素，（三）運用催眠作為問題與解答之間的橋樑，（四）運用治療師自身狀態作為問題和解答間的橋樑。鬆動一個僵化問題可以誘發改變，因為人們都想要幸福健康的狀態，鬆動之後會很自然地朝著那個方向前進，不需要太大推力。

複雜地圖

經過多年之後，我的評估過程更加精煉了。我現在有五個地圖：（一）問題狀態的現象地圖；（二）解答狀態的現象地圖；（三）問題的身體感知地圖；（四）問題流程的地圖；（五）互動模式地圖。這些地圖提供我許多選擇，從而決定最佳治療方案。

到現在為止，我們談到了現象學、創造問題狀態的元素地圖，以及誘發解答狀態。但是，我們也可以創造身體感知、序列和社交模式的地圖。如果治療師很確定個案所描述的問題裡，有很大一部分跟身體活力有關，那治療師可以在身體層面工作，要求個案去散步或做瑜伽。一個憂鬱的人可能呈現植物人症狀，包括體重下降（甚至厭食）、失眠、疲勞、無精打采或不專心。如果是這種情況，治療師可以聚焦在提升個案身體方面的幸福感。

我們可以把問題看成是線性序列：隨著時間有一系列重複事件發生。當我們分辨出問題的流程順序時，就可以打破固定模式，增加或是減少一些步驟。我們可以修正某些步驟，或是加入一個新步驟，看看是否對整個序列造成改變。個案的問題，如「憂鬱」症狀，不是序列的終點站，如果我們改變憂鬱之前以及之後的某些事，就可以改變憂鬱的核心元素。

我們也可以製作互動模式的地圖。如果個案的社交模式在問題裡佔了舉足輕重的地位，我們可以透過邀請其他人參與來創造互動式解答。我們活在社會情境裡，行為會受到互動模式的影響。

地圖和策略

治療師的地圖決定治療策略。聚焦在心理發展缺失的治療師會用精神分析的方法（例如詮釋）來做治療。如果一個地圖失效了，心理教育或許是另一個選擇。如果製作生理地圖，可能會導致藥物的使用。心理專家通常會認為自己的地圖是唯一真相。但是，地圖既是聚焦的，也是失焦的。儘管任何地圖都可能有其價值，治療師口袋裡擁有越多地圖，越有可能產生更多正向改變。這是第二十三號經驗式治療的一個重要原則。

表 6-1 說明如何運用地圖創造治療策略。

以下練習可以增進治療效果：以「憂鬱」問題為例，運用每個地圖，寫下假設性的評估計畫以及相對應的治療方法。

表 6-1：運用地圖來創造治療策略

地圖	策略
狀態（現象層面）	翻轉（誘發相反元素）
身體徵兆	身體工作
序列（流程）	中斷模式
社交模式	互動式解答
傳統地圖	
歷史背景	後設評論；詮釋
生理層面	藥物
缺陷	心理教育
行為分析	使鈍化；制約行為

在臨床治療上的進階運用地圖

擁有大量分類方式能夠讓治療師在評估和治療時更有效率。

表 6-2 包括四個基本元素：（一）狀態，（二）身體徵兆，（三）序列，（四）社交模式。這個表格為我們增加了許多分類方式，這些都是人類經驗的不同面向。

當創造地圖時，治療師應該問的主要問題是：「這個人如何創造憂鬱？」、「這個人如何創造相反狀態，像是快樂？」

根據這個模式，治療師可以為治療過程創造兩個地圖：一個是問題地圖，一個是解答地圖。為每一個個案創造地圖是一個「主動評估」的過程，治療方向因此變得清楚明白。

表 6-3 是我為一個憂鬱個案創造的地圖。這幫助我整理思緒，然後看見誘發改變經驗的康莊大道。

「為什麼要花這麼久時間？！」

表 6-2： _____ 現象表

（如何創造問題和解答）

I. 心靈層面
內化部分
注意力：
感知系統：
內在圖像：
感知：
感知運作過程：
認知層面
內在詞彙／咒語：
文法：
主要疑問：
認知扭曲：
隱喻／比喻：
行為層面（No.1 / No. 2 / No. 3 / 以此類推）
動作／姿勢：
情感層面
情感運作過程：
態度層面
信仰系統：
自信心：
存在價值：
靈性層面：
生理層面（身體徵兆）
生理／健康：
能量／活躍程度：
身體知覺：

頭腦層面
頭腦運轉速度：
期望：
記憶：
記憶運作：
運作過程（No.1／No. 2／No. 3／以此類推）
缺乏（No.1／No. 2／No. 3／以此類推）

II. 社交／人際互動
社交表達：
社交距離：
責怪型態（自責／他責）：
角色：
控制（在下位者／在上位者）：
社交能量（散發能量／吸收能量）：
三角關係：
方向（追逐者／逃跑者）：
關係需求：
回饋：
人際關係敏銳度：
情境敏銳度／覺察：
系統功能運作：
心智年齡：
出生順序以及成長背景：
抗拒：

表 6-3：　憂鬱個案 X　　現象表

個案 X 如何創造憂鬱

I. 心靈層面
內化部分
注意力：內化的
感知系統：感覺型，身體感受高度敏感
內在圖像：黑暗
感知：壓抑正向稱讚
感知運作過程：強化負面，弱化正面
認知層面
自我毀滅、挫敗、猶豫不決
內在對話／咒語：
「我到底有什麼毛病啊？」
「我什麼事都做不好！」
「要是事情都沒改變，怎麼辦？」
「我無法面對！」
「為什麼要花這麼久時間？！」
「怎麼每件事都這麼辛苦！」
「我為什麼不開心？」
「為什麼我無法____？」
文法：標點符號。大部分的抱怨都用驚嘆號表達。她說話強調的方式就好像在用驚嘆號一樣。
主要疑問：「我的能量在哪裡？」
認知扭曲：「我需要奇蹟才能讓我好起來……現在就要！」
隱喻／比喻：「我對抗迎面而來的浪潮。」
一號行為
懶惰
二號行為
總是逼迫自己做事

三號行為
在早晨啜泣
動作／姿勢：身體內縮，自我限制身體擺動

情感層面
感覺內心空虛，悲傷，無精打采
情感運作過程：僵化情緒

態度層面
感到羞愧，缺乏安全感，人生沒希望
信仰系統：「我無法面對」、「我什麼都做不好」
自信心：自卑，猶豫不決，無能為力
存在價值：萬事萬物都無意義
靈性層面：值得懷疑的信念系統，對靈性層次抱持懷疑

生理層面（身體徵兆）
沒有能量
生理／健康：無法享受食物，體重下降
能量／活躍程度：活動減少
身體知覺：手臂感覺沈重

頭腦層面
對未來感到擔心
頭腦運轉速度：比平常緩慢
期望：「如果我無法 ＿＿＿ ？」

一號運作
消極被動（與平常比較）

二號運作
無法承受的壓力，自我封閉

三號運作
「大霧瀰漫」

一號缺乏
堅定行動力

二號缺乏
目標

II. 社交 / 人際互動
社交表達：「被迫」與人交談
社交距離：退縮，缺乏社會參與
責怪型態（自責／他責）：自責型，對自己嚴厲
角色：無助的，像小孩一樣
控制（在下位者／在上位者）：在下位者
社交能量（散發能量／吸收能量）：吸收能量（主要吸收別人能量）
方向（追逐者／逃跑者）：逃跑者
關係需求：暗示需要幫助，然後拒絕別人

一旦我畫出個案的問題地圖，就可以看到她的問題主要圍繞在她的內在自我對話裡。因此，我一開始的治療計劃是聚焦在沒有太多個人意義的元素上。

如果地圖比以上列出來的還要複雜，我們可以運用其他範本。

憂鬱的程度

以下是「憂鬱」的八個程度（不同的分類）清單，大致依照嚴重程度大小排列，越下方越嚴重。

1. 依據情境決定的因素

2. 存在意義的觀點

3. 否認憂鬱症的存在

4. 信仰系統

5. 自我認同錯亂

6. 錯亂的夢想和希望

7. 有自殺和自我傷害傾向

8. 生理疾病

我可以把這個清單給個案看，讓他們自己決定自身的嚴重程度，我也可以用這個清單來將案例概念化。第一級是情境決定因素。哀悼可以算是一種情境決定因素，儘管哀悼並不被視為是憂鬱症。然而，當個案在經歷某個情境引起的失落時，可能會談到憂鬱情緒。人生中，有些令人挫敗的事情會讓人憂鬱，像是喪失機會。個案可能會將這種狀況「一般化」，並表示他們得了憂鬱症，但我們可以提醒他們引出這個情況的原因。

個案的存在價值觀會影響情緒。如果個案找不到人生的意義和生活的目的，他們可能會覺得憂鬱。這種情況下，意義治療可能是個好選擇。

個案可能沒有發現或否認自己有憂鬱症。這樣的個案可能透過失控情緒、酗酒、吸毒等方法呈現他們的不安。有些人可能透過狂躁的活動來掩蓋憂鬱情緒。

有些「憂鬱」個案擁有錯誤的信仰系統，包括了消極的投射。對有些人而言，憂鬱是一種身份認同，治療可以處理那部份的人生經驗。然後有些個案成天不切實際地「想要這個，想要那個」，擁有錯亂的希望和夢想。這些個案可能很平淡地說，「我想要渴望快樂」、「我想要想從憂鬱中脫困」、「我想要希望感覺自己還活著」。這種情況下，治療可以著重在誘發改變的動機和渴望。

就算是中度憂鬱個案，也有可能想要自殺。因此，治療師要評估自殺的嚴重程度，適時提供治療。畫出個案自殺傾向的地圖，可以有效的阻斷自殺風險。最後，有些憂鬱是生理性的腦內化學物質失衡或是大腦功能失調，如果是這種情況，就需要靠藥物來治療。

總結

　　這一章聚焦在系統化的評估模式，就像是一道光芒照進問題的本質裡。治療師可以創造地圖，用來強化社交心理的治療方法。最好的地圖就是我們的路標，指向有效、易懂的解決之道。要創造社交心理層面的治療方法，最好把憂鬱看成是一種社交建構，而不是疾病。

　　治療師創造一個地圖並建構目標（要溝通什麼）之後，就需要一個方法來呈現目標（禮物包裝），也就是我們下一章的重點。

　　本章的原則有：

20.從外圍向核心進行治療工作。

21.提供指令，協助個案在自身模式上進行微小改變。

22.運用平行治療。

23.治療師口袋裡擁有更多的地圖，越有可能產生正向改變。

| 第七章 |

禮物包裝

　　顯然，我們不可能寫出所有的禮物包裝技巧。在這一章裡，我列出了十九種可以用在禮物包裝的治療目標裡的方法。同時，我也指出這些技巧如何運用在憂鬱症的案例裡。

簡介

　　一旦治療師心裡有個目標，接下來的問題便是：「我如何有效地呈現這個目標給個案？」如果治療師巧妙地用禮物包裝方法設置目標，通常會在個案身上產生最大效益的改變。適切的禮物包裝會強化治療過程，誘發概念變成體驗，並且在治療過程中「交互運作」。再次強調，治療技巧僅僅只是用來醒覺獨特體驗的工具；治療技巧本身沒有療效。

　　這一章呈現的十九種方法，能用來啟動個案內在沉睡的潛力，以獲取過去曾經成功使用的內在資源。治療師在提供治療方法時，是讓自己處於一種管道暢通，以擷取資源，提升個案的最佳狀態。個案可能會把某個問題用一個病症「禮物包裝」一番。同樣地，治療師用一個技巧來禮物包裝許多正向的可能性。當個案「拆開」包裝在技巧裡的治療方法以及解答時，個案就覺醒了。因為目標設定實在太重要，我提供一個簡短回顧。

目標設定：回顧

回顧：為了要包裝不同可能性，治療師心裡首先要有一個明確目標。治療目標可以透過幾種方式建立：可能來自個案本身，透過個案與治療師一起討論，或是治療師本身。目標設定大部分是依據治療師本身的治療學派而定，而且通常帶有某種獨特性。記住，一個行為治療師可能試圖去除個案的焦慮制約行為，儘管個案不停抱怨的是憂鬱問題。一個人際溝通分析師可能會跟同一個個案討論人生腳本。一個家庭治療師可能聚焦在家庭互動關係模式上。甚至相同學派的治療師可能會有不同的治療目標。因此，改變的元素並非一成不變。

在科學領域裡，科學家定義基本元素，但是在心理治療領域裡，並沒有所謂基本元素。物理學家一致同意有基礎物質粒子的存在，像是質子、中子和電子。心理治療師對於改變的基礎元素沒有共識，其中包括行為、感知、回憶、人際關係、認知、態度、情緒等等。（關於不同心理治療學派的進一步資料以及他們之間的差異，參閱 Zeig & Munion, 1990）。

如果目標是透過一個清晰、統一的標準來設立時，心理治療可能變成一個比較理性的科學過程。然而，因為每個個案都有其獨特人生經驗以及獨特觀點，我們無法建立一個全世界通用的標準。再加上治療師的專業觀點以及人生經驗，一個獨特的、量身訂做互動過程就誕生了。透過這個互動過程，治療師和個案一起創造治療目標。

經常，個案會先講他們的目標，因為很多問題是存在在個案的

理解和覺察領域裡的。個案可能想要克服憂鬱症、一個壞習慣，或是想擁有有個更美好的關係。在很多情況裡，治療師接受個案帶來的目標。然而，個案所帶來的問題和目標通常都不切實際，因此，探討個案問題的組成元素，也可以包括在治療師的目標內。再者，個案不見得完全覺察到問題本質。在這種情況下，既然治療師是從一個觀察者的角度來理解個案情況，治療師可以在建立目標上採取主動角色。

治療師也可以重塑目標，因為在治療裡目標有延展性：如果處理的問題是憂鬱症，個案想要快樂，治療師可以透過感知的改變、關係的改變、了解過去歷史、尋找例外等方法來重塑目標。

心理治療領域並沒有硬性規定治療師要清楚明白地跟個案說明治療目標，但是我會建議治療師遵循專業領域的職業道德標準要求。在第九章，我會討論一個艾瑞克森的案例，在案例裡，艾瑞克森發現個案並沒有完全了解她的問題所在。在當時情況下，艾瑞克森並沒有將治療目標清楚告訴個案，而繼續治療過程。

某些治療學派迴避建立特定目標，個案／治療師保持在一個開放式契約的狀態，同時將整個過程看成是個案的人生成長經驗。完形治療以及其他一些人本主義／存在主義治療學派傾向這種做法。

在本書裡，我們討論了三種目標設定的方法：（一）將問題分解成小元素；（二）創造一個地圖來顯明個案如何產生問題，以及（三）評估個案所處位置。

在短期心理治療裡，治療師應該致力於創造清楚、明確、正向目標，引導個案親身體驗最佳狀態。很多人尋求治療是因為他們無法隨心所欲地獲取最佳狀態——像是社交能力最佳狀態，這種狀

態會帶來更美好的人生。要提升社交能力，我們可以誘發改變的元素，直到某個時刻改變「自然發生」。社交能力的元素可能包括想起過去善於與人交際的時刻，很投入在跟別人的交談當中，在社交場合應對得體，把自己放在一個社交情境裡，從一個社交情境裡找到意義，以及保持正向等。以上任一元素都可以透過某種特定的方法來禮物包裝，作為一個迷你目標呈現給個案，達到一個相輔相成的效果。用這種方式，狀態透過小部分線索的聚集共構而被「重建」出來。當誘發足夠元素一起加入互動當中，一個不一樣的狀態就可能突然浮現。

然而，當我們聚焦在目標上，可能有些潛在限制。治療師只能創造一個適合個案的情境，用來增強個案達成現象學目標或是次目標的能力。透過對一個目標的特定技巧作禮物包裝，治療師能創造一個「社交磁場」，吸引個案達到最佳狀態。心理治療的方法技巧是用來喚醒個案潛力以及許多可能性，而不是用來操弄個案幻想他們可以消滅病症。透過禮物包裝目標的方式，治療師把目標呈現給個案，個案可以很開心地拆禮物，然後決定如何運用這個禮物。

定位目標

讓我們繼續回顧。從順勢而為的現象學觀點來看，我們可以透過解構的過程來建立治療目標：把個案帶來的問題拆解成許多元素，然後設計出讓個案可以參與其中並用以對抗問題元素的解答元素，最終促使個案創造出不一樣狀態。（記住啟發性原則：治療元素，而不是大問題。）認出一個問題裡的許多元素不是一個精準

科學;比較像是一系列的過程和結果。問題（或解答）的眾多元素是由治療師和個案的互動過程中共同創造出來。這個過程是順勢而為，有個很重要目的。元素基本上是經驗性的，不是科學事實性。所以，治療師應該致力於釐清哪些元素有啟發式的價值，可以用來強化客製化治療的療效。主觀可以勝過客觀，就好像實際觀點會比客觀科學觀點更重要。

　　治療師也可以檢驗一下解構的有效性以及實用性。在憂鬱症的例子上，治療師可以跟個案討論：「我會定義我自己是憂鬱的，因為我很內向、鑽牛角尖、強化負面經驗同時弱化正向經驗？」如果答案是「是」，治療師可以建立與問題元素相反的解答元素。但是，治療師首先要考慮一件事：「我會定義自己是快樂的嗎？如果我是活躍的、外向的、活在當下的、接納自己和別人、同時強化正向經驗並弱化負面經驗？」如果答案是「是」，治療師就可以開始運用禮物包裝的方法把解答元素放進治療過程中。既然這些協同作用的元素會創造解答狀態，目標可以設定在激發最少數的解答元素，這會讓個案體驗到他自己定義的「快樂狀態」。

　　表 7-1 幫助我們了解憂鬱這個問題如何分解成小元素。在左邊是問題元素，可以產生憂鬱的負面狀態；在右邊是互補、相反的元素。（在數學裡，一個數字 X，會有一個互補的數字，是 1 / X。）

　　如果個案可以產生一連串互補元素，他或她就可以感受到快樂。一旦治療師列出一系列互補元素，會了解到個案過去其實有產生快樂元素的經驗。譬如，一個憂鬱個案在過去或許曾經很積極過，但現在總是很消極。治療師的工作是將有助益的體驗作禮物包

表 7-1：問題元素以及他們的互補面

憂鬱元素	互補元素（快樂）
消極的	積極的
活在內心世界裡	活在外在世界
執著於過去	活在當下，未來導向
總是對自己和他人過度苛責	對於自己和他人有正向看法
強化負面或是弱化正面經驗	強化正向面並且弱化負面經驗
悲觀	樂觀
一成不變的情緒	經常流動的情緒
一般化思考	特定化思考

裝，所以個案可以重新連結自身潛力。我們不需要教導個案技巧；我們需要喚醒個案內在潛力和資源。

在治療師創造問題元素和互補元素的系列圖表後，治療師就可以將互補元素作禮物包裝。例如，治療師可能決定剛開始的目標是要包裝「成為積極」這個禮物。他可以給一個直接的建議（列在治療方法的第一項）。如果這有效，就不需要再嘗試另一個技巧了。所以，有可能一開始嘗試直接建議就有效果。

接下來的治療方法主要是一些經驗性方法，用來喚醒個案內在的潛力資源。催眠只是許多禮物包裝技巧其中的一項，再次強調，催眠的目的只是為了喚醒個案的潛力，而不是要讓個案睡著。

記住，在醫學領域裡，一個治療方法或技巧可以達到療癒的結果。例如一個專門的手術技巧可以治好一個人的病。社交的治療方法是用來喚醒力量。例如，催眠基本上是一種禮物包裝技巧，用來幫助個人體驗到自己原來有能力改變自身狀態，催眠也可以是一個步驟，用來誘發其他更好的狀態發生。

禮物包裝治療方法

在第二章的宏觀架構裡，我列出十九種治療師可以用來誘發資源的治療方法。這些治療方法在艾瑞克森學派裡很常見，但這些方法也可以套用在其他心理治療學派裡。提醒一下，這裡列出的治療方法大概是從最直接的方法（一號）到最間接的方法（十九號）。

表 7-2：主要治療方法

1. 直接建議	11. 未來導向
2. 催眠	12. 改變歷史
3. 間接建議	13. 困惑
4. 下指令／給任務	14. 隱喻
5. 模糊的功能任務	15. 象徵
6. 病症描述	16. 趣聞軼事
7. 重新框架 / 正向意涵	17. 身體雕塑
8. 挑戰	18. 平行溝通
9. 替換	19. 多重溝通技巧
10. 美夢預演	

這些治療方法可能是微動力或是巨動力的禮物包裝可能性。直接和間接建議（第一和第三項）是微動力取向，因為它們是更複雜禮物包裝技巧的基礎磚瓦，其他的複雜技巧則歸類到巨動力取向，大型技巧包含幾個微技巧的組成。

要能夠徹底理解這許多不同治療方法的差異，我會用憂鬱症作為例子，一項一項探討。

關於這些治療方法的臨床運用及探討，我給治療師一個警告：

治療師應該要先問問自己，「如果我是個案，我是否能接受治療師把這個特定方法用在我身上？」如果你的答案是「不能」，那就不要用在你的個案身上。

一、直接建議

關於憂鬱症你可以給出最直接建議就是叫個案「快樂一點」。既然這個方法看起來很可能無效，比較好的做法是建議改變一個元素。比如，既然運動被證實是克服憂鬱的一個有效因素，或許治療師可以這樣建議：「這個星期要多做運動」，或者更明確一點「每天走路二十分鐘」。

如果，個案接受這樣直接建議，那就不需要繼續治療了。如果個案沒反應，治療師可以提供一個更深入的直接建議：「我知道你小時候其實很積極活躍，所以這星期我想要你記得你小時候玩得多開心，然後重新創造這些經驗」。如果個案還是沒反應，治療師可以試試運用直接建議加上一個合理理由：「你可以變得積極活躍，因為最近天氣很好，這城市裡有很多活動你可以參加，我想你會逐漸喜歡戶外活動，像是散步或騎腳踏車」。或者，治療師可以提供一個不一樣理由，像是建議個案讀一篇關於運動如何跟憂鬱有關聯的文章。

持續提供直接建議並加上很多理由，就好像是一滴一滴地「增加」藥劑量，在這種情況下，藥劑量加重就會有療效。譬如，更多的鎮定劑就會讓一個人更加鎮定。物理學的原則是施加更多力，就會有更多反應。但是在社交情境裡，「更多」並不見得會產生同樣效果。格雷戈里・貝特森（Gregory Bateson）曾經有個巧妙比喻，

如果你踢一塊石頭，你可以計算你的加速、速度、角度、可能的結果，但是如果你踢一隻狗，結果就是全然不同的事情了。社交情境和物理世界是不同的運作方式。如果改變直接建議的「藥劑量」沒有產生我們預期的療效，治療師就面臨一個選擇點：是要繼續增加更多的直接建議，或是試試其他禮物包裝方法，像是催眠。當我們用催眠體驗來禮物包裝一個直接建議，或許會比直接建議更有療效。

▍二、催眠

當我們用催眠將直接建議作包裝時，治療師可能一開始會嘗試傳統催眠的方法。（參見薩德〔 Zeig, 2015 〕關於傳統催眠模式）。在創造催眠引導並誘發出像是手臂漂浮的催眠現象，目的是要讓個案相信自己在催眠狀態裡，而治療師可以接著建議：「現在，這個星期你將會花更多時間在運動上，更活躍些。」我們假設一個前提是，個案的潛意識力量會受到催眠的影響，所以治療建議的後續效果會增強。

把催眠當作一個框架可能有效。我們如果把直接建議運用在那些想戒菸的人，可能很有效。當個案在催眠狀態裡，治療師可以提供一個直接建議，個案可能會被激勵而理解到「香菸嚐起來很臭，香菸聞起來很臭」。如果沒有運用催眠作為框架，這樣的直接建議很可能無效，且很可笑。（更多關於傳統催眠與直接建議的連結運用可以參見 Kroger, 1977）。

當我們增加直接建議的程度，不論有沒有加上催眠，治療師基本上都是處於一種線性思考──治療師覺得加強力道就會有效。但

是，依附在邏輯思考上的社交／情緒系統是很特殊的，如果想要改變狀態，運用線性系統是不智之舉。在社交／情緒系統裡，經驗才是導致狀態改變的主因。當我們的目標是要改變狀態，演算、推理以及線性指導是無效的。直線性的思考無法幫助一個人產生信念、找到動力或是體驗幽默。

如果加上催眠的直接建議，或是直接建議本身都無效，治療師可以嘗試運用間接方法，或是不一致方法，可以運用間接建議（微動力裡的禮物包裝技巧），或是一些啟發溝通裡更複雜的形式（治療方法裡的第四至十七項）。更簡單的說（第二十四號原則）：當一致性方法，譬如直接建議不管用時，我們可以運用不一致方法。當治療目標是要誘發狀態改變，不一致方法通常比較有效。狀態是透過引導導向而改變和誘發，並不是透過告知。譬如，詩人和作曲家並不會解釋他們要表達的主題。他們想要他們的觀眾自己發現那個隱藏訊息。藝術家引導導向；他們的規則是：「呈現、而不說明白」。然後，結果就是誘發想要的狀態。

當我們想要的配合或是最佳改變的狀態沒有發生時，治療師可以運用一個間接方式。一個相對溫和的間接或不一致的治療方法是間接建議。

三、間接建議

任何關於運動的概念，都可能會嚇到某些個案。因此，一個直接指令可以用一個間接方式包裝，就像「散步」包裝在一個直接指令裡。譬如治療師可以說，「我剛好知道你住的社區裡有個公園。你可以走過去看看小孩子玩耍，然後回來告訴我你遇見到什麼」。

如此一來，這個直接指令就透過間接建議給出了。

簡單、正式的間接建議包含鑲嵌建議，而我們也預想個案會好好配合。如果目標是希望個案開始運動，一個預設立場句可以是：「我不知道你這週何時會運動。」在這個情況裡，我們預設個案會運動——只是不知道他何時。一個比較複雜的預設立場句是：「你真的可能完全沒意識到下個禮拜的散步可能會多麼讓你享受。你可能會感到驚喜和愉悅。」

只透過一個簡單的間接建議，就要引導個案完成治療目標或是小目標，是幾乎不太可能的，但有時候這也會發生。法蘭斯・包曼醫師（Franz Baumann），世界聞名的小兒科催眠醫師，描述過一個案例，講到艾瑞克森如何運用一個簡單的間接建議作出改變。這案例發生在 1960 年代的舊金山，當時艾瑞克森被邀請去演講。作為演講的一部分，艾瑞克森要幫一個愛惹麻煩的青少年（可能是與會的某位醫師的個案）做一個催眠治療示範。

艾瑞克森讓這個青少年坐在他身旁，一起面向觀眾，接著就繼續跟醫師觀眾們演講，完全忽視這個青少年。他完全沒有提供任何直接催眠或治療。在演講結束時，艾瑞克森終於轉頭用一種戲劇化音調對這青少年講話：「我真的不知道你會如何改變你的行為。我真的不知道你會怎麼做。」

包曼醫師說這個簡單的間接建議造成了這青少年的行為改變，持續表現讓人滿意的行為。

當許多建議為了支持一個特定目標而漸進堆疊一起，間接建議會產生很大潛力。這會擴張個案的連結範圍，直到這個大量的重複誘發出理想的改變。（關於間接建議的形式，在《催眠引導》第

十一章裡有詳細介紹〔Zeig, 2015〕）

互動力治療方法

我們早先有提到，這些治療方法大致上是從最直接的方法到最間接、最複雜的方法。我們無法量化無形的東西，就好像間接建議，但我試著用寬廣角度來辨識不同方法，從間接方法，到最模糊的引導導向技巧。這些技巧，事實上不會單獨存在，可以互相融合或交織。譬如，「病症描述」技巧可以鑲嵌在「重新框架」技巧裡。

四、下指令／給任務

傑‧海利（1963,1973）和克羅伊‧瑪丹（Cloe' Madanes, 1984）發展出大量的直接和策略任務。（任何對心理治療認真研究的學生都應該很熟悉這兩人的治療工作。）

人類行為是依據情境而定。透過給個案任務，治療師可以用一種微妙的方式改變情境和關係，進而改變行為，就好像任務導向的治療可以用來誘發改變體驗一樣。

我們舉個例子，艾瑞克森用這種治療來幫助一個富有卻重度憂鬱的女士。這女士的兒子告訴艾瑞克森，他媽媽是屬於某個教會，但是儘管她每週去教會，她在教會裡沒有朋友。這位女士有個管家和園丁，但她幾乎不跟這兩人說話。兒子請艾瑞克森去拜訪他媽媽，看看是否能幫上忙。

當艾瑞克森去到這女士的家裡，發現在她的溫室裡有很多非洲

紫羅蘭。他知道非洲紫羅蘭需要很多照顧，所以他給這位女士一個「醫學上的指令」。他告訴這位女士，隔天請她的管家去花店裡買所有的非洲紫羅蘭，各種顏色都要。艾瑞克森告訴這女士，這些是屬於她的紫羅蘭，她必須好好照顧這些花。他同時說，管家要買兩百個花盆，五十個盆土和五十個盆栽。這位女士要剪下她的非洲紫羅蘭，繼續繁殖它們，直到她有足夠的紫羅蘭可以送教會每個新生兒家庭一盆紫羅蘭。艾瑞克森同時指示這位女士，舉凡教會的受洗禮、有人生病、喜事、婚事、喪事等等事件，她都要送非洲紫羅蘭致意。艾瑞克森告訴她，在教會的每個事件發生，她都應該送至少一打的紫羅蘭致意。這位女士聽從艾瑞克森的指示，然後她的憂鬱症就好轉了。當這位女士二十年之後過世時，被稱為「密爾瓦基非洲紫羅蘭皇后」。艾瑞克森接著說：「任何人如果要忙著照顧兩百株非洲紫羅蘭，都沒有空憂鬱。」（Zeig, 1980, p.286）

另一個類似案例是艾瑞克森的一個學生告訴我的。個案因為每天無聊的例行公事而感到很憂鬱，他整天讀書，只有在吃飯的時候才休息。艾瑞克森很擔心這位男士的身體和心理健康，所以開了處方箋叫他去運動。艾瑞克森叫這位男士一早要帶著午餐走路去圖書館。他不需要帶書，因為圖書館有很多書。這男士對鳥類學的書很感興趣，他逐漸跟其他翻閱鳥類書的人熟悉熱絡。最終，他們組織了一個鳥類研究讀書會，個案的問題就消失了。

有時候，艾瑞克森指派的任務有本質上的意義。例如他經常鼓勵個案去爬「石頭山（Squaw Peak）」，這是鳳凰城很有名的一座小山丘，或是去參觀沙漠植物園。當你在爬石頭山時，你會走在一條充滿砂礫石頭的道路上，直到某個觀景點，然後，再到下一個觀

景點。在植物園裡，遊客會見證這些沙漠植物的適應性和強韌生命力，在一個艱困的環境下成長茂盛。

▎五、模糊的功能任務

個案通常尋找成長和適應，同時有能力在溫和的任務裡找到正向意義；他們透過做事情而學習。

艾瑞克森對於給予模糊功能任務的偏好，記載在《從內而來的答案》（*The Answer Within*, Stephen Lankton, Ann Lankton, 1983）這本書裡。這個治療方法包括給予個案一個溫和任務，這個任務有個潛力可以誘發最佳狀態的體現。比如一個憂鬱個案可能被賦予一項任務，要在每晚家庭聚餐時點一根蠟燭，然後在下一次治療時再跟個案解釋為什麼要這樣做。現在，個案可能對於所賦予的任務沒有清楚的理解，但是他或她了解這個任務可能會刺激某些正向事情發生。

個案可能會說：「那是一個很棒的任務。謝謝你。我們一家人發現原來我們已經很久沒有在晚餐時點蠟燭或是說笑話了，我們很想念那個美好時光。這些事有很多意義。我們決定以後都要做這些事。然後現在我回想起來，我感覺點了蠟燭就像是一個象徵，再次把光帶進我們家裡面。你怎麼知道要給我這個任務？」治療師可能說：「這很明顯啊，但是你並沒有找到這個任務的所有意義，所以請你繼續這樣做，然後下次你再過來時，可以再多說一些你的發現和體驗。」

六、病症描述

　　病症描述的最簡單形式是給直接指令，在複雜病症的某些部分繼續他們原來的樣子。對於一個憂鬱個案，我們可能叫他繼續保持憂鬱，感覺憂鬱，然後懷著憂鬱的想法。一個很配合的個案如果照著做的話，可能會對他的病症有些掌控。而一個叛逆的個案可能會違背這個指令，結果是他可能去做些更有活力的事情。（Rohrbaugh, Tennnin, Press & White, 1981）。

　　對於相反類型的個案，給一個自我方向可能比聚焦在病症上更有幫助。不論是哪種類型，病症模式的改變是可能實現的。透過給予一個配合的理由，我們可以使病症描述這個方法更加複雜些。譬如，我們可以告訴憂鬱個案：「你可以繼續憂鬱，因為現在還不是對的改變時機。想想看短跑衝刺者在田徑場上會做的事情：在他開始向前跑之前，他會向後退作為衝刺的準備。同樣的道理，這一週在你進入新的領域之前，你要更加退縮些，更加消極。你永遠不會知道你會發現什麼，因為珍珠總是藏在泥濘裡。」

　　記住，像病症描述這樣的治療方法，是用來刺激未被開發的潛力，而不是用來欺騙個案說他們不須要體驗到病症。更進一步，在病症描述上有些事情需要特別注意。譬如我絕對不會對一個想自殺的個案描述他的自殺念頭。（在使用任何技巧之前，治療師對於如何運用，必須接受專業的訓練。）

　　儘管這個治療方法有其他的名稱，我傾向於把它叫做「病症描述」（Symptom prescription）。這個方法在行為治療學派有大量研究文獻，稱為「大量練習」（massed practice），在其他治療學派則稱為「自相矛盾」（paradox）。在存在主義心理治療裡，維克

多‧法蘭可（Viktor Frankl, 1963）把這個方法叫做「自相矛盾意圖（paradoxical intention）」。他把這個方法當作幽默的工具，用來阻礙預期會出現的焦慮。

病症描述在心理治療的臨床研究裡有大量的文獻支持。關於這個部分的經典著作是年所寫的《矛盾心理治療》（*Paradoxical Psychotherapy*, Weeks and L'Abate, 1982）。艾瑞克森學派的病症描述請參見薩德的一些案例（Zeig, 1980 a&b）。

▌七、重新框架／正向意涵

瓦茲拉威克（Paul Watzlawick）、威克蘭德（John Weakland）、費雪（Richard Fisch）在 1974 年的研究裡運用「重新框架（Reframing）」這個詞。塞爾維尼‧帕拉佐莉等人（Selvini Palazzoli, Boscolo, Cecchin, Pratta），在 1978 年研究裡使用「正向意涵（Positive Connotation）」這個詞。

重新框架包括改變問題的意義，這會給個案一個機會改變他們對於病症元素的態度。例如：「憂鬱可能很重要。這可能是一個反省自己的時間。所以，當你感覺到『憂鬱』時，你可以把它看成是一個『深層的休息』，在這當中你可以重新充電。」

重新框架可以合併病症描述一起使用。舉例來說，如果這個憂鬱個案有老公，情境也恰當，治療師可以說：「如果你這星期保持消極，這會有些幫助，繼續活在你痛苦的過去回憶裡。如果你停下了，那你老公就要去思考他自己痛苦的過去，這會帶出他痛苦的回憶。現在，你老公還不夠堅強，無法面對他自己的過去，他用你的憂鬱作為一個擋箭牌來避免面對他自己的問題。所以，這星期，

試著保持憂鬱和消極，直到我們可以幫你老公堅強一點。」在這個直接指令裡，憂鬱被重新框架成一種關心的表現：保護老公不被他自己的問題和脆弱擊敗。病症描述和重新框架的組合可以改變病症的互動功能。（關於重新框架的更多資訊，請參見 Bandler and Grinder, 1982。）

八、挑戰

傑・海利（1984）發展出關於挑戰在心理治療的運用上最重要的一些概念。在傑・海利寫的書《不尋常的治療》（1973）裡，艾瑞克森做了一個使用挑戰技巧的原型治療案例。這個案例講到一個有失眠問題的個案。在了解個案的生活，包括他的興趣、喜好和厭惡（其中一個厭惡是擦地板）之後，艾瑞克森要求個案犧牲八小時的睡眠來克服他的失眠問題。個案對艾瑞克森這個荒謬至極的請求表示抗議，他告訴艾瑞克森，他一晚上只睡兩小時而已。艾瑞克森告訴個案，他可以犧牲四個晚上總共八小時的睡眠，這對個案而言是比較合理的。艾瑞克森要求個案在睡覺時間穿上睡袍，但不是上床睡覺，而是穿著睡袍開始擦地板，擦一整晚。個案聽從艾瑞克森的指示，努力擦地板三個晚上。在第四晚，當就寢時間到了，個案穿好睡袍，個案決定在開始擦地板之前先閉上眼睛休息幾分鐘。那一晚，他睡了八小時。艾瑞克森接著說，個案把抹布留在壁爐架上，個案了解只要他再有失眠問題發生，解決方法就是去擦地板。「那個男人會盡一切可能避免要整晚擦地板……」艾瑞克森說，「……就算是睡覺都比擦地板好。」

在憂鬱案例上，一個使用挑戰的技巧，可能是要求憂鬱個案寫

下一系列憂鬱原因。比如，治療師可能說：「在你每一餐之後，我想請你在你家最小的房間裡坐下，花二十分鐘時間把所有憂鬱原因寫下來……如果你能寫下完整句子，就好像跟筆友在交流一樣，這樣會很有幫助。每一天都要寫下新的憂鬱理由。當你下次來時把這張單子帶來，我們可以分析並好好討論一下適當的治療方法。」

病症有個特質是自動化，病症必須「自動發生」。安排病症在何時發生或如何發生，就會改變了這個特質，可能會有正向療效。更進一步，坐在家中最小的房間裡（通常是浴室裡）是一件蠻諷刺的事，因為憂鬱症對於個案而言，有時候就像是他或她生活在「廁所」裡。當我們好好執行並與個案分享時，這對個案而言就是一種有幫助的諷刺，但我不會刻意去諷刺個案。

在第十二章我們將介紹一個關於我如何運用挑戰這個治療方法的案例。

九、替換

替換通常會伴隨在正式催眠裡，並且牽涉了病症位置的改變。艾瑞克森（1958）曾經運用替換技巧，幫一個個案的牙齒過度敏感問題轉移到個案的手上。在我早期的研究裡（Zeig, 1974），我寫到關於如何替換急性精神病患的幻聽症狀，透過催眠引導的聚焦，成為一種身體上的不舒服感覺。最終，我把幻聽這症狀還給個案，把這症狀從原來的地方轉移到身體裡另一個地方，然後我會將這個幻聽聲音重新定義，讓它可能很有助益。

表面上看來，替換這個方法好像是處於怪異行為的邊緣，但我們更詳細檢視會發現其實替換只是一種順勢而為的技巧。個案替換

他們自身問題。比如，當面對情緒障礙時，一個人可能會有頭痛；另一個人可能是背痛；另一人可能是胃痛。如果替換是問題的一個面向，它也可以被當成是一個解答來利用。在第十章，我深度地討論了艾瑞克森如何治療一個恐慌症的人，其中有一部分就是運用替換技巧（把一個女士的恐慌症移到椅子上）。

類似的技巧可以用來替換憂鬱的某些面向。或許生理上的整體消極狀態可以透過催眠移到身體某個特定消極部位，像是腳趾頭。

十和十一、美夢預演與未來導向

美夢預演和未來導向這兩個技巧是息息相關。透過運用鮮活的心理想像力，不管用催眠或是不用催眠，個案都可以透過美夢預演來練習一個解答方案，或是解答的一部分元素。個案也可以把自己投射到未來的某個時間點上，而病症已經改變了。艾瑞克森（1954）把這個叫做「時間的假導向（pseudo-orientation in time）」。運用未來導向，憂鬱個案可以想像自己變得積極，例如想像自己跟朋友打網球。

十二、改變歷史

改變歷史這個技巧是艾瑞克森根據「二月男人」這個案例（由海利在《不尋常的治療》這本書裡提到）發展出來的，而羅西（Erickson & Rossi, 1989）更進一步深入研究。在二月男人這個案例裡，艾瑞克森運用催眠創造年齡回溯，然後在催眠裡定期拜訪這個女士的各個生命重大轉捩點。艾瑞克森就像一個替代父母親（書中稱之為二月男人），會提供催眠裡那個「小女孩」爸媽般長輩建

議，這些建議會提供這位女士在她長大的各階段過程中適時的幫助。這個技巧是改變個案看歷史的角度，並不是改變過去。可以改變的是個案看自己過去歷史的角度。

這個技巧也可以運用在憂鬱問題上。譬如，如果說憂鬱個案在小時候很孤立，沒有朋友。一個滋養的、正向的內在投射（就像艾瑞克森的二月男人）可以透過催眠回溯到過去時光，留下一些建議給那個孤立的小孩，這會幫助個案在成長的不同階段學會如何交朋友。

▍十三、困惑

在艾瑞克森眼裡，困惑技巧和多層次溝通技巧是他對催眠最大的貢獻。艾瑞克森（1964）和吉利根（1987）都大量、深入探討這些技巧。一個最根本概念是，困惑技巧是用來中斷僵化的固定思考模式的。我們首先創造一個心理上的困惑（一個未知的情感升起）。然後，再給一個具體建議。個案對於這個建議的反應可能會增強，因為我們都不喜歡困惑技巧所引發的不安感覺，所以會接受第一個給予的具體建議，用來消除內心的不安感。

對於這個技巧的簡單概念是，把相反的兩個概念並列一起，就像是把理解跟誤解放在一起，而這會造成一個讓頭腦困惑的連結：「你的潛意識有個理解事物的方法，你的意識也有個理解事物的方法。而透過潛意識理解的意識理解，是不同於潛意識理解的潛意識理解。然後有個基本的誤解。而這種潛意識誤解的意識理解，是不同於意識理解的意識誤解。但是你真的不理解，直到你……這個星期撥出一些時間讓自己多運動一些。」

當艾瑞克森發明這種困惑技巧時，是一種對於個案堅決抗拒狀態的強力反擊。在他晚期的治療工作裡，艾瑞克森把強力反擊的困惑技巧轉變成溫和的去穩定化技巧。他會在催眠引導的中途創造一個輕微的中斷，或在做治療時升起一些緊張衝突，然後給出一個具體建議。相對來說，傳統的催眠是一路輕柔深入的搖籃曲，而艾瑞克森的催眠就像是交響曲，有著和諧音和不和諧音，會調節情感的昇華。然後，就像是交響曲一樣，艾瑞克森一開始的不穩定和諧會逐漸變成一種穩定和諧。

▎十四、隱喻

　　隱喻是一種說話方式，是在兩個看似沒有關聯的東西上做個暗示的、隱藏的、隱晦的比較。適時運用隱喻是治療上很有效的工具。比如，如果個案說：「我的憂鬱就像一顆大石頭」，治療師可以說個隱喻故事，關於一顆大石頭如何活過來，甩掉身上大部分重量。或者治療師也可以說：「你的憂鬱可能是建造圍牆許多石頭中的一塊石頭，但這塊石頭也可以用來建造橋樑」。或是，「你的憂鬱是一塊磨刀石，用來打磨鍛鍊你自己。」

　　但是隱喻不受限於語言技巧──行動也可以當作一種隱喻。一個視覺隱喻可能很有效，因為這在個案心中創造一個視覺畫面。譬如當我跟憂鬱個案工作時，我可能在椅子上盡可能坐得又挺又直，然後說：「你的其中一個目標是要感覺像這樣。」善用隱喻是我許多的治療師培訓課程的教導重點之一。亞里斯多德曾經說過，「到目前為止最棒的事情就是能夠靈活自在駕馭隱喻。」事實上，隱喻對於治療師而言就是一塊肥沃土壤，等待我們挖掘。

艾瑞克森傾向運用生活上真實的軼事趣聞,而不是捏造的隱喻故事。有些治療師,包括哥登(1978, Gordon & Meyers-Anderson, 1981)不會去區分隱喻或是軼事,而是交叉運用。另一本很棒的參考書籍是金恩·康姆斯、吉兒·佛瑞德門(Gene Combs and Jill Friedman)寫的《象徵、故事和儀式》(*Symbol, Story, & Ceremony,* 1990)。

█ 十五、象徵

象徵和儀式是改變的重要工具。艾瑞克森運用象徵幫助一個失去小孩的婦女,她的小孩剛出生沒多久就突然死了(Zeig, 1980, pp.287-288)。為了克服這位媽媽的哀傷,艾瑞克森鼓勵她在家中後院種植一棵成長快速的尤加利樹,並且命名它「辛西雅」,這是她死去小孩的名字。艾瑞克森告訴她:「我想要你看著辛西雅長大。我想要你看向未來,有一天你可以坐在辛西雅的樹蔭下乘涼。」一年之後,這棵樹長大了,這個媽媽本來是這麼憂鬱,想要自殺,現在她可以坐在這棵神聖的樹下乘涼,享受她「女兒」的安慰。這個媽媽也把家中本來荒漠的後院,變成一個充滿盛開花朵和茂密樹木的後花園。

我有個個案,我感覺她是被憂鬱症所苦(Zeig, 1992)。然而,她解釋給我聽,她有身心症。我不認為她的身心症造成她的憂鬱。所以我請她帶著一顆黑色石頭十天,然後我們約好兩星期後再次會談。

在第二次會談時,她告訴我她完成了我交付的任務。我問她,在十天之後她如何處置那顆石頭,她回答我說:「我不知道為什麼

你要我帶著那顆石頭，所以我把這石頭放在我老公的書房裡。」我回答她：「我想，下次如果找你老公一起來做伴侶諮商，這或許是個好主意。」

我跟個案交換象徵。她給我一個象徵（她的身心症），然後，我給她一個象徵作為一個仁慈的，有禮貌的回禮：一顆黑色石頭，我以為是象徵她的憂鬱。結果發現，她的問題並不是憂鬱症，而是更多的伴侶關係問題。她透過象徵來修正我錯誤的詮釋，她把石頭放在一個有趣的地方。

我的治療方法通常是順勢而為，運用象徵式過程。我接著會觀察個案對於這個象徵的反應，然後適時修正我的方法（Zeig, 1992）。艾瑞克森基金會網站上（www.Erickson-foundation.org）有個艾瑞克森的影片，關於艾瑞克森如何做象徵式催眠治療。儀式是複雜的象徵任務。你可以找到更多這方面的資料。（參考 Van der Hart〔1983〕and Madanes〔1981, 1984〕。）

十六、趣聞軼事

治療故事是艾瑞克森治療和教導的主軸。他大部分故事都是他的成功案例，但他也會講述家庭成員、朋友和個案的有趣事件，用來創造催眠引導和作為教導工具，同時也在其中鑲嵌治療建議。

故事是人類溝通的基石。我們天生就是說故事的人；我們記得故事，也會對故事有反應。艾瑞克森在他作為治療師和老師的生涯裡大量運用說故事的技巧。但是，在研究所的專業培訓裡，通常不會教導學生說故事。當我在 1970 年代開始做心理治療時，我很害羞不敢說故事，但是慢慢地，說故事變成我治療風格的主軸。個案

會跟治療師分享故事，所以很自然地，治療師也可以運用說故事來提供治療。

　　說故事是一種禮物包裝的經驗式治療方法，可以誘發概念的體現。個案「拆禮物」，發現藏在故事裡的祕密訊息，然後產生有效改變。故事本身是一個情境，幫助我們用不同的方式去思考／感覺／行動／連結。

　　軼事趣聞可以用來引導聯想。目的是誘發正向聯想，促動更多有效的行為改變。譬如，如果個案無法體驗到不一樣的情緒，或許說個跟情緒靈活度有關的故事會有幫助。對於相反狀態的個案，這個技巧也可以反向操作。治療師可以說個故事，講到人們如何的堅強，帶著一個目的要喚醒個案自身的堅強狀態，然後誘發改變。這樣的方法會提升個案的自主性：改變是從個案自身啟動，並且由內而外產生。（艾瑞克森關於趣聞軼事的運用，可以找到大量的文獻，參見 Zeig, 1980, Rosen, 1982, Zeig, 1985, Lankton and Lankton, 1983, and Gordon and Meyers-Anderson, 1981。）

　　趣聞軼事是一種平行溝通。他們可能有個主題是呼應個案的主題，治療師在過程中藉由說故事方法後退一步，讓出一個想像空間，個案可能會覺得更有趣，更有幫助。

▎十七、平行溝通

　　平行溝通發生在當治療師溝通一件事，創造一個連結到另一件事上。隱喻是平行溝通。當羅密歐說「茱麗葉是太陽」時，他創造了一個隱喻平行溝通。

　　其他形式的平行溝通包括了簡單和複雜的類比陳述。例如與一

個憂鬱個案的平行溝通，可能談論到修剪壞死的樹枝，如何把這些壞死樹枝移除，讓出空間給新樹枝成長。遊戲和謎語也是一種平行溝通。艾瑞克森經常在治療和教導裡運用心理遊戲。例如，為了介紹靈活運用的觀點給我，他曾經給我出了個題目，要我描述所有可能的方法，如何從他的辦公室走到另一個房間。當我覺得我說盡了所有可能性，精疲力竭時，艾瑞克森說我錯過了一種可能性：我可以從他辦公室的後門出去，穿過他家，搭上計程車去機場，坐飛機到紐約，再坐飛機到羅馬、香港、夏威夷、洛杉磯，然後回到鳳凰城，搭計程車回到他家，從側門穿過進到另一個房間裡。這是一個好玩的，類比的方式，鼓勵一種無限的思考模式，克服已知的思考障礙。

幾年前，我在一家醫院與一個思覺失調患者工作。患者相信因為他待在醫院裡，所以他是「瘋子」。他相信如果他從醫院被放出來，那表示他回復正常了。不幸的是，他的行為很瘋狂，所以他始終無法出院。他是全然地發瘋，有傷害自己的危險。我給他看一張圖，請他讀出來圖形三角形內所寫的字。

春天的巴黎

他讀著：「春天的巴黎。」

我說：「不。」

他再次讀著：「春天的巴黎。」

我說：「不。」

「春天的巴黎」，這次他生氣了。

「不！」，我再次說：「一字一句地讀。」

「巴黎……在……春天」，他終於讀對了。

「是的，你忽略了明顯的東西」，我回應他。

從那時候起，當我覺得他忽略了明顯的東西，我會提醒他看看其他的可能性，說著，「回到那個三角形。」

十八、身體雕塑

身體雕塑是一種我經常用在評估和治療裡的技巧；這不是艾瑞克森會練習的方法。資深家庭治療師經常會運用家庭雕塑，像是維琴尼亞·薩提爾（Virginia Satir）、佩姬·派柏（Peggy Papp）。家庭雕塑是治療師要求一或多個家庭成員擺一個身體姿勢以呈現另一

個家庭成員，或整個家庭的情況，以及他們如何看待自己跟家人間的關係。把一個問題或解答外化會有很大療效。我們大腦的運作很多時候是視覺化為主。因此，創造一個立體畫面，對治療過程很有幫助。

我有時會運用一種方法，我稱之為「治療師的雕塑」。譬如，我會邀請個案把我象徵性地「雕塑」成他們內心認為的憂鬱樣貌。我輕鬆直立地站著，雙手在側，然後邀請個案給我指導，重新雕塑我的身體姿勢，所以我可以變成他們想像中問題的樣貌；一個身體雕塑可以是靜態或動態的。我會跟他們解釋說，我想要更了解他們所處的情境。譬如，個案可能會指導我說，雙手緊緊交叉在胸前，身體從一邊搖擺到另一邊，或是蹲下來，頭壓低，雙手緊抱膝，動也不動。接著，我可能邀請個案把我雕塑成解答或解答元素的樣貌。個案可能看到解答，就像是我雙手抬起，向外打開，或是用一種開心自在的方式身體搖擺。我的目標是讓個案創造一個外化、印象深刻的視覺畫面，這會促使改變發生。

▍十九、多層次溝通技巧

多層次溝通技巧是艾瑞克森對於催眠最大的貢獻之一。在一個疼痛控制的案例裡，艾瑞克森運用這個技巧，他說著番茄樹成長的隱喻，同時不停加入舒服的暗示：「農夫把番茄種子種在土壤裡」，艾瑞克森開始說著：「然後他會希望這種子長成一棵番茄樹，然後很滿意這棵樹結實纍纍。種子毫不費力地沉浸在水裡，因為雨水帶來平靜和舒服的感覺」（Erickson, 1966, p.203）。艾瑞克森透過他的聲音語調來強調放鬆舒服的暗示，把它們轉變成隱藏的

指令，這會刺激一連串的想像開始運作，減輕個案的疼痛，並且沉浸在艾瑞克森滴滴答答的舒服語調裡。

運用多層次溝通技巧的其中一種方法是創造一個故事，或是描述某件平行於個案的問題的事，治療師同時提供關於個案如何用不同角度來看／思考／做事情的隱藏暗示。多層次溝通技巧可以是出奇地複雜，可能包括了故事、隱喻、間接暗示方法、鑲嵌指令以及預設立場句。

以下是關於憂鬱案例的多重溝通技巧。治療師可能說：

你可能很熟悉某種經驗就像是走在一條道路上。你有個目標……一個想去的地方……一個看起來容易達成的目標，但是突然，一個暗沉、烏雲密佈的暴風雨來臨。然後，一陣傾盆大雨讓前進變得困難……但是……你想要去到那個目的地……心裡有個聲音說……「先耐心等雨停；暴風雨會過去的」。所以……你找到一個安全地方……找到一個舒服的地方……抱著自己……等待……暴風雨的過去。而當你……躲在自己的黑暗避難所裡……你可以看看外面……看見那個烏雲散開……你記得暴風雨已經過去。然後你可以享受這個體驗……暴風雨帶走所有的陰霾……空氣裡有個清新的味道，有個美麗的天空。

再次強調，治療師的目標是建立正向聯想，用來刺激有效改變。

其他技巧

艾瑞克森運用其他技巧，包括運用催眠現象，像是失憶、年齡回溯和催眠後暗示。他也運用驚嚇、戲劇、無聊、和矛盾。

有個艾瑞克森運用矛盾的案例是關於一個小時候被父親性騷擾的女人。她告訴艾瑞克森她感覺「像泥土一樣骯髒（soiled）」，無法享受性愛，只能被動地參與做愛。她同時對勃起的陰莖感到恐懼。艾瑞克森告訴她，「妳的陰道可以享受一個邪惡的樂趣，把陰莖縮小成一個無助的垂吊物件」（Rosen, 1982, p.37）。這方法激勵了這位女士可以享受性愛過程，同時享受報復男人的樂趣。

總結

艾瑞克森發明了困惑技巧和多層次溝通技巧；他並沒有發明我們提到的所有技巧，但是他對於許多技巧的發展有很大貢獻。在艾瑞克森那個年代，他所提倡的許多有效方法是被傳統心理治療師所屏棄的。今日，這些技巧成為許多治療學派的基石。艾瑞克森幾乎不教導特定技巧，但他會把這些方法寫下來，包括他跟羅西（Rossi）一起的工作（Erickson, Rossi, & Rossi, 1976; Erickson & Rossi, 1979; Erickson & Rossi, 1981 and Erickson & Rossi, 1989）。艾瑞克森主要工作在探索人類反應的變異因素，致力於透過他的順勢而為，最大化正向反應與合作效應。艾瑞克森發展了一個三步驟的過程，治療師可以回答以下這些問題：（一）個案現在所處的位置是什麼？（二）個案在現在所處的位置有什麼資源？（三）什麼東

西可以用來幫助個案發現內在寶藏？

本章所列出的十九個技巧是艾瑞克森經常使用的主要技巧。治療師不需要對一個個案用上所有這些技巧；事實上，如果你這樣做的話，可能與個案產生一個機械性、做作的關係。然而，新手治療師可以從這些技巧裡找到如何禮物包裝目標的方法。如果個案對於某個禮物包裝技巧沒反應，治療師可以從清單上找到其他方法進行。

這裡提到的關鍵元素不是技巧架構本身，而是這些技巧如何誘發一個理想狀態。不論你把技巧用得多麼華麗，重點是個案要能接收到你所傳遞的訊息，技巧才算派上用場。

最理想情況是，技巧是順勢而為的策略運用。順勢而為的格言是：不論個案用什麼東西來維持問題狀態，治療師可以運用同樣的東西來產生改變，促進美好人生。譬如，如果一個精神分裂患者用胡言亂語來疏離自己，治療師也可以用胡言亂語來拉近彼此距離（參見 Zeig, 1987）。

謹記在心，這些主要治療方法可以用來誘發治療目標或是催眠目標。比如一個隱喻可以用來傳遞治療目標或是催眠目標，像是聚焦、專注力。

我們先前有提到，治療師可以多做練習，對於假設個案提出治療目標或催眠目標，然後設計禮物包裝技巧，運用這十九個技巧來做練習。

再次強調，這些技巧不是用來誘騙個案脫離他們的病症。運用這些技巧的目的是幫助個案喚醒沉睡的力量和內在寶藏。這些技巧傳遞治療師隱藏的訊息：「透過這個治療經驗，我們可以誘發最佳

概念體現的狀態」。

如何呈現一個治療方法會影響它的療效結果。這個部分會在第九章深入探討。

在下一章，我們會結合禮物包裝和量身訂做。運用第八章所建議的練習，會提升治療師能力，提升治療效果。

本章提到的原則：

24.當一致的方法失效時，我們可以運用不一致方法。

| 第八章 |

量身訂做組合方格

　　量身訂做的組合方格是一個工具，設計用來幫助治療師結合禮物包裝技巧和評估技巧，進而強化治療效果。透過這個工具，治療師可以學習量身訂做一個治療方案，以符合個案的獨特需求。

量身訂做組合方格

　　當我們透過個案的世界觀來看事情時，治療方法可以被強化。這裡討論的組合方格並不是治療方法本身，而是一種用以評估哪一種治療方法最適合個案的機制，以根據個案本身的獨特性來制定治療方法。

　　在第五章有提到，我們可以運用評估分類和鉤子：（一）作為催眠和治療的一種路標；（二）作為資源；（三）用個案的經驗語言來溝通；（四）用來了解個案如何創造他們的問題；（五）透過個案的濾鏡來給予治療；（六）作為動機；（七）作為一種方法用來描述成就卓越的細微動力。在第七章，我們根據間接的程度列出十九種治療方法。

　　結合量身訂做和禮物包裝這兩種方法，幫助我們透過個案眼上的濾鏡，聚焦在治療上。我們來看一下結合這兩者，運用量身訂做

的組合方格，可以如何幫助處理我們先前假設的憂鬱問題。

　　治療憂鬱的一個次目標可能是增加個案的活動量。治療師的任務是誘發個案體驗到自己未曾開發的潛力，同時幫助個案去運用這些潛力。透過個案的自我發現，這些潛力能量可以變成一個推動力能量。在上一章，我們看到治療師如何用一個直接建議來開展療程。從這一點開始，治療師可以透過催眠的方式來對直接建議作禮物包裝。還有另一個選擇：如果這樣的治療方法無效，治療師先不急著改變禮物包裝技巧，可以淬鍊量身訂做的技巧。這個步驟可以運用個案的體驗位置來達成。

　　這就變成了三角測量的三個變數：目標、技巧和位置。以下圖表提供一個簡單例子。

表 8-1：量身訂做方格例子一

目標	個案特質	禮物包裝技巧
激勵	內在注意力	直接建議

　　在這個例子，我們的目標是要誘發個案更多的運動量。我們選擇直接建議這個方法。個案的特質是擁有內在注意力，所以禮物包裝的技巧可以透過運用個案向內的注意力來呈現。如果是這種情況，治療師可以說：「花點時間進入你的內心，如果閉上眼睛有幫助，你也可以閉上眼睛。在這個寧靜的片刻，跟自己的想法在一起，你可以觸碰到某些東西，這些東西可能是對你個人有幫助的。我想你會發現，這些有幫助的東西其中一樣是你這星期會運動多一

些。」

另一個可能性是運用個案的位置作為一個激勵。譬如：「我希望你能了解，你這個星期可以單獨散步一小時，因為這對於你自我反思以及解決問題的能力會有很大幫助」。（對於如何提供激勵的建議，請參見 Zeig, 2015。另外也有一種語言討論的方式可以運用，不涉及任何傳統的催眠方式。）

現在，我們改變三個變數中的一個變數：個案是個外向的人。

表 8-2：量身訂做方格例子二

目標	個案特質	禮物包裝技巧
激勵	外在注意力	直接建議

在這例子裡，治療師可以建議個案觀看四周，個案或許可以發現其他人是如何參與在運動裡，然後個案也可以同樣地參與在運動裡，讓自己變得有活力。

一個外在引導也可以作為一個激勵的工具，幫助個案去享受一小時的散步，因為個案可以發現「在光線和聲音裡有這麼多的變化」。當個案在做這個功課時，他可能發現自己的視覺感官變得敏銳了。

當我們跟一個「線性導向」的個案一起工作時，治療師或許可以要求個案走一條筆直的道路——然後觀察自己在這條筆直的道路上可以走多直。

對於一個點狀思考者，我們可以給出任務是去走一條有很多轉彎和曲折的道路，或是蜿蜒地走這條路。或許這個個案會花點時

間瀏覽路邊櫥窗，做做白日夢，或是聽些音樂。一個強化者可以描述他散步時有許多神奇、不可思議、美妙的事情發生。對於一個弱化者，我們可以給一個任務，是邀請他去注意到小事情，像是一顆特殊的石頭、一片葉子，或是一個沒有意義的貝殼。對於一個自責型的人，我們可以給一個艱困的散步任務，因為這樣的挑戰可以緩和他自我批評的需求。對於他責型的人，我們可以要求在他身邊環境找到三個明顯的瑕疵，譬如，垃圾堆積在哪裡、路邊堵塞的水溝蓋、錯誤的路標——一些他可以做出改變的事情。對於一個在上位者，我們可以讓他自己決定何時要去散步，或許是在一個舒適的環境、忙碌的雜貨店，或是熱鬧的咖啡店。對於一個在下位者，我們可給予指示，在特定時間到特定地方散步。

至於鉤子，如果一個人總是小心謹慎，我們可以要求她在散步時注意到潛在危險，以及預防措施用來避免危險。一個愛冒險的人，我們可以鼓勵他散步時發現新事物。

當然，評估分類以及鉤子的範圍就像是人類念頭、行為、感覺、感知和關係一樣寬廣多變。更進一步，這些分類是依據治療師所處的位置或學派而異（早先我們有提過）。評估的過程包括了治療師的特性，以及治療師和個案互動所處的位置或角色。治療師的工作是決定當下情況什麼最重要，運用評估分類和鉤子作為濾鏡和動機來量身訂做禮物包裝的目標。

擁有技巧、禮物包裝和位置，就好像畫家使用調色盤上的不同顏色，治療師有許多治療方法可以選擇。如果禮物包裝或是量身訂做的方法無效，治療師也不用感到沮喪或是挫敗。他或她可以簡單地從其他方格中選取另一個治療方法或是一個治療組合方法。很重

要的是，治療師順勢而為運用從個案來的直接反饋（好的、壞的、不好不壞的），策略性提升正向治療結果。

改變禮物包裝

為了幫個案量身訂做治療，當需要做出調整時，治療師必須保持彈性。比如，治療師可以保持一個目標是誘發運動，然後透過預設立場句，而不是直接命令句，來改變禮物包裝的方式。如果個案是內向的人，治療師可以說：「你真的不知道你可以多麼享受一小時的單獨時光，當你這星期花時間散步時……你不知道到底有多好吧？」對於外向的人：「你真的不了解，當你這週花時間在外面散步時，這會對你有多大幫助，你不知道吧？然後你會發現早晨的散步跟下午的散步會有不一樣的享受感受。」（參見 Zeig, 2015，創造預設立場句）。

如果個案是他責型的人，我們可以聚焦在這個濾鏡上。因為他責型的人在治療裡有個需求傾向是拒絕別人，治療師可以提供一個方法，允許個案滿足那個拒絕的需求，透過適當發展的批判濾鏡，同時也滿足治療上的需求。譬如治療師可以說：「這是我想要你這星期做的事情，成為活躍的人，你要完全照著我說的話做。我的經驗，毫無疑問地是幫助你最好的方法。甚至是唯一的方法。在星期六早上八點，我要你去爬山健行（說一個地名）。記得帶一盒優格，同時別忘了一顆橘子，最好帶一顆中等大小的橘子。當你爬山健行完了，花半個小時寫下十項你從健行中感到有幫助的要項。然後，如果你決定要換一個運動，也請你寫下十項對你有幫助的要項。」

這樣帶有許多小命令的直接命令是用來讓個案拒絕用的，而同時有個隱藏版的動機是希望個案去做運動——讓個案自己選擇決定哪一種運動。現在，個案可能在之後的諮詢說：「我沒有去爬山，我也不喜歡優格。但是我在星期六早上花了幾個小時時間做我愛做的事。」

同樣地，我會告訴我的學生在送交博士論文時，放進幾個明顯的文法錯誤，所以論文評審委員有可以挑惕的東西。因為，論文評審委員需要修正某個東西，如果文法都正確，評審委員可能會把焦點放在論文內容上。

治療師也可以順勢而為運用個案的位置和導向。例如對於一個消極、重視感覺的個案，可以說：「這星期，或是星期三、或是星期四，你可以花一小時散步，或是誇獎你太太三件事情（或是對朋友、對家人、陌生人）。做任何你想做的事，讓自己好過些。」

請注意我們在這一章所講的直接指令都是一些小目標。要誘發改變，治療師要決定所採取的策略性小步驟，是個案願意去做的。記得這個概念：處理元素，而不是大目標。原則是把大目標分解成小元素和小步驟，然後策略性地建立這些小步驟，這就可以改變整個更大的系統。如果進步沒有如預期發生，我們甚至可以把目標分解成更小元素。第二十五號原則是：如果問題無法克服，如果抗阻力量太大，我們把目標分解成更小元素，鼓勵個案一小步、一小步進行。我們可以透過修正目標、選擇另一種禮物包裝的方法，和量身訂做來處理遇到的抗阻力量。

以下練習可以幫助治療師成為一個更有效溝通者：

選擇一個具體正向的目標和狀態，例如：「一天靜坐五分

鐘」、「在你愛人面前更多微笑」，或是「運動」。

　　如果需要，一個負面陳述的目標也可以使用，像是「吃少一點」。創造一個量身訂做的圖表，列出數個個案的評估分類和鉤子在圖表的頂端。在下面的欄位填上數個可能的禮物包裝技巧。現在，設計一個量身訂做的指令，透過禮物包裝的方式與個案的位置結合。一旦你完成了這個組合方格，建立了所有你找到的組合策略，你可以很快速、輕鬆地修正你的治療計畫，可以修正評估分類或是修正禮物包裝方式。對於個案而言，任何組合都可能是恰當的。你可以進一步透過改變目標，或是分解成更小元素來檢視你的目標設定微調能力。

　　像是「活躍一點」這樣簡單的建議，當中我們提到的無限多種修正、訂正和改變方法可能對新手來說太過複雜，讓新手掉進心智的癱瘓裡。然而，請記得，一種新奇的思考方式在剛開始可能看起來不可能，之後慢慢會變成是基本功。

　　讓我用自己的個人經驗來闡明一下。很多年前，我學習開滑翔翼飛機。我的飛行教練第一件事是教導我如何保持飛機的平衡。就像許多新手飛機駕駛，我一開始過度用力。花了些時間，我才終於可以避免過度用力，保持飛機在持續的平衡高度上。

　　下一步是學習如何轉彎或是傾斜機翼。一個飛機駕駛員必須學習如何控制飛機飛行在三維象限裡，我們開車時，是在二維象限作控制。我的飛機教練透過把這過程分解成許多小步驟來教導我如何傾斜機翼。他同時也列出了許多不正確的行為會造成的危險後果。要傾斜機翼，需要很恰當地調整附翼、尾翼和阻力板。當然，我也經驗到當我操作不正確時會發生什麼事。我對於每個步驟太過在

意，結果再一次，我又過度用力了。

同樣的情況也會發生在高爾夫球或是網球，當一個人開始學習時，總是會對於基礎的步驟感到不知所措，就算大部分教練會把整個過程拆解成小步驟來一步步教導。但只有當這個練習的模式從工作記憶變成身體記憶，我們才算真正算是熟練精通地踏進該領域——職業運動員會把這個狀態叫做「巔峰狀態」或是「心流狀態」。今天，當我在駕駛滑翔翼飛機時，我完全不需要思考如何轉彎或傾斜機翼。我可以毫不費力地對於飛行情況作出立即直接反應。

當一個治療師試著要掌握這個量身訂做組合方格，一開始可能看起來跌跌撞撞，就好像拋很多球在空中，身體不知如何反應。但是，隨著時間過去，很多經驗產生，適時修正這個組合方格，一些合理決定就會慢慢進入身體記憶，然後治療師就可以達到一個新高境界，就像我現在開滑翔翼飛機一樣的瀟灑自在。

總結

在短期心理治療學派，治療師有個清楚定義的目標在心裡是很重要的。策略學派（Haley, 1973）聚焦於一個特定目標的量身訂做治療計劃，要達成這個目標最好的方法是治療師進入個案的內心世界，從個案所處位置來運用技巧，就像是我們之前提到的個案評估分類和鉤子。

然而，要做到能夠組合目標、禮物包裝技巧以及量身訂做，治療師要在自己身上下很多功夫。

這一章的原則：

25.如果問題很困難，把問題分解成小元素和小步驟，一小步一
小步進行。

| 第九章 |

艾瑞克森治療學派的流程

　　心理治療師應該關注的不僅是個案的問題以及運用治療技巧，同時也要關注治療的整個過程。這一章探討艾瑞克森學派的策略性層面，透過三個階段模式：設定（Set-up）、治療主軸（Intervention）、跟進（Follow-Through），簡稱（SIFT），心理治療基本上是按照這種時間流程進行。

簡介

　　從二十世紀的後半段開始，艾瑞克森和他的治療技巧在心理治療界佔了舉足輕重的地位。艾瑞克森的治療方法是小心翼翼且合乎邏輯地計畫著，而他也被許多人認為是一個擁有強大直覺能力的治療大師。艾瑞克森非常熟練於即興創作上，但同時他的自發性是源自於多年的謹慎認真練習。他是歷史上擁有最多策略的治療大師之一，他會深思熟慮地與個案同頻，創造出許多步驟，幫助強化治療過程。他的治療方法是目標導向，導向一個正向的未來。

　　當我在 1973 年第一次遇見艾瑞克森時，我當時投入在羅傑斯人本主義（Rogerian）的心理治療。我對於個案的回應是簡短的，通常會包括了一個簡單的詞句，來自於個案所告訴我的東西，像鏡

子一樣回饋給個案。例如，如果個案說：「我很悲傷，」我會回應：「你看起來很低落。」我慢慢發現，艾瑞克森是用一種更複雜的方式說話，而他說話經常是三句話一組的。他的做法是「進入、提供方法、離開」。而我現在在治療上常用的方法是「跟隨、建議、然後激勵」。當我了解艾瑞克森的方法是這麼有效，這完全改變我在個人生活以及專業領域上溝通的方式。

SIFT 模式：條列重點

▌三階段 SIFT 模式

在表 9-1 可以看到關於「設定、治療主軸、跟進」這個 SIFT 模式如何運作，我們之前在第二章有簡單提到。對於個案問題的解答我們可以分別透過三個階段來處理，不見得只看重治療主軸。這個 SIFT 模式是一個簡單過程，一旦熟練上手了，就可以併入一個健全的策略性過程來促進改變的發生。這個過程可以幫助個案誘發一些小步驟邁向改變，同時也可以作為一個完整治療過程的基礎。

治療師首先應決定要溝通什麼，不論是一個整體目標，或是一個可以導向整體目標的次要目標。接下來的問題就是，如何溝通這個整體目標或是次要目標，而這可以透過將一個治療主軸作禮物包裝來傳遞訊息。目標經常是為個案的獨特性而量身訂做。把禮物包裝和量身訂做記在心裡，治療師就可以開始 SIFT 的流程。

▌第一階段：設定

為了建立密切關係，治療師首先要跟隨個案。治療師或許可以

透過使用個案的經驗性語言來與之溝通，透過個案的觀點、看法與個案相遇。密切的關係在催眠治療裡尤其重要，因為個案在催眠產生的親近過程中會經常感到脆弱。

譬如，治療師可能會確認／重新框架個案的憂鬱情緒而這樣說：「我了解你為什麼感覺低落。你經歷過很多事，承受許多痛苦。現在是時候可以自我反省，並且哀弔過去。但是你出現在這裡，這就是邁向改變的第一步。」透過認出個案的痛苦經驗中有些正向東西，治療師可以誘發個案的改變動力以及正向期望。

表 9-1：SIFT

第一階段	第二階段 治療主軸（誘發內在資源）	第三階段
設定	直接建議	跟進
治療的評估	催眠	確認改變
跟隨	間接建議	創造失憶效果
建立密切關係	直接指令／賦予任務	過程指導
建立同理心，可以透過經驗來完成	模糊的功能作業	如何使用誘發的資源
建立一個正向框架 • 欣賞個案所在的位置 • 誘發改變動力	病症描述	在過程中檢測治療效果，運用象徵或是夢想預演

第一階段	第二階段 治療主軸（誘發內在資源）	第三階段
將習慣模組去穩定化	重新框架／正向雙關語	賦予任務來鞏固療效，並經常練習所學到的東西
種下渴望的種子	挑戰	催眠
框架治療主軸	替換	寫信，以及其他會談後的聯絡
邁向最小的策略步驟前進	夢想預演	
誘發戲劇化效果	未來導向	
透過最細微線索獲得合作反饋	困惑	
使用催眠	隱喻	
處理抗阻	象徵	
順勢而為	趣聞軼事	
	身體雕像	
	平行溝通	
	多層次溝通技巧	

　　我們可以透過非語言的方法來建立密切關係。譬如，治療師可以偷偷模仿個案的姿勢，比個案慢個幾秒鐘，這個過程稱之為社交模擬。

　　接著，治療師可以建立一個正向框架，可以透過個案問題的重新框架或是重新定義來達成，這可能會改變問題本身的意義。譬如：「或許你不是憂鬱，看起來你是對自己很失望。」

　　一些不同的策略，像是說故事，可以用來建立一個正向框架，

並提昇改變動力。治療師可能會重述一遍學習游泳的經驗，強調一種「漂浮」的感覺以及「知道自己可以做到很多事」的認知。

困惑技巧可以用來把固定習慣模組去穩定化（destabilize）（更多訊息請參見 Erickson, 1964）。艾瑞克森發展出來的困惑技巧，看起來很有攻擊性，因為一開始這個困惑技巧是被設計來「攻擊」阻抗的，但是漸漸地，這個困惑技巧演變成較溫和的「去穩定化」技巧。這個技巧包括了運用較溫和的戲劇化效果，隨後給些具體建議。去穩定化就像是一種香料，如果在烹飪時巧妙運用，會提升治療效果的美味。它是一種進階技巧，需要特殊訓練，才能在實際治療裡派上用場。

治療師也可以種下理想目標這顆種子，作為治療主軸之前的一個預告。預告是一種強而有力又價值非凡的工具，可以成功地增加對美好未來的正向反應。艾瑞克森經常種種子，或是給美好的未來「填裝火藥（準備一觸即發）」。譬如，如果他想要個案體驗手臂漂浮的催眠經驗，在開始催眠之前的某個時間點上，他會輕輕地觸碰個案手臂。他這樣做是引導個案不經意地把注意力放在手臂上，同時發展出一種輕盈的感覺（輕輕觸碰的動作）（詳見 Zeig, 1990）。

治療師不需要直接切入治療主軸或是預想達成目標，可以透過一系列精密策略步驟，營造一個療癒戲劇背景，在不動聲色的情況下加強改變力道。最終，治療主軸就會自然成型。

在催眠裡，手臂漂浮是一種解離現象，可以被當成是一種催眠引導技巧，或是一種用來說服個案自己正經驗到催眠狀態方法。治療師如何運用一系列小步驟以及去穩定化等技巧來創造手臂漂浮的

催眠引導，請參照以下：

你正輕鬆地坐著，閉上眼睛，你可以保持好奇……好奇接下來你可以好好享受的經驗是什麼。你可能會注意到你手臂放置的位置……所以你可以……把注意力放在你手臂的感覺上。然後這個可以讓你滑翔（glide）追趕（sic）……引導（guide）你把注意力放在你的手上，所以你會發現……發現你的手上面有種特別的感覺，或許是感覺到輕盈，這可以是一件有趣的事。

然後你感到好奇，好奇某個東西怎麼可以從一個地方移到另一個地方。然後你會很有趣地發現當下這個時刻正在一點一滴發展中……移動的愉悅感覺，你可以在你的手指指尖有這樣的愉悅感覺，然後你可以發現，很開心地發現，你的手臂如何開始……升起……向上……像是小碎步一樣的移動著，然後這個手臂可以確定將會碰到你的臉，當這個時刻發生時，你可以做一個深呼吸，感覺自己更加深入地、放鬆地體驗這一切。

艾瑞克森在跟個案工作時通常會一小步一小步地進行。進一步地，他會運用多層次溝通技巧。他會在他的工作裡創造流暢以及順勢而為的感覺。透過一種逐漸增強的小步驟，艾瑞克森增加了個案對他所提供的治療目標的正向反應機率。他會把建議暗示交織疊加一起，所以一個暗示的結束就變成另一個暗示的起頭。所以當艾瑞克森要呈現他的治療主軸時，個案只需要在這一系列建設性步驟的過程中向前邁出一小步，事情就成了。

另一個設定方法是透過細微線索來搜尋個案的反應。在催眠裡建立個案對於雙關語的反應是很重要的。我們可以透過提供一段催眠引導而達到這種效果，催眠引導當中有個元素是對於暗示產生反應。而在這個過程中，治療師可以發現阻抗的浮現——然後在阻抗力道裡四兩撥千斤運用它們。

　　我們也可以透過農夫種田（艾瑞克森的父親是農夫）過程來了解如何建立個案反應。在我們種下種子之前，必須要先掘鬆阻抗的泥土，才能使種子更容易種在土地上。或許我們需要加些肥料。接著，我們要對種子澆水。

　　在這本書裡，我不斷強調醒覺式溝通的重要性，醒覺式溝通是奠基在細微線索的運用。個案對雙關語的反應在催眠心理治療裡非常重要。我們可以透過兩種方式誘發出個案的反應：透過正統催眠技巧，或是自然派催眠技巧。主要目的是建立個案的合作反應（盡可能最大化）。（關於誘發反應的催眠引導，請參見 Zeig, 2014。）

▌第二階段：治療主軸

　　我們在第七章已經詳盡探討治療主軸。讀者可以參考本章前面的表 9-1 而決定哪一個治療方法是最有效的禮物包裝技巧。

　　記住，治療主軸並不是用來誘騙個案把症狀消滅掉，治療主軸是設計用來幫助個案誘發改變的資源。在下一章的個案研討裡，艾瑞克森運用症狀描述、替代以及趣聞軼事來誘發資源。

第三階段：跟進

我們從 SIFT 框架圖表可以看到，過程中的大部分步驟是從設定和跟進這兩個階段而來的。治療主軸階段可能僅僅只用一個禮物包裝技巧來涵蓋就夠了。然而，跟進階段包含了多種可能的元素，這也反映這個階段在心理治療裡至關重要。

這個 SIFT 過程就好像是打網球一樣。球被打進球場中，有著獨特的旋轉特性。網球選手首先要判斷這個旋轉（量身訂做：球的位置），決定這顆球到底是正面旋轉、反面旋轉、還是側面旋轉。然後網球選手要決定如何把球打回去（目標設定），決定用什麼樣的旋轉方式回擊網球（禮物包裝）。如何獲得致勝的一擊是取決於你如何跟進。

在心理治療裡也有相同的過程。不適當的跟進可能會毀了治療效果。通常，跟進包括幾個元素，包括確認改變。（下一章要討論的艾瑞克森案例提供一個在跟進階段運用確認過程技巧的絕佳例子。）

誘發一個失憶可以是一種好用的跟進技巧。失憶可以用來密封知識，以避免意識心智過度浮現於腦海，中斷了可能的催眠效果。（更多訊息請參見 Zeig, 1985）

治療師可以測試一下，看看某種技巧是否有效。在諮詢室裡我們可以測試某些治療主軸。譬如，如果個案害怕眼神接觸，治療師可以在治療主軸之後測試一下是否眼神接觸有增加。如果個案的問題在治療之後無法容易地測試──如：飛機恐懼症──治療師可以透過運用個案的想像力來測試療效；治療師可以讓個案想像自己在搭飛機。

第三階段的另一種技巧是提供跟進任務來鞏固療效，以及個案可以回家多做練習和學習。治療師可以給家庭作業。譬如，如果個案在交朋友上面有問題，治療師可以給一個任務是回家觀察孩子們玩耍——看看他們如何彼此互動，輕輕鬆鬆交新朋友。這些任務也可以有象徵性意義。艾瑞克森經常要求個案去參觀鳳凰城的沙漠植物園，裡頭有許多特別的沙漠植物。這個任務其實有許多象徵的詮釋意義：植物如何在艱困的環境下蓬勃生長，在你預期不到的地方看見美麗，對於潛在的威脅保持警覺，在資源不足的地方存活下來等等。

心理治療的時間線

治療師應該要知道，在治療裡提供評估，運用適當技巧並不保證治療一定成功。治療師可能在自己遇到的類似案例上運用艾瑞克森眾多出神入化技巧中的一種，卻發現結果差強人意。失敗的可能原因是沒有策略性建立治療主軸；在治療過程中時間點（正確時機）是關鍵的決定因素。

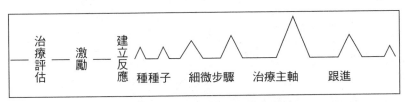

圖表 9-2：心理治療的時間線

這個時間線很清楚地呈現治療師如何在 SIFT 過程中從一階段

移動到下一階段。我列出了常用的步驟。「建立反應」換句話說，就是提供正統派或是自然派催眠引導。我們要牢記在心，就算我們在這裡是用一種線性方式呈現心理治療的時間線主軸，因為治療本身的千奇百怪可能性，極有可能我們會改變一直線的治療方式。

這是一個從真實案例中點滴匯聚的時間線，也代表了艾瑞克森如何運用 SIFT 的三階段過程來做治療。（參見：《婚姻治療》，你可以在以下網站買到有旁白解說版本的影片：www.ericksonfoundationstore.com）

這段治療影片大概歷時一小時，是關於治療中如何策略發展的出神入化案例。艾瑞克森作為一個絕頂高超的戲劇化治療師，把剛開始的二十五分鐘作為第一階段「設定」步驟使用，用來建立第二階段「治療主軸」（跟老公和老婆說一個故事），因而產生最大療癒。他講故事的時間大概只有五分鐘。艾瑞克森把剩下的半小時用來做第三階段「跟進」使用。

在第十章討論的案例就是療癒的策略性過程最佳例子。表面上看起來，那或許是全靠直覺或不合常理的案例，但事實上，如果我們用醒覺式的角度來理解，就會覺得一切非常合理，且計劃精密而完善。

| 第十章 |

艾瑞克森治療飛機恐懼症

　　這個案例最早是出現在《跟大師學催眠：米爾頓艾瑞克森治療實錄》（Zeig, 1980, pp. 64-70），這個案例是描述一個有「飛機恐懼症」的個案。艾瑞克森的治療主軸是催眠式的替換療法，過程中他暗示這位女士，說她的恐懼症滑出她的身體進入一張空椅子裡。艾瑞克森的治療主軸可能看起來超乎常理，但是他的剖玄析微成功地療癒這位女士。儘管替換療法看起來是功能不全的，我們可以精妙地使用這個機制。更進一步地，個案的問題是不合邏輯思考的；所以，一個奠基於合理情感的不合理解決方案會變得有效。

一個戲劇化過程誘發改變

　　在每次會談裡，治療師可以製作一連串步驟誘發改變，這個SIFT 的過程可以充滿戲劇張力，帶著策略方法，使得治療過程妙趣橫生。再次強調，三階段順序步驟：（一）設定；（二）治療主軸；（三）跟進。這個流程跟藝術家用來創造電影、戲劇、詩歌和文學是一樣的。這些藝術作品包含一系列步驟，從一開始的展開到最終的結束。譬如，電影製作人知道電影裡的每個元素都會增強故事；劇作家運用「設定」這個點子，然後透過多重溝通的線索「收

因種果」，產生完整結局；詩人創造一個策略發展的主題；小說家在故事軸上加入一些預兆，從而強化戲劇效果。

當我們的治療目標是誘發狀態的改變，建立戲劇張力就是治療裡一個用來醒覺個案的工具：在治療過程中喚醒個案沉睡的潛力是極度重要的。

分析個案報告跟分析影片或腳本是不一樣的，雖然其中還是有些相似處。就算是在描述一個案例，艾瑞克森選擇他的話語以及非語言的溝通，就像是外科醫師一樣絲毫不差；每個字句以及每個音調都是有意義的。

以下是一個艾瑞克森案例的詳細分析範本，設計給想要了解艾瑞克森微動力策略運用方法的人們。更進一步來說，這案例也提供一張道路地圖，用來了解艾瑞克森的治療工作。

艾瑞克森是一個心理治療藝術大師，他能夠詩意般即興發揮，並搭建一個改變的舞台劇。他策略性的溝通，經常是帶有細微變化的雙關語的，能產生扭轉乾坤的效果；他不會使用經過科學驗證的治療流程。就像一般人在觀看偉大藝術作品時，往往無法察覺藝術家用來創造戲劇張力的神工鬼斧手法。以下例子僅僅是艾瑞克森如何創作他的治療藝術的其中一個例子。

「飛機恐懼症」

在 1979 年，艾瑞克森舉辦一個為期一星期的工作坊，教導不同學派的治療師如何進行治療工作。我參與這個工作坊。這個案例是艾瑞克森在第一天要結束前提到的。

艾瑞克森：

　　現在，我們回到 1972 年，一個 35 歲，已婚的漂亮女士找上我，按了我家門鈴。她一進門所說的是：「艾瑞克森醫師，我有飛機恐懼症。然後今天早上我老闆告訴我，『星期四你要飛去德州的達拉斯，然後星期六飛回來。』我的老闆接著說，『你要嘛來回都坐飛機，要不然你就會被解僱。』艾瑞克森醫師，我是一個電腦工程師，我在全美國各地做電腦程式設計。」

　　「在 1962 年，十年前，我有過一次飛機失事經驗。在那次失事中，整架飛機沒有損傷，也沒有人傷亡。接下來五年，我經常坐飛機從鳳凰城到波士頓、紐約、紐奧良、達拉斯……到處飛。但每次我搭飛機，飛上高空之後，我變得越來越恐懼。然後最終，我的恐懼實在太大，我會全身不自禁顫抖。（艾瑞克森示範給聽眾看顫抖的樣子。）然後我會閉上眼睛。我聽不見我老公在跟我說什麼，我的恐懼症如此巨大，當我到達我要工作的地方時，我全身衣服是出汗溼透的。這個恐懼糟糕到我在開始工作之前必須先睡八小時才能工作。因此，我開始搭乘火車、公車或汽車去各個不同的工作地點。我的飛機恐懼症令我百思不解，我登機時完全沒問題。我在飛機到跑道盡頭前都沒事。一旦飛機起飛離開地面，我就開始全身顫抖，然後整個人被恐懼淹沒。但是當飛機降落，只要飛機一落地，我又馬上感覺很舒服。」

　　「所以我開始搭乘汽車、公車、火車。最終，我的老闆受不了我老是用自己的休假、病假以及事假的時間來搭公車、汽車或火車出差。今天早上老闆跟我說，『你要嘛坐飛機去達拉斯出差，要嘛

你就等著被解僱回家吃自己』。我不想失去我的工作，我喜歡這份工作。」

　　這是艾瑞克森在課堂上提供給學生們的訊息。他認為這些訊息對於治療師來說已經足夠幫助這位女士解決「飛機恐懼症」的問題了。

　　根據以上的陳述，讓我們運用早先我們討論的量身訂做分類方法，從內在心靈的過程開始評估。她的問題是用一種感覺方式表達，同時個案也強化描述她的負面身體感受。她表達的方式既不是內在自我對話，也不是視覺圖像化的表達；這兩個元素在這裡都明顯缺乏。這裡同時也有一個解離的元素存在，當她提到她的恐懼症是如此嚴重，完全沒聽到老公跟她說話。從人際關係的角度來看，她是比較順服的人——隨時準備好要對情境決定因素作出反應，而不是主宰型的人——控制和定義整個情境。

　　艾瑞克森接著說：

　　我說：「好的，妳希望如何治療妳的恐懼症？」
　　她說：「透過催眠的方式。」
　　我答：「我不知道妳是否是個好的催眠對象。」
　　她說：「我以前在大學裡是好的催眠對象。」
　　我說：「那已經是很久以前的事了。妳現在還是好的催眠對象
　　　　　嗎？」
　　她說：「絕對是。」
　　我說：「我們試試看才知道。」

艾瑞克森的第一個治療主軸是，艾瑞克森同意個案的看法，她有「飛機恐懼症」，儘管艾瑞克森並沒有明講那是什麼意思，而只是使用個案的說法。艾瑞克森暗示說他會治療她的恐懼症；重點在於「如何治療」。

艾瑞克森透過一個間接平行溝通來挑戰個案的動機：他測試她對於催眠的抗拒程度有多少，而不是去治療恐懼症。如果她動機強烈，且願意配合催眠，那麼透過平行溝通的方式，她可以帶著強烈動機並且配合催眠來治療她的恐懼症。

不同於大多數催眠治療師在會談快結束時才作催眠，艾瑞克森在會談一開始就作催眠。艾瑞克森用了一種所謂的「貝多芬原則」。艾瑞克森立刻行動，就像貝多芬在《第五號交響曲》裡呈現的主題。艾瑞克森的方法促使這位女士必須立刻參與在正向步驟裡，而沒有時間去思考她抱怨裡的每個細節。

在第一次會談，傳統治療師可能會鼓勵個案多談談病史和問題細節，蒐集歷史資料，給一個診斷，在正式治療開始前跟個案討論治療計劃。但是這些訊息可能跟未來治療過程無關。艾瑞克森「單刀直入」，讓個案來不及討論問題細節。有些時候，我們不需要太多訊息也可以做治療。艾瑞克森喜歡在會談開始時直接給個治療方法，然後後續的評估就成為那個治療方法的副產品。

在醫學領域裡，必須先有診斷才有治療方法。醫師會先做檢查，了解過去病史，通常會有個身體檢查，然後決定一個診斷，最後才開藥方／治療方法。在社交治療方法裡，並不見得需要照這流程走，像是心理治療領域，個案對於治療方法的反應會決定治療方向。

在下一段艾瑞克森的案例描述裡，我們會發現這個個案是配合多過於抗拒。

　　她是一個好的催眠對象。我把她喚醒，告訴她「妳是一個很好的催眠對象。我真的不知道妳在飛機上的行為是怎樣，所以我想要帶妳進入一個催眠狀態，讓妳想像自己在飛機上，在 35,000 英尺（約 10,688 公尺）的高度，在雲端。」

　　當艾瑞克森強調這個字「行為」，他是間接地開始一個轉移注意力。個案的主要問題是在情緒上，而艾瑞克森將她的注意力從情緒上轉移開，讓她聚焦在另一個經驗元素：行為。

　　在治療的初始階段，治療師可以讓個案參與簡單練習——我們的目的是，一旦個案可以參與在一個小練習裡，他就可以成功地參與在另一個小練習裡，然後再下一個練習。艾瑞克森一開始對個案並沒有要求很多，他只是邀請她進入催眠。然後，他稱讚她做得很好（「妳是一個很好的催眠對象」），然後邀請她再跨出一小步：進入第二個催眠，想像自己在飛機上。他這個階段的動機是搞清楚她在飛機上可能會產生怎樣的行為。

　　這第二個治療方法是一個病症描述催眠。艾瑞克森引導個案去體驗問題的病症。在那個當下，個案並沒有真的經歷到她搭飛機時的那些症狀，而是在艾瑞克森辦公室的椅子上經歷它們。這時，艾瑞克森種下治療主軸的種子：改變個案體驗問題症狀的地點。這個改變地點的小小修正，也就改變了「飛機恐懼症」的背景情境，為未來的空間修正治療方法鋪路。記得：我們要求一個小改變，會有

一個策略療效。

我們注意到艾瑞克森並不是一開始就提供病症描述催眠。它是一系列策略小步驟的其中一步。個案很配合。她展現強烈動機，進入了催眠；然後展現她被催眠的能力。這些小步驟天衣無縫地連結在一起，造成一個配合的連鎖反應。當個案的病症行為從催眠裡浮現，她是在採取一系列策略步驟中的一個合理小步驟，而這最終會引導到治療主軸。

所以她進入催眠，想像自己在 35000 英尺的高空上，想像她在飛機裡。她身體開始上下震動，甚至全身顫抖，這真是令人不忍心觀看。然後我讓她想像飛機降落了。

當艾瑞克森讓她想像飛機降落了，她的恐懼症病症就消失了。這就確認了她一開始提到的「飛機恐懼症」的真實本質。

在我開始幫助妳之前，我想要妳了解某件事……

這個指令是一個框架治療方法，中斷且改變溝通的方向。透過一個說法，「在我開始幫助你之前……」艾瑞克森暗示他之前的治療方法更多像是診斷而不是真正治療方法。這個說法的用意是避免個案去分析之前的步驟。分析步驟會阻礙促進改變的經驗體現，就好像我們分析一個笑話，就失去了幽默的笑點。艾瑞克森暗示說，個案可以忽略之前所做的事情（可以失憶），然後他接下來要做的事情才是「真正的」治療。一旦她「了解了某事」，艾瑞克森才會

開始治療。透過這個細微的方法，艾瑞克森運用某件還沒有發生的事情，作為個案治療的起始點。事實上，治療在艾瑞克森和個案碰面的當下就開始了。從那之後，艾瑞克森所做的每個步驟都有其意義，並且強化了治療的過程。

你是一個三十多歲的美麗女士。現在，我是一個男人，我坐在輪椅上，你不知道我殘障的程度有多嚴重。現在，我想要你承諾我，你會做任何我叫你做的事，不論好壞。然後，記住，妳是個很有魅力的女人，我是個殘障的男人。我需要妳絕對的承諾，妳會做任何我叫妳做的事情，不論好壞。

這個不尋常的治療方法是為了鬆動個案，並增加戲劇化效果。治療師通常不會用刺激的狀態來增進治療效果。通常他們會幫助個案放鬆，找到情緒的平衡點；避免刺激個案。艾瑞克森經常在治療和催眠裡使用刺激狀態，這會強化情感的運作過程。再一次，他運用了貝多芬原則。就像是譜寫一首交響曲，艾瑞克森的催眠引導和治療包括了和諧音與不和諧音。

艾瑞克森要求這位女士承諾「做任何事」，這是個很有攻擊性的要求，如果她答應了，可能會造成尷尬或痛苦的結果，尤其是他的陳述裡面還夾帶了跟性魅力有關的雙關語。這位女士來找艾瑞克森幫助處理恐懼症，然後艾瑞克森跟她提及其他東西，可能會讓她更加焦慮。艾瑞克森利用他剛剛建立起的優勢，個案對於兩個催眠引導都很配合，趁勝追擊，因此，很有可能個案對於這個新的要求也會配合。這個治療方法——開出焦慮的處方箋——可以被看為是

情感症狀的處方箋。我們謹記在心，如果艾瑞克森可以提高情感的強烈程度，他也有能力弱化情感程度。

她想了大概五分鐘，然後說：「你不可能要求我做出比飛機恐懼症還要糟糕的事情。」

我們注意到，在這裡，個案花了五分鐘時間才做出決定，而不是像之前那樣爽快答應配合。

「現在既然妳承諾我了，我要讓妳再次進入催眠裡，做一個類似的承諾。」

在催眠狀態裡，她立即給我那個承諾。我把她喚醒，告訴她，「你在清醒狀態和催眠狀態都答應我了——妳百分百的承諾。」

我說：「現在，我可以治療你的飛機恐懼症了。」

這個過程再次確認艾瑞克森對於潛意識運作的堅定信念。他想要個案的潛意識也同意；意識的同意他覺得不夠。她的意識心智可能有所保留，而她的潛意識心智是立刻同意；她的潛意識很熱情地正向回應，毫不猶豫地信任這個過程。

藝術家通常會在他們的作品上加入細微元素，是常人無法發覺的。真正偉大的作品通常包括了創新以及幾乎無法發覺的慧心巧思細節。比如，儘管海頓創作了一百首交響曲，而貝多芬只有九首，貝多芬的大師級作品遠遠超越海頓的作品，因為貝多芬作品裡的複雜程度和創新程度無人能及。醒覺式複雜程度可以改變狀態，但是

他們必須保持隱而未見。小說家所呈現的筆歌墨舞高度是一般讀者望塵莫及的。

艾瑞克森的請求，要求個案在催眠裡也給一個承諾，這完全反映出他的大師手法。這個請求看起來是一個很小的元素，但是在整個過程情境裡，我們會看到這是玄妙入神的一步棋。

在個案很配合的作為之後，艾瑞克森不著痕跡地強化了治療的框架，暗示個案接下來的過程才是治療主軸的開始——就好像之前的步驟是毫不相關的。

之前的步驟構成了一個「是的（真實句）組合」。（關於是的組合以及其他催眠裡常用的文法形式，請參見 Zeig, 2014）。這女士對艾瑞克森說了四次是的：她對催眠說「是」，對呈現她的恐懼症說「是」，對艾瑞克森提出的承諾說「是」，對在催眠狀態裡的承諾說「是」。現在，既然她已經說了四次「是的」，這創造了一個慣性，她很有可能會對下一個指令也說「是」：治療主軸。

現在我讓她進入一個催眠狀態，想像在 35,000 英尺的高空飛機上，飛行時速 650 英里（約 1,046 公里）。她整個身體顫抖，非常害怕，身體彎曲抱著，額頭貼著她的膝蓋。我對她說：「然後現在，我要你讓飛機下降，當飛機整個降落到地上時，妳所有的恐懼和恐懼、焦慮和惡魔的折磨都會滑出妳的身體，滑進妳隔壁那張椅子裡。」

因為艾瑞克森已經在之前的指令建立個案完全的配合度，他很確信對於接下來的新指令，她也會配合照做。再者，個案已經對於

很多個小任務都百分百配合，對個案來說，再配合一個任務並不是太難：讓所有的恐懼滑出她的身體進入隔壁那張綠色椅子裡。

在艾瑞克森辦公室裡，綠色椅子是專屬給來訪個案坐的。並不是很舒服的椅子。如果一個個案的目標是舒服，個案會自己創造舒服的感覺。艾瑞克森辦公室裡家具的功能只是用來坐著。

我們要記住，艾瑞克森這裡種下一個種子，把恐懼症移到椅子上。個案先前已經證實她有能力可以改變她恐懼症的情境背景，她在艾瑞克森辦公室裡想像自己坐飛機。她的恐懼現在出現在艾瑞克森辦公室的綠色椅子上，而不是飛機上，同時她繼續在催眠狀態裡。更深入探討，這個替換恐懼的動作是鏡像反饋個案本身的作為，因為在過去，只要飛機降落時，她的恐懼就消失了。艾瑞克森的策略療法就是要求她允許那個恐懼滑進隔壁椅子裡，然後再次經驗到那個替換過程。

儘管這個步驟看起來很不合理，這僅是一系列連鎖策略步驟當中的一小步。個案已經完成幾個任務：進入催眠；在催眠裡呈現恐懼症；做出承諾；在催眠裡做出承諾。既然已經完成先前艾瑞克森提出的這些要求，再多加一個——允許她的恐懼症滑進綠色椅子裡——對個案來說不是太難的事。

這個治療主軸的關鍵時刻是艾瑞克森對個案所說超乎常軌，帶有點性暗示的陳述，創造出一個尷尬的氣氛，然後，艾瑞克森強調誘發一個從個案而來的承諾：「她會做任何他所要求的事」。這個做法的效果是雙面的。第一個面向，這個女士開始感到緊張，她不知道艾瑞克森會要求她做什麼奇怪的事。第二個面向，當這個要求只是要她把恐懼滑進隔壁綠色椅子上，比起艾瑞克森可能要求她做

其他奇怪的事情，這看起來是相對輕鬆的事情，她甚至可能鬆了一口氣。這一切都發生得太快，個案甚至沒有時間去思考艾瑞克森這樣做的用意是什麼，艾瑞克森是為她的最大利益著想。（如果我們知道魔術師的把戲祕訣是什麼，那個魔術就不精采了）。最終，艾瑞克森強調一個詞「現在」，他的強調語氣使得他的暗示聽起來更像是一個命令。

　　所以這位女士想像她的飛機落地了，從催眠裡醒過來，突然尖叫著跳離開椅子，跑到房間的另一頭，然後大喊著：「它們在那裡，它們在那裡！」（艾瑞克森指著那張綠色椅子。）

　　因為個案接受艾瑞克森的建議替換掉她的恐懼，這個治療看起來是完成了……但事實上還沒有。艾瑞克森鬼斧神工地創造一個起頭，接著一個治療主軸，但他也沒忘記要跟進。

　　這個案例可能有個額外的情境效果，因為這案例是艾瑞克森在一個星期的工作坊裡與他的學生們分享。那張綠色椅子就放在他旁邊，在整個工作坊過程中，如果他要做示範治療，他就會邀請個案坐在那張綠色椅子上。或許某個學生會想：「這很荒謬。怎麼可能會有什麼恐懼依附在椅子上。」或者另一個人可能想著：「有沒有什麼我不想要的東西，可以留在艾瑞克森辦公室裡那張綠色椅子上？」

　　艾瑞克森通常會引導聯想的過程，刺激一些隱而未現的反應。喚醒內在共鳴的隱而未現技巧是所有藝術創造的基礎，這是一種概念化過程，而非知識上理解。

我們也可以確認評估訊息。個案對於替換恐懼的反應指出了，她會強化經驗，而不是弱化經驗。

在治療主軸安置好並且執行完畢，艾瑞克森接著開始跟進。

我用對講機請艾瑞克森太太進來，跟我太太說：「貝蒂，請妳坐在那張椅子上（艾瑞克森指向那張椅子）。」然後個案急著說：「拜託，艾瑞克森太太，拜託妳不要坐在那張椅子上。」艾瑞克森太太繼續向那張椅子走過去，個案從角落衝出來，身體直接擋在艾瑞克森太太面前，阻止她去坐那張椅子。

為什麼艾瑞克森要把他太太扯進這個案例裡？催眠引導通常會運用一個過程稱為「確認（ratification）」（Zeig, 2014）。確認是一個方法，治療師預設個案已經走在正向改變的康莊大道上。在這個案例裡，艾瑞克森確認這個個案的改變是活靈活現：個案表現出她在催眠治療裡得到真實改變。透過邀請艾瑞克森太太加入，艾瑞克森是在告訴（確認）個案她的恐懼症已經移除了，不僅僅是在艾瑞克森眼前，同時也是在陌生人眼前。

是的，這看起來很不尋常，甚至可能有違常規，把自己的家人牽扯在治療當中，但是艾瑞克森的家人經常入戲順勢而為。因為艾瑞克森有個想要呈現的效果，剛好他太太在附近，他太太偶而在其他治療過程中也會被叫進去辦公室參與。

所以我請艾瑞克森太太離開，然後轉向個案，對她說：「妳的治療完成了。」

如同艾瑞克森刻畫了治療的起始點，他同樣地也幫治療劃上句點——所以這個框架就可以完整結束。這也暗示了接下來發生的事就沒那麼重要了。個案不會特別關注接著發生的事。然後，艾瑞克森的下一個陳述，是很溫柔的聲調。但是，接下來發生的是一個很重要的治療步驟。

　　「好好享受飛去達拉斯，飛回鳳凰城，然後從機場打電話給我，告訴我你有多麼享受這趟旅程。」

　　艾瑞克森給他的個案一個指令：好好享受飛去達拉斯，然後享受飛回鳳凰城——把重點放在「享受」上。他的陳述句也包含了一個預設立場句：「打電話給我（一個命令），告訴我你有多麼享受這趟旅程」（預設她會坐飛機，並且享受坐飛機的過程）。艾瑞克森的方式很像是在「成交」，業務員經常使用的技巧，譬如：「告訴我你會買多少」，預設客戶一定會買，只是買多買少的差別。

　　這個溝通還有另一個層面。這位女士先前有答應艾瑞克森她會做任何他所要求的事，這也就包括了打電話給艾瑞克森，並且告訴他她有多麼享受這趟旅程。

　　然而，艾瑞克森的跟進並不僅止於此。

　　在那位女士離開後，我請我女兒對那張椅子拍了一張過度曝光的照片（艾瑞克森指向椅子），一張曝光不足的椅子照片，以及一張光線剛好的。我把三張照片分別放進三個信封裡。我在過度曝光椅子照片背面寫著：「你的恐懼、恐懼症、焦慮和折磨妳的惡魔，

緩慢地掉進黑暗被遺忘的永恆安息之地。」那張曝光不足的照片，我寫著：「你的恐懼症的永恆安息之地，消失在外太空裡。」至於曝光剛好的椅子照片，我寫上：「你的恐懼症，恐懼，和焦慮的永恆安息之地。」

艾瑞克森不僅提供了一個象徵來呈現個案的恐懼症，同時也提供了改變的象徵。他給個案一個具體的東西：一個護身符，一個象徵，裡頭包含了她的恐懼，可以作為她那個被消滅的恐懼所留下空缺的一個替代品。她「失去了某個東西」，但事實上，她獲得另一個東西做為替代。艾瑞克森可能使用了一些個案在一開始描述自己狀態時使用的詞句，像是「惡魔的折磨」。同時，那張照片又是帶著些娛樂效果、帶些幽默感，這可能改變問題的情緒背景。療效可以透過情緒背景的改變而發生，而不是僅依靠改變明顯元素。記住，艾瑞克森曾用類似的方法幫我戒掉菸斗。

再一次，這案例有個家庭成員參與在其中。看起來艾瑞克森的家庭治療風格是運用他自己的家庭成員來幫助個案！

深入探討，艾瑞克森給個案的照片禮物是出乎個案意料之外的。艾瑞克森藏而未言的預設立場陳述，是她的病已經治好了。個案會很感激治療師超乎常人細心的額外步驟。

我把信封寄出去。她星期三早上就收到了。星期六我收到一通從機場打來，語氣很興奮的電話：「這真是太神奇了。真是無法言喻的美妙，這真是我人生最棒的經驗了。」我跟她說：「妳願意跟我的四個研究生分享一下妳的事情嗎？他們正在寫他們的博士論

文。」她說：「好的，沒問題。」我告訴她後天早上八點來我辦公室。

後天早上八點，她和她老公出現了。她繞過那張椅子，離得遠遠的，然後她坐在離那張綠色椅子最遠的盡頭一端。研究生們大概五分鐘之後出現了，陸續坐下，其中一人坐在那張綠色椅子上。那位女士突然大聲說：「拜託，拜託，請不要坐在那張椅子上！」

那個學生說：「我以前坐在那張椅子上，沒問題的啊。這綠色椅子很舒服，我想要坐在這綠色椅子上。」我的個案說：「拜託，拜託你不要！」學生就說：「好吧，既然你堅持的話，那我以前也坐在地板上過，如果這會讓你好過些，我就坐地板吧。」我的個案說：「太好了，謝謝你。」

然後她跟這幾個學生說她的故事，包括我寄照片給她這件事。她說：「我把這些照片帶在身邊，就好像你們會帶著一個幸運符、平安符或是十字架項鍊。這些照片變成我旅行時行李的一部分。我旅行的第一站是去艾爾帕索（El Paso），整趟飛行很舒服，我一直想著飛機的亂流何時會發生，但是都沒有發生。在艾爾帕索有二十分鐘的轉機。我在機場找到一個安靜的地方，自我催眠告訴自己說：『艾瑞克森醫師告訴妳好好享受。現在妳就照著艾瑞克森醫師告訴妳的做就行了。』我再次登機，從艾爾帕索一路飛到達拉斯，另一個美妙的飛行旅程。當我要從達拉斯飛回鳳凰城時，飛機在高空上，我從窗戶看出去，可以看到許多雲朵在天空中飄著。我可以穿過雲朵的縫隙看到遠方的美麗風景。這真是一趟美好愉悅的旅程。」

在這個部分，艾瑞克森很詳細地描述個案所看到的雲朵細節和個案感受。這樣的描述確認個案真實克服了她的飛機恐懼症。她現在感到很安全，就算是從高空俯瞰地面也沒問題。再者，不管個案是否還會記得或遵守艾瑞克森的指令，這都不重要了；她還是會繼續享受飛行，繼續旅行。

我說：「現在，我想要你進入催眠，此時此刻，當下。」所以她進入催眠了。我說：「現在，在這個催眠裡，我想要妳去到鳳凰城的機場，買張機票去舊金山，然後好好享受沿途的風景，特別是連綿起伏的山峰景色。」

在這個部分，艾瑞克森運用一個夢想預演的技巧。再一次，他運用一個之前很有效的預設立場句：好好享受沿途風景，特別是崇山峻嶺的連綿山脈。他把焦點放在山峰這個點上，也就是種下一個跟高度有關的種子——提醒和準備個案的潛意識可以面對接下來的挑戰。準備好一個未來圖象會增加之後達成目標的機率。艾瑞克森種下種子技巧就好像文學上會用的預埋伏筆技巧。這樣的運用是很細微的逐漸增加；所以差別就在於，這是技巧熟練的運用或是大師級出神入化的手法。

「當妳到達舊金山，在機場租輛車，開車去金門大橋。把妳的車停在橋邊，走到橋的中間，然後往下看。」

艾瑞克森預設他的個案還有另一個恐懼症：在一個懸吊很高

的吊橋上的恐懼症。在這個案例裡，他好像看到個案所呈現的問題背後還有一個更大的問題存在，然後他決定一併處理掉這個更大問題。

當艾瑞克森在幫我處理抽菸斗的問題時，他把問題分解成很多小元素，這就改變了問題的情境背景。如果他發現我的抽菸斗可能是連結到一個更大的問題，譬如自卑的議題，那他可能會用不同的方式來進行。

圖 10-1 呈現了我們透過 XY 軸如何看待個案的問題。

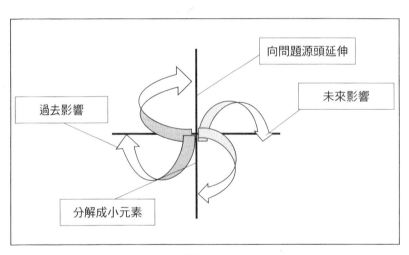

圖 10-1

在 Y 軸上，治療師可以向下移動，把問題拆解成小元素（分解）。或是，治療師可以在 Y 軸上向上移動，去尋找個案呈現的問題是否是更大問題的一部分（拼湊組合）。在 X 軸上，治療師可以向左移——回到過去——找到過去歷史的重要因素（過去影響）。向右移是進入未來，我們可以根據一個未來預測，如果個案

問題沒有解決，結果會是怎樣，來決定採用的治療方法（未來影響）。

艾瑞克森後來跟我們說，這個個案其實是恐懼待在一個地方而沒有任何看得見的支撐物，譬如，搭飛機在 35,000 英尺的高空上，或是站在一個懸吊很高的吊橋上。透過暗示個案站在金門大橋這樣高的吊橋上（讓她處於另一個她很恐懼害怕的情境裡），艾瑞克森試著要去確認她是否已經克服了整個大問題。這個技巧是史蒂芬和安·蘭克頓（Stephen and Ann Lankton, 1983）論文裡提到的「多重鑲嵌隱喻技巧」，一個故事裡藏著另一個故事。

我對那女士說：「現在我會告訴妳關於那座金門大橋的歷史。支撐整座橋的橋塔高度是 740 英尺（約 225 公尺）高。當這座橋完成時，其中一個工人畫了一幅金門大橋的畫，他在圖畫的最遠端橋塔上畫了一個漁網，他畫上他抓到了海鷗，把他們的頭畫成紅色。之後有一天，一個娛樂版的記者寫了篇報導，關於一個新品種的紅色海鷗。記者的名字是傑克。這一切都是真實的事件。」

艾瑞克森的說故事是用來創造一個生氣憤怒的情緒，這個憤怒情緒會阻礙個案從橋上看下去的恐懼。治療師可以透過漸進式的放鬆技巧幫助個案對恐懼症去敏感化。相反地，艾瑞克森創造一個參考經驗，他用一個強烈的生氣、憤怒情緒來阻擋一個強烈的恐懼反應。從一個強烈情緒轉移到另一個強烈情緒比較容易，而從一個強烈情緒轉移到放鬆情緒比較難。

我接著對她說：「然後，妳往下看那些浪花，看那些浪花產生的泡泡，然後妳看到那些海鷗。然後大霧瀰漫，妳看不見任何東西。所以妳走回車上，開車去機場，然後用妳的回程機票，搭飛機回到鳳凰城，從鳳凰城機場回到這裡。」

　　當我這樣說，她立即從催眠中醒來，跟我的學生們說：「我必須告訴你們那趟去舊金山的旅程，還有那個惡劣的記者傑克。」她的老公接話說：「我知道她一定很討厭傑克，因為她是激進的動物保育人士。」（艾瑞克森笑了。）然後個案接著把整個舊金山故事講完，她說：「然後，我直接從機場回到這裡。我的老天啊！我在催眠裡做了這些事情。我沒有真的去到舊金山。我在催眠裡，然後我以為我去了舊金山一趟。」

　　艾瑞克森提供這個夢想預演，給個案一個機會去發現她的治療結果有滾雪球效應，然後他又順勢而為地治好另一個問題。

　　這個海鷗故事不僅僅是一個注意力轉移。這故事同時轉移她的注意力到「那個惡劣的傑克」身上，而不是注意到她腳下的空白空間。艾瑞克森運用了個案的價值觀系統——她對於保育動物的熱情——注入了遠比她的恐懼來得強大的生氣與憤怒。同時，或許這個紅頭海鷗的畫面也是種下生氣的種子，因為紅色通常是生氣憤怒情緒的象徵連結。

　　結構上，這個治療方式跟之前的方法很類似，都是增加情緒的強烈程度。然後，艾瑞克森加入了一個具體的概念來減輕強烈的程度：這場大霧會遮蔽她的視線，看不清楚。

然後我問她一個重要問題：「妳去達拉斯的旅程解決了什麼其他問題？」她回答：「我沒有其他問題了……只是解決了我的飛機恐懼症。」我說：「是的，妳有另一個問題，一個困擾妳很久的問題。我不知道這問題困擾妳多久了。現在妳解決這問題了。但是，請你告訴我的學生們，妳另外的問題是什麼？」她說：「說真的，我沒有其他問題。我真的沒有其他問題。」我說：「我知道妳現在沒有其他問題，但是妳在達拉斯解決了什麼其他問題？」她說：「那醫師你告訴我，我有什麼其他問題。」我說：「不，我只會問妳這個問題，然後妳會知道妳的問題是什麼。」

　　在這個時候，艾瑞克森轉向他的學生們，請他們猜猜這個女士的「其他問題」是什麼。沒有人猜得出來。

　　我告訴她：「你解決了另一個問題。現在，告訴我那個問題是什麼？我問妳一個簡單的問題：『妳在達拉斯做的第一件事是什麼？』」

　　她說：「喔，那個？我進入一棟四十層樓高的大樓，然後我從一樓坐電梯上到最高樓層。」我問：「妳以前是怎樣坐電梯的？」她說：「我會從一樓坐電梯到二樓，出電梯，然後再從二樓坐電梯到三樓，出電梯，然後三樓坐電梯到四樓，出電梯，再從四樓坐電梯到五樓。一路慢慢地坐到我要去的樓層，一次一層樓。我太習慣這樣做了，我不覺得這是一個問題。」

　　艾瑞克森解釋給學生聽，他如何從與她初次見面時的描述裡，

過篩出她問題裡的不同層面。

　　她說：「我對於登機的過程沒有問題。當飛機進入跑道時，我也沒問題。飛機到跑道的底端準備起飛，我沒有問題。一旦，飛機起飛進入拉高爬升的階段，我就進入恐懼症的全身顫抖。」她的恐懼是封閉的空間，沒有任何看得見的支撐物存在。一架飛機在空中，是一個封閉空間，沒有任何看得見的支撐物存在；一座電梯也是。

　　我問：「現在，另一個問題是什麼？」她說：「我不知道有任何其他問題。如果你覺得有，那我一定是有其他問題。」我說：「妳真的有另一個問題。這是真的。現在，當妳沒有坐飛機時，妳坐車、妳坐火車、妳坐公車。妳坐火車沒有問題。如果妳坐汽車或是公車，當車子經過一座很長的懸吊吊橋時，發生了什麼事？」她說：「喔，那件事。我通常會躺在地上，雙眼緊閉，全身顫抖。」我通常會問旁邊的陌生人：「公車已經下橋了嗎？」

　　我的學生們知道我知道這一點，因為我在那一趟舊金山之旅的催眠裡有請她走上金門大橋吊橋。

　　時間拉回到現在，個案對於搭飛機的整個過程完全沒有問題。她跟她老公搭飛機玩遍澳洲的大小城鎮，她定期飛去羅馬、倫敦和巴黎。她不喜歡待在飯店裡。她更喜歡在飛機上睡覺，在飛機上吃東西。而她依然帶著那三張照片。她依然害怕那張綠色椅子（艾瑞克森指著椅子大笑）。

　　艾瑞克森不僅僅成功地解決個案所帶來的問題，同時也解決她其他的問題。他在多層次溝通下功夫，並且鍥而不捨地追究治療的

後續發展過程，直到他確認個案的各個問題層面已經徹底解決。艾瑞克森認出個案並不是真的有飛機恐懼症，因為她並不是害怕進到飛機裡。她所呈現的問題背後有個更大問題。

一旦他找到那個最大的恐懼——在一個封閉空間裡，沒有任何看得見的支撐物——他推論她有可能在其他類似的情境下也會出現類似恐懼症的反應（在吊橋上或是在電梯裡）。

艾瑞克森尊重個案的潛意識有解離的需求，保持自己不在意識層面上覺察到其他的恐懼。他同時也確認個案所帶來的問題已經解決，然後才去處理潛意識裡的其他更大問題。

妳看，妳沒認真聽。她並不是對飛機本身感到恐懼。她說：「我在飛機上很舒服，當飛機起飛時，我開始全身顫抖。」而我知道，當飛機起飛時，它是一個封閉空間，並且沒有任何明顯的支撐物。電梯裡也是同樣道理。公車開在很長的吊橋上也是同樣道理。妳看不到左右兩邊盡頭的支撐物；妳向左看，妳向右看（艾瑞克森轉頭作勢向左看，向右看。）你發現自己在空中。在火車上，她有支持的證據——聽覺的支持證據——火車鐵軌發出的聲音，所以她在火車上沒有問題，不會有恐懼症。她可以聽到外面鐵軌的聲音支撐著火車。

兩天之後，在同一個工作坊裡（Erickson & Zeig, 1980, pg158），艾瑞克森再次提到這個案例：

現在，這個有飛機恐懼症的個案……我不需要相信任何人告訴

我的任何事。我不需要相信別人說的，直到我聽到她親口說的話。當她在談論她的飛機恐懼症時，她告訴我她可以走進登機門，一路很舒服地走到登機口，一直很舒服地等飛機慢慢開到跑道頭，但是只要飛機一開始爬升起飛，她的恐懼症就出現了，我能夠理解她沒有飛機恐懼症。她的恐懼症是跟封閉空間有關，當她的性命不在她的掌控之中，當她的性命是在另一個陌生人的掌控之中：飛機機長。

　　我必須等待，直到我聽懂她的意思。我讓她對我承諾會願意做任何事，不論好壞。我在要求她承諾的過程中非常小心，因為這就跟把性命交在陌生的機長手中一樣。然後我告訴她：「享受妳飛去達拉斯的旅程。享受妳飛回來的旅程，告訴我妳有多麼享受這趟旅程。」她不知道她正在信守她的承諾，但她確實遵守承諾。我知道我要求這個承諾的意圖是什麼。她不知道。然後我是這麼溫柔地說著：「享受飛去和飛回來的過程。」然後，她有答應我不論我要求什麼，她都會照做。她沒有發現到我要求她這樣做。

　　在這案例裡我們清楚看到，艾瑞克森並沒有移除這位女士的恐懼，而是替換她的恐懼。是的，這個解答是不合理的，但是問題同樣不合理。然後，恐懼還是存在，同樣的強烈，個案任何時候想回到那個恐懼都可以——去找那張綠色椅子就行。艾瑞森克森透過改變恐懼所在的位置而改變了恐懼的本質。個案沒有失去任何東西——然後增加了享受生活的樂趣。一個重要原則（第二十六號），適用在很多心理治療問題上，改變個案自主選擇，而不是消滅問題。

　　艾瑞克森過世後，他的家人把許多個案紀錄銷毀了。但是在

這些檔案銷毀前，我剛好看見這個個案檔案。裡面有許多確切的描述，甚至包括個案說的「飛機恐懼症」這個詞。檔案夾裡有三張綠色椅子的照片副本：一張曝光剛好，一張過度曝光，一張曝光不足。後來，我甚至遇到艾瑞克森所說的四個研究生當中一人。（參見 Zeig, 1985）

總結

最棒的治療是，當個案發現他們潛藏未被發現的潛力，而這些潛力可以用來克服問題和障礙。艾瑞克森運用間接溝通以及多層次溝通有效地誘發改變動機，合作，以及帶有強大療效的改變。他的方法是策略性的：把一系列小步驟串連一起，然後不著痕跡地建立一個戲劇化的改變。

當我們研讀艾瑞克森時，很重要的是發現他從誘導到改變的整個過程。第一，他會種下種子；然後，他建立一系列的反應。催眠引導的基礎是建立隱而未現的反應（Zeig, 2014）。我們建立一系列策略步驟導向完美的結局。個案完成一系列小任務，這些小步驟各自獨立，看來無關緊要，也不痛不癢，但是當串連在一起時，他們就產生一個有效疊加的重大影響力。

在這個案例研究裡，艾瑞克森只有在他串連了數個有效小步驟，並且產生足夠的反應作為鋪路之後，才呈現他的治療主軸。在選擇一個治療主軸時，他是靈活運用且富有創造力的，不受限於任何理論基礎。只有當治療主軸被植入之後，他才會跟進，並確認個案自發的改變。接著賦予連續幾個跟進步驟，確保不論是在任何社

交情境裡，個案會採取必要的步驟來維持永久性改變。

　　本章的原則：

26.改變自主選擇，而不消滅問題。

| 第十一章 |

心理治療培訓練習：運用經驗式方法提升專業能力

如果你告訴我一件事，我可能忘記。

如果你展現給我看，我可能不會記得。

讓我參與在其中，我就會了解。

——印地安人諺語

　　請記得這本書是三部曲中的其中一部曲。[1] 這三部曲的第一本書是《催眠引導》（Zeig, 2014），聚焦在基礎原則或是催眠引導。在本書之後是《心理治療培訓手冊》（Zeig, 2015），書中提供實際練習以及洞見，以幫助治療師專業能力發展。這本書則是這一系列的完結，儘管這三本書各自獨立，但我構建出這三本書是彼此互補有無，用來提供一個多重面向的教學，提升不同取向的治療學派專業能力。

　　這一章提供《心理治療培訓手冊》中的總結，我回顧自己作為一個治療師的發展歷程，同時強調我身為一個老師的成長過程。我希望能夠激勵治療師運用這些模式，作為個人以及專業的成長，

---

1 編註：同 p24 編註。

同時在治療過程中把經驗式方法當作一種工具使用。再一次，米爾頓・艾瑞克森在此扮演重要角色。這並不是一個移情作用（好吧，我承認或許我對艾瑞克森有極深厚的情感）。在我近身接觸許多心理治療大師以及深入了解他們的學派精髓之後，我最終得到結論：艾瑞克森毫無疑問是我所遇見過最出神入化、最鬼斧神工、舉世無雙的治療大師。我也不是唯一一個持此看法的人。許多當代的心理治療大師都受到艾瑞克森影響深遠。他有一種神乎其技的能力，可以帶著深刻療癒能力觸碰許多不同等級程度的個案，因為他在自己身上發展出有效的療癒狀態。

我對於催眠的興趣很自然地讓我從狀態的角度來看待事物。催眠狀態是一種不同元素的編輯整理。個案所採取的狀態——最佳狀態或是糟糕狀態——都是不同元素的彙整。治療師的狀態也是類似的，而狀態可以透過經驗式方法誘發出來。

艾瑞克森學派的狀態

我們看一下有哪些元素可以作為治療師的狀態，我會簡單的講一下艾瑞克森本人強調的四種狀態：成為經驗性的、順勢而為、引導導向、策略性的。雖然有些人會覺得這些是治療方法，對我而言，這些是治療師的狀態，當治療師有意識地保持在這些狀態裡，治療會更深入有效。這個主要原則（第二十七號原則）是，治療師所處的狀態是千變萬化治療技巧之母。

成為經驗性的

艾瑞克森的招牌治療工作就是創造很多獨特經驗。艾瑞克森遇見個案時就像是指揮一個交響樂，個案體驗到最棒的經驗，並發掘過去沒有發現的自身潛力和改變。他這樣的做法就像是藝術家慣用的方式——透過說故事、比喻和象徵性任務。艾瑞克森發現，個案必須要有自我覺察這件事並不是改變的先決條件，所以在他的治療和教導中，他把個案的自我覺察排除在外，更傾向於經驗式治療方法來促成個案的自我醒覺。

順勢而為

艾瑞克森另一個眾所皆知的招牌治療方法是順勢而為，記得，他的做法是從問題整體的波濤洶湧裡挑選出最適合的特質，來達成治療目標。順勢而為是說治療師保持在一個隨時準備好的狀態，策略性地對於個案及其處境作出反應和解答。然而，這樣簡略的解釋對於艾瑞克森學派的治療方法好像有欠周全，對於艾瑞克森學派的大師們也不夠尊重。簡單的說，所有艾瑞克森學派的治療方法都是奠基於順勢而為。

在過去四十年，我致力於鍛鍊自己的順勢而為狀態，我的大部分艾瑞克森學派文獻寫作也都會提到順勢而為的過程。順勢而為對於艾瑞克森學派的重要性，就好像是詮釋對於精神分析，又如同去敏感化對於行為治療學派的重要性一樣。事實上，很多偉大的治療師會順勢而為運用個案帶到治療裡的特質。然而，世上沒有人能夠像艾瑞克森把這個順勢而為的精髓發揮到如此淋漓盡致的程度。（關於順勢而為更多的訊息，請參見 Zeig, 1992，或是我在 youtube

上關於順勢而為的影片。）

　　暫時，我們就把順勢而為當作艾瑞克森學派的中心思想，獨一無二特質，並接受它有臨床治療上的實用性。然而，我們還是忍不住想問，為什麼發展一個順勢而為的狀態對治療師來說如此重要？一個主要原因是，它說出了心理治療的一個核心基本面向。心理問題，通常被認為是一種「自我相信」的受限。個案通常相信並表現得無法改變，也無能力改變。而在相反的一面，順勢而為是一種有效改變，以及足夠資源的哲學。以比喻來說，治療師變成為一個鍊金術士，從鉛塊裡面提煉出金塊。結果就是，個案受到治療師的啟發，在自己的生活和生命裡做出醒覺改變。

　　順勢而為是我在每次催眠引導裡會保持的一種狀態。我利用現實情境裡具備的事物，來完成四個常見催眠目標：內在專注力、改變強度、建設性解離，以及隱藏的細微反應。在作催眠時，治療師就好像是一個回饋機制：用提煉出來的東西順勢而為地誘發目標。

　　我如果要對讀者做個催眠引導，我可能會這樣說：

　　你現在坐在這裡，你可以發現自己所在位置，你可以發現自己正在讀著這些字句。但是，當你做一個深呼吸時，你真的不需要……有意識地聚焦在明顯的東西上。因為你不需要注意到椅子對你的支撐，或是……你的背放鬆下來……或是手放鬆下來……，因為你曾經有過易如反掌的專注這樣獨特的經驗。然後，我不知道你的潛意識或許突然想起你在學校讀書的時候，或是坐在沙灘上輕鬆的讀書，或是在家讀書……閱讀。然後你在這裡……但是你可以繼續享受逐漸發展的放鬆，感覺這樣的經驗一直在蛻變，而當你感受

到了，你可以做一個深呼吸，然後不費力氣地繼續。

我們會發現所有四個催眠引導目標都包含在這段關於閱讀的話語裡面了。

引導導向

艾瑞克森也是運用引導導向的大師：一種治療師運用的間接方式，「輕輕推送」個案朝向改變的潮流，而不是直接的陳述目標給個案聽。治療是一種內在生活的重新連結（Erickson, 1948），因此，治療師可以透過引導個案的潛意識連結來創造有效的治療。一個引導導向的簡單例子是，某些宗教裡的故事和傳說會幫助信徒產生信仰。最終，信仰是一種狀態，要產生信仰需要一種醒覺工具。

成為策略性的

許多治療師是垂直思考的，認為尋找出內心深處的問題來源很重要。他們就像是「考古學家」，努力挖出表面底下的許多化石。這樣的治療師相信，只要把個案內心裡的病源、病史、家庭模式等帶到表面，就會有療效、有改變。相反地，艾瑞克森是對於個案反應更有興趣。他會細心地調頻個案到他想要給出的建議和結果裡。艾瑞克森更像是一個導航員，而不是考古學家。艾瑞克森會掌控航向。作為一個催眠大師，艾瑞克森定焦在地平線上，然後他示範了一個人有能力對於細微的變化做出反應，像是聲音位置的改變，音調的改變，說話速度的改變。

在他練習催眠的那些年裡，艾瑞克森研究人們如何對於雙關語

反應。他會策略性地運用語言和非語言的暗示，間接引導個案朝向他想要的目標前進。對艾瑞克森而言特別重要的是，個案在沒有完全意識到誘發改變的刺激因素這種情況之下，還是能夠做出反應和改變。一個類似的例子是，當一個人打哈欠時，另一個人（甚至可能是動物）可能跟著打哈欠；鏡像神經元會刺激改變的發生。

這四種狀態 —— 成為經驗式的、順勢而為、引導導向、成為策略性的 —— 是艾瑞克森學派的核心狀態。一個領域的專家就是能夠經常進入那個領域的理想狀態。職業運動選手學習如何進入「巔峰狀態」來完成所賦予的挑戰。持續練習把這些元素放進身體記憶裡，這個狀態就變成是身體記憶的一部分。類似地，我不覺得莎士比亞會思考創造比喻的技巧方法。他練習這些技巧到爐火純青地步，讓自己處在創造比喻的狀態裡，這狀態就變成了他寫作的主要基礎。

現在，讓我們探討一下如何獲取這些狀態的本質。

透過經驗

艾瑞克森所呈現的這四種狀態可能看起來僅是技巧，許多治療大師都會談論這些技巧。然而，我把這些看成是治療師可以擷取保持的狀態，用來產生更有效的治療結果。不同學派的訓練會有不同的技巧和狀態。我們可以透過教條式方法來學習技巧，但是狀態通常是透過誘發經驗而產生。所以，我們需要一個經驗式過程來訓練治療師，達到一種狀態，可以提升正向的治療效果。

狀態對於個案來說是很重要的，因為我們可以透過頭腦來了解

想法，然而像快樂這種概念就無法用頭腦理解。早先，我說快樂是一種經驗的體現。快樂無法透過一系列公式或是一系列步驟而「達成」。快樂必須被體驗到；透過生活的經驗被體驗到。

透過訓練

我持續六年斷斷續續地接受艾瑞克森的訓練。他是我的治療老師，也是我面對人生困境時的啟蒙導師。

我接受艾瑞克森的督導就像是接受他做治療會體驗到玄妙入神的經驗。他從沒見過我做治療或是作催眠，儘管他有時候會從他轉介給我的一些個案身上得到一些回饋。他幾乎不提供教條式的指導。他不但放棄了認知上的教導，他甚至暗示說這些認知更多時候是一個障礙，而不是一個幫助。在一對一的互動上，艾瑞克森不教導內容；他覺得內容從書本上就可以學到。相反地，他引導導向到治療師的經驗狀態發展層面上。

艾瑞克森的教導方式有個隱藏意義，對於我訓練治療師有深刻影響：治療師必須發展更多能力，比他們的技巧還要更多。自我發展並不只局限在尋找自己的治療師。治療師應該發展一種可以增進有效療癒的狀態。我們可以用一種系統化方式學習。這種透過生活經驗的學習是一種「從心靈深處由下而上」的成長方法，要運用我們的右半腦，而不是一種「從頭腦開始由上而下」的教條式學習方式，那是依靠左半腦。

我會列出我的訓練模式，所以我們可以透過我的觀點來了解治療師發展專業能力領域。（完整的模式請參見《心理治療培訓練

習》，Zeig, 2015。）

分類

這本書的宏觀模式是奠基在五個選擇點：（一）目標、（二）禮物包裝、（三）量身訂做、（四）運作過程、（五）治療師所處位置。在我的培訓工作坊，當我教導前四個選擇點，我會運用經驗式練習幫助學生熟練原則，但是當我教導到治療師的位置這個選擇點時，我讓自己完全處於經驗性狀態裡。

治療師的位置區分成四個項目：濾鏡、肌肉、心、帽子，每個項目都有個人面向以及專業面向。首先，「濾鏡」是指我們看事物的觀點。在專業角度，學習家庭治療的治療師，其濾鏡會不同於學習行為治療學派的人。在個人的角度，每個原生家庭所產生的濾鏡都是不一樣的。父母親會教導小孩如何看待這世界。下一個，「肌肉」，會影響我們如何做事。譬如精神分析師經常鍛鍊他們在治療裡詮釋的肌肉，而艾瑞克森學派治療師會經常鍛鍊他們說故事的肌肉。第三個，「心」，這是一個慈悲心的比喻象徵，這在專業領域和個人領域上各有不同定義。最終，「帽子」，治療師選擇戴的帽子是象徵他們的社交角色。有些治療師比較正式，按照規矩來做事，有些則是較隨性，會隨機應變。

透過治療師的蛻變

透過訓練和經驗，一個治療師可以持續蛻變。很多治療師，

不管他們的學派是什麼，都會說他們的蛻變是由許多資源的組合而產生。當我詢問治療師他們成長和發展的主要來源，一個常見的回應是：「我從我個案身上學到最多」。但是，如果我們把治療訓練當作是職業運動訓練，職業運動員都需要發展一種巔峰狀態（IPS, Ideal Performing States），難道訓練治療師不應該也是比照辦理，發展一種經驗性、系統化的訓練？

職業運動員擁有類似的生理技巧，包括了體力、耐力、靈活性、協調性、敏捷度、力量、速度，然後他們在特定情境裡可以發揮巔峰狀態（IPS）。譬如，高爾夫球選手開球時會有一個 IPS 狀態，但是在推桿時會有另一個 IPS 狀態。同樣地，治療師可以持續地訓練（以及交互訓練）發展一種 IPS 狀態，適合不同特定情境使用。如果是這樣，我們會把焦點放在治療師本身的狀態發展，而不是技巧上。要精進治療師的成長和發展，我發展出心理治療培訓練習作為一種系統性、經驗性的訓練課程。或許某種程度上我是模仿艾瑞克森直覺性自我訓練的方法，因為他沒有幾個教條式的老師。

艾瑞克森的自我訓練

艾瑞克森說過很多關於他如何自我訓練的練習。譬如為了支付唸醫學院、實習以及住院醫師實習的費用，他會去打工。在他一個早期打工經驗裡，艾瑞克森會從社工機構得到一個社會心理歷史報告，然後他會根據報告紀錄寫下一個直覺的精神診斷。接著，他會把他的直覺精神診斷跟實際上醫師開立的精神診斷做個比較。後來，他會倒轉整個程序：他會先看一個實際精神診斷，然後用自己

的直覺寫出一個社會心理歷史報告，然後把他直覺寫下的社會歷史報告跟社工機構所給的實際報告作比較。艾瑞克森說，他對很多個個案做這個練習。他並不是在試著學習報告內容，他是試著學習熟練一種狀態：了解人類的發展。

艾瑞克森也研究人類社交行為的細微差異。就好像福爾摩斯，他會觀察一個線索，寫下一個預測，交給他的秘書，直到他確認這個預測發生為止。譬如，他曾經正確觀察到一個老公正偷偷摸摸背著老婆有外遇。另一次，他在沒有任何生理徵兆之前寫下某個案懷孕了，事後證實他是對的。他看起來是致力於發展一個狀態，讓自己能從最細微線索中推斷事實。他不僅僅是增強他的認知知識背景。他在發展一個推論的狀態：「如果 X，那就會有 Y。」

在他一生，艾瑞克森致力於個人成長和發展。在他過世之前，我問他一個治療案例的簡單問題。他用一個慣用的間接方式回答我：他講了一個故事——然後我要自己「拆開」這個禮物包裝的答案。他選擇不直接回答我，這讓我很感興趣。我感覺他是在玩耍——但是其實，他在訓練自己引導導向的「肌肉」，想要保持肌肉強度。他的方法強化了他的治療師狀態。

有時候，艾瑞克森會給我個人發展功課，雖然不是系統性地給我。他曾經給我一個練習，叫我去學校的操場看小孩子玩耍，然後預測哪個小孩會選擇哪個玩具，哪個小孩會提早離開團體活動。這個從行為的最小細節去推斷，然後預測未來的行為，對於艾瑞克森而言很重要，他也在他的學生群中推廣這個概念。

在模仿艾瑞克森的過程中，我每個月會經常給自己一個主題——一個我想要在專業上或是個人生活上發展的主題。譬如，我

可能會花時間在訓練自己的視覺感知能力，或是在一個技巧層面上工作，像是運用姿勢來溝通概念。最終，這個新狀態會從一種工作記憶的模式過渡成為一個深植潛意識的身體記憶模式。

在我的工作坊裡，我會宣導自我訓練的哲理，提供一個組織性的方針，讓學生可以每週或每個月有個學習主題，精進治療狀態。一個延伸思考是，治療師可以提供個案每週或每個月的挑戰，來幫助個案發展一個最佳狀態。

訓練的歷史反思

在心理動力療法上有個經驗性傳統。例如法蘭斯・亞力山大（Franz Alexander）認為有正確情緒經驗的存在。但是，心理動力治療方法是奠基於理解上。用比喻來說，經驗應該是主菜，理解應該是甜點。

很多當代心理治療學派的主要焦點是放在了解個案問題的病因。在這些治療學派裡，理解病因是主要支柱，沒有理解的話，就無法產生改變。因此，臨床訓練聚焦在教條式地學習理論和技巧。

訓練治療師的方法反映了治療歷史。心理治療是一個相對來說比較新的領域，在十九世紀末才開始。訓練方法在當時這個領域所知甚微。因此，訓練是著墨在理論探討，而不是在技巧上。治療師的專業發展著重於個人被分析的經驗。為了把個人的自我扭曲（會造成反移情）捨棄掉，精神分析訓練需很多年的時間接受分析的訓練。這個思維是，一個治療師如果去除個人移情作用，就會對於精神分析治療有較好的療效。在二次世界大戰之後，多樣化心理治

療學派如雨後春筍般崛起，焦點轉移到其他的理論和特定的治療技巧上，然後治療師的自身發展就慢慢被淡忘了。

我的看法是治療師的自身發展應該回到它的經驗性基礎上，但是，這一次，我們不需要精神分析訓練。相反地，治療師應該在經驗上受訓，發展核心治療狀態。要這樣做，我們可以用藝術作為範本。如果我們把治療看成是一種藝術而不是科學，那我們就該接受藝術家一般的訓練。

透過模仿藝術來訓練

模仿藝術是一種截然不同的治療學習訓練。我早先有討論過這個主題，但在這裡我會更深入探討，因為這是我做治療、做訓練、做督導的中心思想。一個人可以透過上學和聽演講而學習到基本和進階的物理原則。但是，如果講到如何作畫、如何寫詩，這就無法單純從閱讀或是聽老師上課可以達成。同理可證，當我們講到快樂和療癒的感覺時，無法單從知識上理解。某些事物必須從內在被體驗——透過發現我們內在的某些東西，而不是學習特定的知識和技巧。

很多年前，我不停思考「治療是一種藝術」這個概念，不禁想到，「在訓練治療師上，我們是否放錯焦點，建立錯誤的模式了？如果是這樣，那什麼才是更好的訓練模式？」我決定要研究戲劇——更具體的說，即興演出——我希望發現藝術家是如何訓練藝術的能力。事實上，當我們在接觸另一個人時，我們也是在即興表演。在心理治療裡，溝通更多時候像是即興表演，而不是一個靜態

技巧。

　　現在，剛好多位世界心理治療大師都有一個演戲或是戲劇的背景身份，包括了皮爾斯（Fritz Perls，完形心理治療創始人）、帕普（Peggy Papp，艾克曼家庭治療大師）、莫雷諾（Jacob Moreno，心理劇創始人）、薩提爾（Virginia Satir，薩提爾學派創始人）。這些大師運用他們在戲劇裡學到的東西做為工具來幫助個案。我參加了一個戲劇課，向演戲的專家們學習如何教導即興表演。這個團體很小，大家都是二十出頭歲的年輕人，一起接受為期六個星期的成人教育課程，帶領者是一個戲劇博士。之後，我又接受了兩次關於表演和即興演出的六週訓練。我們在第一次上課時會自我介紹，講一個理由為什麼我們來上課。第一個學生報上名字之後，說：「我來上課，因為將來我想朝劇場演出發展。」第二個人接著說：「我來這裡，因為我想演電影。」然後接著有人說：「我來這裡，因為我想拍廣告。」輪到我的時候，我說：「我是一個間諜。我想要學專家是如何教導即興表演。」在簡介之後，我們所有人站成一個圓圈，開始我們表演第一堂課：啦啦啦。這個練習是重複一個聲音模式（第一回合我們用「啦啦啦」），然後加上一個身體動作，像是拍手。

　　在一開始，老師帶領這個練習，我們就跟著做。然後，老師轉向我，「你當帶領者。選一個不一樣的聲音。用同一個節奏。選一個不一樣的動作。」所以，我選了一個聲音模式，「叭叭叭」，做了一個抱嬰兒的動作。大家都模仿我。下一個人選了「咯咯咯」，換了一個新動作。老師站出圈外，給我們每個人回饋。「不對，傑弗瑞」，她說：「你的動作搖擺不夠。仔細看著帶領者並且模仿

她。然後，不是哥哥；是大聲的咯咯咯。」

然後，出乎我意料之外，當這個練習結束之後，我們直接進行下一個練習。沒有任何討論。沒有討論分享一下剛剛發生的事，也沒有分析。當我對於後續討論的期待沒有獲得滿足時，我感到非常困惑。「等一下，」我安靜地抗議：「我們不是應該要分析一下這個部分嗎？把這個經驗當中的意義萃取出來嗎？」

我是一個「碎紙機」。給我些東西，我就能夠分解它；把粗糠從細麥裡分別出來。個案會告訴我一些東西，然後我會分解他們告訴我的事情。我把個案告訴我的東西分解成一小片、一小片，然後把這些元素回饋給個案。我對於反芻很有經驗：咀嚼個案給的訊息，消化吸收，然後用一種愉悅的形式回饋給個案。

但是在這個表演課裡，我們沒有解析。我沒有辦法自動咀嚼、消化、反芻。突然，我必須思考，「這是什麼？我在學習什麼？這裡到底在教什麼技巧？要表演戲劇需要什麼樣的技巧和狀態？」表演有個重要的技巧是咬字清晰。要做任何的舞台演出，演員必須咬字清晰。我回想起老師對於我不到位的模仿所給的回饋就是：「不對，傑弗瑞。這不是哥哥；是大聲的咯咯。」原來我在學習咬字清晰。

更進一步，舞台演員通常需要表現誇張動作，不是細微動作。身為一個治療師，這個元素就像來自外星球，非常陌生。當我在做治療時，我總是坐著，盡可能地控制我的身體動作越小越好。突然之間，我被要求用姿勢來產生效果。直到今日，當我做治療時，我已經可以輕易運用誇張動作姿勢。

我從表演課所學到的最後一件事是模仿的重要性。要表演，一

定要模仿。如果你要扮演一個角色，假設是計程車司機，你必須要觀察計程車司機，並且模仿他們所做的事情。或許你被要求要扮演一個醫師。要演好這個角色，最好是觀察一個真實的醫師，模仿他的一言一行。

我從表演課得到結論，這三個技巧──咬字清晰、誇張的動作、模仿──在表演課裡很重要，但是老師從來不會直接提及這三點。她不是一開始上課就先講解這三種技巧。相反地，我們一開始就做練習，然後慢慢我們就了解，一旦我們站上舞台，我們會需要咬字清晰，運用誇張的動作，以及模仿。在表演課堂上，我們無縫接軌地進入想要的狀態，而跳過意識理解的運作過程。

在第一堂課的練習之後，我們又有許多即興演出的練習。有些練習，包括發聲練習，就像是暖身練習一般。其他的練習，包括場景，會誘發特定的演出狀態。這絕不是我慣常接受的學習方式。這比較像是第一次學騎腳踏車──坐上坐墊、腳踏腳踏墊、腳向後推、然後希望這一切都很自然。最神奇的地方是，最終所有事情都會順其自然發生。你不會用你的左半腦學習騎腳踏車。研究騎腳踏車的物理原則和原理並不會幫助你騎腳踏車。學習騎腳踏車是一個身體經驗。為了學會騎腳踏車，你首先要在腳踏車上，試著保持平衡，發展出一種隱藏的覺知，感受你身體的移動會影響你要去的方向以及腳踏車的穩定性。你嘗試了，然後你跌倒，然後你繼續嘗試。一段時間後，你就學會。你的身體學習，然後你「掌握訣竅」了。還記得當你突然學會騎腳踏車時，那個「啊哈！」的美妙時刻？當時你只是很簡單的騎腳踏車。我覺得治療師應該把那個「啊哈！」時刻的感覺深植在個案心裡。同時，心理治療的培訓也應該

把這種感覺深植在學生身上。把某個東西變成身體記憶，這是一種體驗性歷程。

心理治療培訓練習

心理治療更多是主觀，而不是客觀的，整個過程是受到治療師的狀態所影響。因此，心理治療經常傾向擁有高獨特性。治療師的狀態投射到治療情境裡，建構出治療核心部分。一個傾向於教條原則的治療師會加重教導模式，而一個經驗式治療師會著重於運用這本書的原則作為治療核心，以此延伸。

治療師應該發展出他們的狀態／風格／自我／學派／存在意義，而一個系統化、經驗性的訓練課程不僅是有幫助，還是最重要的。所有治療師都應該增進專業訓練來誘發核心狀態。當我蛻變成一個老師時，我在我的教導上加了一個核心元素：我教導經驗性狀態。這主要是艾瑞克森的狀態，但是這個規模和運用是更寬廣的。因此，我發展出了心理治療培訓練習系統，作為一個基本教材來發展人類多元化專長的不同狀態。這個概念是檢視組成一個專業能力的各種元素，然後創造練習，來誘發這些元素成為一種狀態。在心理治療系統裡，有兩種類型的練習：暖身練習，這是許多心理治療學派都會使用的；以及心理治療培訓練習，是量身訂做為艾瑞克森學派發展狀態使用。

以下列出一些練習。

暖身練習

　　暖身練習是團體一起做的。大家圍個圓圈坐著，一個學員當作投手，一個學員當作捕手。投手要對捕手揭露一個帶有特殊情感的個人祕密，同時身體動作是正常的。然而，不是用口語來溝通，投手只能用嘴型來溝通，或是發出一個特定的聲音，像是「吧吧吧」來溝通。投手會使用他正常講話時候所使用的動作姿勢以及非語言表達。禁止使用誇張的肢體語言。

　　團體成員要體驗一下特殊狀態「經驗性評估」，以及「經驗性同理心」。對於投手所說祕密的反應，捕手要持續讓身體移動，允許自己跟接收到的情緒頻率共振。捕手要關閉頭腦的分析功能，允許自己的身體去感覺和表達投手所要傳達的情緒。

　　我們想像一下把兩隻音叉放在一個傳導的平面上相對放著。如果其中一隻音叉被敲響了，另一隻音叉也會以一種較小的頻率跟著同頻共鳴。同樣地，每個接收者，捕手，也要讓自己的身體跟著同頻共振，反映出投手在說祕密時的情緒感覺。當投手講完了，捕手保持在最後一個姿勢裡，這時投手和其他同學可以檢視、分辨一下這個祕密是如何被傳遞的，以及當中是否有些差異。

　　為什麼要做這個練習？因為治療師可以透過覺察自己的身體反應和自身經驗去了解個案的情緒狀態。如果治療師發現自己整個陷入沙發裡，這可能是對個案的憂鬱情緒產生相對應反應。大多數的治療師在專業領域的早期都學會用語言表達對個案的同理心。經驗性的評估可以是治療師的進階狀態。

　　這個暖身練習也是用來刺激一個敞開的、合作的、玩耍的氛

圍。進一步，這個練習幫助治療師準備好進行之後的心理治療培訓練習。在開始討論這些練習之前，我想要反思一下這個暖身練習，它可以如何在治療過程中運用，作為一個經驗性元素加入。

治療裡可用的暖身練習

心理治療培訓練習的運用並不侷限於提升治療師本身的狀態。他們也可以用來創造臨床療效幫助個案。例如前面提到的暖身練習可，以用來幫助一個退化、無法分辨別人感覺的個案。練習可以用在個人、團體或是家庭裡。一個人可以用不發出聲音的方式「表達」一個情緒的故事。其他人觀察之後，可以在生理上認出，或是清楚表達那個情緒，藉以提升辨識情緒的能力。這個暖身練習也可以當作功課。例如，一個疏離的情緒凍結家庭可以做這個練習，在晚餐時可以輪流扮演投手和捕手的角色，或是一起分享的時刻可以用音符「啦啦啦」來分享溝通，這樣會創造出好玩的狀態。

更進一步，這個練習可以在小朋友的團體裡進行。我們給其中一個小孩提示，讓他演出一個情緒，像是沮喪或生氣，而只能用聲音或是音符「咯咯咯」來表達。團體其他成員就來猜猜看這個小朋友在表達什麼。這個過程可以幫助小孩發展同理心能力。這個練習可以用來作為治療師督導培訓的一部分，尤其是要訓練新手治療師時。

這類的暖身練習是要幫助人們體驗並獲得同理心的狀態。要學習同理心最好的方法就是透過經驗學習，我們可以透過狀態而不是技巧達到目的。就好像我們無法透過坐在沙灘上就學會游泳，無法

只是閱讀食譜就學會煮菜，同理可證。同理心是透過實際體驗學習到的，只有不斷練習會讓我們進步。

以下是寫在我的書《心理治療培訓手冊》第三個暖身練習。

經驗性賦予權力
心理治療培訓練習

www.psychoaerobic.org

Copyright 2015 Jeffrey K. Zeig

暖身練習三

治療師要發展的狀態：同理心（同頻共振）和經驗性評估的資源狀態。

形式：五到八個學員

角色：一個投手（表達者），其他人是捕手（接收者）

方法：投手用四、五句話來表達一個個人情緒和私人祕密，但是只動嘴巴不發出聲音，身體動作正常，姿勢正常，表情正常。投手不是像演啞劇一樣動作誇張。他嘴巴有在動，就像正常說話，但是不發出聲音。這個祕密可以是負面的，像是某件非常羞愧的事，也可以是正面的，像是一個深刻的親密感覺。這個祕密必須要帶有強烈的情緒反應。

捕手們很專注，允許他們的身體帶著同理心共振著投手的情緒。捕手們要保持身體流動，持續移動著，用自身的直覺反應來回饋投手的情緒。捕手們要克制自己，不要過度用頭腦來分析是什麼樣的情緒。捕手們的身體可以無縫接軌地呈現

投手的感覺姿勢。這個情緒的同理心評估是透過捕手們的相對反應身體姿勢呈現。

捕手們不需要直接看著投手的表情動作。他們運用間接眼神接觸或是眼角餘光就行，可以看著投手的膝蓋或是地板，或是一個較溫柔的眼光。當投手講完了他的祕密，只有在當他講完之後，捕手們就立馬凍結，變成雕像。捕手們要保持他們的特色雕像姿勢，所以投手可以好好檢視每個捕手的同理心所反映呈現的雕像。團體成員也可以彼此觀看，參考一下別人是如何同頻共振，但是只是稍微看一下，捕手們的最後姿勢要撐久一點。捕手們不可以討論祕密背後的情緒是什麼。

然後再換一個人當投手，講個祕密，然後捕手們跟著投手的情緒「同頻共振」。在換手到另一個人之間，最好大家一起伸展身體活動一下——伸展一下，把之前的感覺抖掉，或是在教室裡走動一下等等。

練習變化：

（一） 說一個情緒故事，而不是祕密。

（二） 兩兩一組做練習。

（三） 用亂語的方式說祕密，而不是動嘴唇。

（四） 用音符的方式說祕密，像是「叭叭叭」，「嚕嚕嚕」，「哩哩哩」。

（五） 捕手們可以猜情緒，用一個詞命名。

（六） 捕手們可以稍微模仿一下投手的動作，用來分辨深層的情緒是什麼。為了避免投手感到不自在，可以用三種方式：

1. 在練習開始之前，帶領者教導鏡像動作的原則。

2. 在鏡像模仿過程中比投手慢一秒鐘反應。

3. 運用大概的動作來模糊化鏡像動作。（如果投手做一個打開雙手的動作，捕手們稍微打開他們的雙手。）

（七）在整個練習都做完之後，每個人分享一下他自己的同理心同頻狀態。「我知道我有達到同理心同頻，因為……」，「我知道我自己有同頻，當我……」

目的：發展一種隱藏的情緒共振／同理心同頻狀態。發展一個經驗性的同理心。

態度：做心理治療培訓練習的最佳態度是，保持一顆玩耍、合作、不批判的心和態度。

　　另一個暖身練習是兩人一組，一個人扮演投手，一個人扮演捕手。投手要對捕手說幾個讚美，捕手要對投手說的稱讚打折扣，同時表現出敵對的樣子，可能是雙手交叉在胸前，或是刻意不看對方，甚至是沉默地對於投手說的稱讚不認同。當捕手進入防備心很重的狀態時，投手問捕手：「透過哪些特定的部分，你是如何知道自己處於防備的狀態？」兩個人都要聚焦在細微的改變。比如如果捕手說：「我知道我是處於防禦狀態，因為我雙手交叉在胸前，」投手則說：「那請你鬆開你的雙手一點」。如果捕手說：「我知道我是防禦的，因為我腦子裡想著負面的念頭，」投手可以說：「那想少一點負面的東西。」投手持續地稀釋捕手的負面反應，直到捕手再也無法保持防禦的狀態。

　　然後，投手和捕手角色互換。新的捕手對於新投手的稱讚嗤之

以鼻，逐漸增加防備心。然後捕手的反應慢慢被化解，直到他或她再也無法保持防禦狀態。

對於治療師而言，可以不費吹灰之力獲取狀態的這種特殊能力是很值得學習的。這個練習也可以運用在治療的過程中，治療師擔任投手的角色，個案扮演捕手的角色。我們可以問一個輕度憂鬱的個案說，「具體來說，你如何知道你是憂鬱的？」在個案回答之後，治療師可以建議一個相反行為。例如，如果個案說：「我知道我是憂鬱的，因為我都沒跟朋友聯絡了。」治療師可以提供相反行為建議說：「你可以有個目標是，這星期至少跟一個朋友聯絡。」如果這對個案來說是太困難的事，我們可以建議個案去觀察快樂的人都在做什麼，然後回來討論他的觀察心得。在憂鬱的案例上，如果個案聽從治療師的建議去做個跟憂鬱相反的行為，或許在某個時間點，個案將無法繼續保持他的憂鬱狀態。因此，把問題（這裡我們講到的問題是憂鬱）分解成小元素是至關重要。

暖身練習也是心理治療培訓練習的入門款，心理治療培訓練習是用來訓練治療師進入艾瑞克森學派的狀態裡。

心理治療培訓練習

▎練習一

練習一是用來幫助治療師發展艾瑞克森學派的獨特狀態，引導導向，而不是告知訊息。接下來的間接技巧是一種存在在引導導向狀態裡的明顯特質。

這個練習是兩人一組，一個投手，一個捕手。一開始捕手觀察

投手的言行舉止一到兩分鐘。捕手然後寫下五個是非題的問題。捕手要寫下異想天開的問題。例如，如果投手是精心打扮注重穿著的人，捕手不要問「你喜歡你的衣服上面有飯粒嗎？」或是「你喜歡花時間在穿著打扮上嗎？」然而，捕手可以問，「你喜歡經典電影嗎？」這個回答的答案對於捕手來說就可能是模稜兩可。

投手回答問題的方式不是直接的說是或不是，而是透過說故事引導導向答案的方式回答。投手應該用一種緩慢、一成不變、沒有明顯動作的方式說話。這個故事應該是簡短簡單的。譬如投手可以用一、兩分鐘講講他跟朋友走路去看電影的經過歷程。這個故事隱藏一個暗示，投手對於經典電影有個感覺：喜歡、不喜歡，或是有時候喜歡。不能使用肢體的暗示。

捕手要運用自身經驗感覺來感受投手，而不是透過頭腦分析。投手要很小心謹慎地觀察捕手的身體細微反應。如果捕手點了頭或是搖了頭，身體暗示了是或不是，投手就可以接受那個答案，而停止繼續說故事。如果捕手是聳肩或是頭歪一邊，就表示捕手可能感覺投手的答案是有時候喜歡經典電影。捕手有時候身體反應可能是距離感的改變：身體靠近一點或是遠離一點。一旦投手收到捕手呈現一個反應「是、不是，或是有時候」，這時兩人就可以繼續下一個問題。

投手和捕手不用討論問題的正確答案是什麼，也不用討論捕手理解答案的方式是什麼。正確答案在這練習裡不重要。相反地，兩人應該討論他們自身在練習時各自的狀態。捕手可以分享從故事中擷取意義是什麼感覺，進入一個「拆禮物」的狀態是什麼感覺，投手可以討論運用故事來包裝答案那個引導導向的感覺和狀態是什

麼。這時，我們可以運用第二個暖身練習，我們得到並駕馭一個能力，是如何行雲流水地進入狀態和離開狀態。投手和捕手兩人可以互相給回饋。例如捕手可以回饋說：「當你說故事來禮物包裝答案時，你身體姿勢很放鬆。」投手可以回饋說：「當你聽著我說故事試著要拆禮物時，你身體稍微傾向我，就好像你想要更專注聆聽。」

就好像許多的心理治療培訓練習，練習一是用來發展核心狀態。對於投手，練習一訓練引導導向的狀態，對於捕手，練習一訓練「拆禮物」的同頻共振狀態。我們只能透過經驗以及垂直式的方法來學到這些狀態，就跟我們學習游泳或是騎腳踏車的方式一樣。

或許間接溝通是一種技巧，但是引導導向是一種治療師可以獲取的狀態，就好像慈悲和同理心。透過練習，我們可以輕而易舉地取得這些狀態，全然地發展這些狀態。一旦治療師學會特定的印記，用來進入特定狀態，這些印記可以在治療過程中派上用場，幫助治療師進入特定狀態。

心理治療培訓練習過程與健身運動很類似，我們可以訓練特定肌肉群並發展鍛鍊特定肌肉。在練習一，我們禁止使用言語和肢體來直接溝通給答案，所以我們可以發揮潛力。就好像我們在治療弱視的人，眼科醫師通常會把好的那隻眼睛遮起來，迫使弱視的人去發展那隻弱視的眼睛。同時，在練習一，投手對於問題的實際答案並不重要。原因是我們希望練習的雙方聚焦在進入特定狀態。在練習一，我們要訓練的狀態是引導導向，以及拆禮物的狀態。

▌練習二

在練習二，角色互換，這個練習有點不一樣。第一次時，投手在開始時描述一個想像的物件，像是網球拍。這個描述要反映出一個負面情緒，譬如罪惡感、生氣或是恐懼。投手要在描述之前就先想好負面情緒是什麼，但是不說出來。同時，投手在描述的過程中不可以變換情緒。投手最好是少一點情緒的直接表達，而是引導導向那個情緒。再一次，我們要限制姿勢和語氣的起伏變化。這個物件描述要引導導向那個負面情緒。

捕手進入一個直覺評估的狀態，分辨出那個投射的情緒，然後把那個情緒用最細微的線索鏡像反饋給投手。譬如捕手可能做了個細微的怪表情，來表達恐懼，或是皺起眉頭，表示生氣。投手持續物件描述，直到捕手分辨出那個情緒並做出細微反饋；「正確的答案」在這練習裡並不重要。

第二次，再描述另一個物件，譬如，一個杯子裝半滿的水。一個正向情緒，像是快樂或興奮，由投手投出一顆好球。第三次，網球拍可能被用來描述正向情緒，第四次，一杯半滿的水可以用來描述一個負面情緒。

在練習的最後，雙方分享一下各自所處的狀態。他們不用核對答案說哪個情緒在哪個描述裡。再一次，我們的目的是誘發狀態：引導導向狀態，和同頻共振狀態（拆禮物）。捕手是否有猜對包裝在描述裡的情緒一點都不重要。

描述一個狀態是困難的，但是這很重要。同時每個人都會有獨特的表達方式。譬如你如何描述好奇的狀態？可能，「我知道我很好奇，因為我身體向前傾，我的手托著我的臉，我眼角上揚，我

有一個興奮和期待的感覺。我等著看接下來會發生什麼，然後我想著，『這真是太棒了！』」

要進一步了解這兩個練習的目的，我們可以看一下之前討論過艾瑞克森所謂「多層次溝通技巧」（Erickson, 1966）。這個案例講到艾瑞克森跟一個身體疼痛的個案工作，個案是一個種花的花農，艾瑞克森跟個案講到番茄如何成長，在描述的過程中透過多層次溝通植入舒服的暗示。在另一個案例裡，艾瑞克森跟一個厭食症患者說故事，植入飢餓的暗示建議，同時也誘發一連串的情緒。

我們假設這個多層次溝通技巧很重要。在訓練治療師使用多層次溝通技巧時，我們可以把它分解成技術上的小元素。譬如，間接溝通模式裡有些元素是我們可以教導的，像是真實句和預設立場句。我也教導治療師如何改變他或她聲音的語調和方向來標記出暗示建議。另外，我也教導這個多層次溝通技巧其實是更大經驗性方法的一部分——引導導向的經驗性狀態。練習一和二可以用來獲取這種狀態，在這種情況下，多層次溝通技巧變成治療師所處狀態的附加價值。

練習一的目標是讓投手引導導向一個想法（是、不是、有時候）。在練習二，投手引導導向一個情緒。多層次溝通技巧是奠基於引導導向一個想法、情緒或是行為。最終，潛意識的聯想誘發正向行為，透過一種我們稱之為意動效應的現象產生，也就是說聯想刺激了行為的改變。在多層次溝通技巧裡，個案被引導進入同頻共振的狀態，以及拆禮物的狀態。

體驗性的評估對於催眠是很重要的。事實上，催眠（Hypnosis）不見得要定義為催眠狀態（Trance）；催眠可以被定

義為經驗性同頻共振的狀態。催眠建議可以被看為是引導聯想。在艾瑞克森治療學派裡，聯想不是運用在分析上；是用來誘發和順勢而為。

就像身體鍛鍊運動，我們也應該經常鍛鍊心理治療培訓練。

這些年裡，我同時教導技巧性方法以及經驗性狀態，但是最近我更傾向於教導經驗性狀態。我甚至會在練習之前與之後帶團體催眠用來加深鞏固經驗性學習的狀態。

引導導向是一個根本的療癒狀態。艾瑞克森學派的其他運用狀態包括了發展敏感度、溝通進而產生療效和順勢而為。請記得，我描述的這些概念是狀態，而不是技巧。我的目的是幫助治療師在治療舞台上輕而易舉地獲取所需狀態。

敏銳度練習

敏銳度練習在心理治療培訓練習裡種類比其他練習多很多，因為治療師發展他們的濾鏡或是看事情的角度，是很重要的。敏銳度有幾個次狀態，包括視覺注意力、聽覺注意力、專注力、模式的偵測、從細微線索觀察、注意到可疑的缺乏。每個次狀態都有相對應的特定練習。以下就是其中一個用來訓練視覺感知敏銳度的練習：

兩個人一組，一個投手，一個捕手，面對面。捕手要「記住」投手的樣貌，然後閉上眼睛。投手接著做三個身體上的改變。譬如把手錶拿掉，改變項鍊的位置，或是解開一顆鈕扣。捕手接著張開眼睛，指認出那些改變。接下來的分享討論是聚焦在辨識出視覺注意力狀態。

另一個練習是用來強化感知模式。在這個練習裡，團體中的一個成員，最好他的母語是外國話，用母語講兩個短故事，其中一個是真實故事，另一個是帶有強烈情緒的假故事。（運用學員不熟悉的語言，會讓學員聚焦在肢體動作上，而不是說話內容裡）。團體學員聚焦在分辨線索，說故事的人在說謊模式時有什麼蛛絲馬跡可循。團體成員辨識出模式狀態。再次強調，正確答案不重要；重點在於達到我們想要的狀態。

　　有個練習是奠基於推論的狀態，兩個學員運用最細微的線索，對彼此做推論。譬如其中一人可能說「你不喜歡擁擠人群，」或是「你花很多時間在戶外活動。」

　　在每次練習之後，學員要討論一下如何獲取並發展一個健全的敏銳度狀態。我們也可以給個案做類似的練習。譬如，對於一個憂鬱個案，我們可以提供一個外在覺察的刺激，相反於內在的憂鬱壓力，從而中斷憂鬱狀態，誘發一個外在的正向狀態。我們可以給憂鬱個案一個功課，看著天上的雲朵然後想像動物、人臉或物件（這個稱為空想性錯覺，pareidolia），就好像我們小時候會做的事一樣。同樣地，這個練習也可以在家庭裡做。

　　當我女兒，妮可，還是個青少年時，我和她會在餐廳裡玩個遊戲。當我們在餐廳坐下來後，我會閉上眼睛，她會在桌子上做三個改變，譬如重新擺放鹽罐和胡椒罐。然後我睜開眼睛，去找出她做的改變。然後，我們角色交換。

　　我曾經問一個神經解剖研究員，如果我們做這樣的練習做夠久之後，大腦是否會有些改變。我永遠都記得他怎麼回答我的，他說：「我幾乎百分百肯定，因為最終，你的心智創造你的大腦。」

為了效果而溝通

我發展出很多練習是為了產生效果而溝通。在某個心理治療培訓練習裡，我讓學員用亂語來作催眠。這樣做的目的是為了讓學員理解，狀態可以透過非語言和平行語言的方式誘發，不是只有透過文字。

在另一個練習，我讓學員透過重複一個詞來作做催眠。接著另一個練習，學員重複一句話來做催眠。然而，在重複述說時，學員必須在音調、速度、姿勢、發聲位置等等地方有變化。有做過這個練習的治療師都感覺十分受用，非語言方法的經驗性學習可以誘發狀態的改變。再次強調，我們聚焦在發展治療師的狀態，而不是技巧的熟練。技巧的熟練是透過狀態而衍伸出來，而不是相反的方向。然而在傳統培訓裡，技巧學習優先，然後才學如何獲取狀態。

順勢而為

在心理治療培訓練習裡，聚焦在順勢而為的練習，主要是以催眠做基礎，因為這個方法是艾瑞克森學派的重要心法。其中一個練習是三人一組，一個催眠師，一個個案，一個教練。催眠師在個案身上做個催眠，然後教練間歇性地放入一些干擾，這個干擾有一系列清單包括了，不同的聲音、房間裡的物件，以及各種情緒。在教練產生干擾之後，催眠師要把這些干擾一個個加入催眠的過程中，順勢而為地運用這些干擾來強化催眠目標，像是專注力和解離。然後，沒錯，你猜對了，技巧的熟練不是重點。這個練習的重點在於

提供一個機會體驗讓治療師可以進入一種順勢而為的狀態。一旦治療師成功地進入順勢而為的狀態，在未來治療過程需要時就可以派上用場。

結論

在我蛻變成為一個治療師和老師的這個階段，我區分出來技巧上的方法以及治療師的狀態。在很多治療學派，理論和技巧練習是起始點，用教條式方法傳授。然而，我堅持一點，在提供治療服務時，更重要的是治療師的狀態（以及個案的狀態），而不是技巧。因此，在我教授訓練時，狀態優先於技巧。

每個治療學派都有大量的研究、理論和文獻，學生可以透過頭腦的理解來增進技巧的熟練。然而，強調教條式的訓練方式可能會導致治療師朝著無效的方向前進。治療的主要目標是幫助個案增強自信心、克服難關、變得更好、擔負自己的責任，並且最終能夠個案療癒自己。個案如果要達到這些目標，那就要透過經驗性的方式體會。因此，如果我們訂定的治療計劃是體驗式的計畫，那治療師的培訓就應該是透過系統性、經驗性的方式來教導。

這個概念就像禪宗一樣。透過知識的學習是有別於經驗上的學習的。就像禪，心理治療的培訓可以優先聚焦在經驗上。

我以艾瑞克森作為一個榜樣，試著去區分技巧和經驗性的狀態。心理治療培訓是我畢生心血，用來發展一個系統性、經驗式狀態學習的培訓項目。

我希望這個模式可以有更寬廣的運用，而不僅僅是呈現艾

瑞克森的概念。如果我們可以創造一個心理治療培訓項目，用來向各個治療學派的大師們學習——亞倫・貝克（Aaron Beck）、奧托・柯恩柏格（Otto Kernberg）、詹姆斯・馬斯特森（James Masterson）、維琴尼亞・薩提爾（Virginia Satir）、薩爾瓦多・米紐慶（Salvador Minuchin），那就太棒了。更進一步，這個模式可以延伸到其他領域，像是親子教育和其他教育。一個好老師的經驗式狀態是什麼？一個好父母的經驗式狀態是什麼？怎樣的練習可以教導這些狀態？

這個模式也可以運用在個案身上。運用經驗式練習，治療師可以幫助憂鬱個案發展外向覺察的狀態，外表散發光芒，並引導導向到一個目標。一個類似的模式也可以用來提升個案的自信心。把目標分解成小元素，幫每個小元素設計適當的體驗式練習。目標是誘發一個系統上的小遠足，然後進入冒險的體驗性國度裡。

我們需要不斷練習這些心理治療培訓訓練。有個老笑話是這樣說，有個人在舊城區迷路了，他在一個陌生的領域，感到驚慌失措。終於，他看到有個人背著一把小提琴向他走過來。他走近這個音樂家，問說，「先生，不好意思，我有點迷失了。我在一個全新地方。我找不到方向。你可以告訴我怎樣去國家音樂廳嗎？」

這個小提琴家回答說：「練習、練習、再不斷練習。」

| 第十二章 |

經驗式治療的臨床案例

　　本章裡所提的兩個案例是示範治療，一個是二十年前的案例，一個是最近的。第一個案例是在 1995 年的心理治療演化大會（Evolution of Psychotherapy）上的示範案例。這個案例名稱叫做「引導聯想」（可以在 ericksonfoundationstore.com 上找到）。整個過程有字幕，同時加上我的解說。這是我早期做經驗式療法的例子，同時也反映了我當時不成熟的視覺運用技巧，像是運用姿勢來溝通概念。這同時也是一個運用挑戰以及策略性步驟來做治療的案例。

　　第二個案例是發生在 2017 年某個督導班上，我在督導班裡會治療學生生活問題。我在督導班上也會督導學生如何做治療，以及如何給予同儕督導。第二個案例是透過翻譯協助。

　　我提到這兩個案例來作為醒覺經驗學派的不同例子。這兩個案例是要印證我在本書中所說的概念和原則。你們可以在這兩個案例裡找到目標設定的選擇點、量身訂做、禮物包裝以及策略性過程的創造。我慣用的元素組成狀態的導向和順勢而為技巧，在這兩個案例中都很明顯。（進一步的臨床治療腳本請參見《當下艾瑞克森學派：傑佛瑞薩德的督導班》，2017。）

臨床案例一

心理治療演化大會

拉斯維加斯，內華達州，1995 年 12 月 13-17 日

　　以下的示範案例是發生在 1995 年的心理治療演化大會上。分會場的觀眾大概一千人左右。安（Ann，不是真名）是參與大會的會眾之一，她自願上台擔任示範個案。我們在大會的大舞台上做治療示範，整個心理治療大會有超過七千人參加。在上台之前，安告訴我她有咬手指甲以及撕裂指甲的壞習慣，然後她將要在維也納的某個大會上發表演說。

　　傑（Jeff）：好的，安，妳自願上台，因為妳想要戒除某個壞
　　　　　　　　習慣，而現在妳在台上把這個問題藏得很好。請
　　　　　　　　妳告訴我，妳想要達成什麼目標？

安坐著將手藏在大腿下。

　　安：我不確定我想要達成什麼，但我知道我明年要在一個大會
　　　　上發表演說，這讓我很緊張。
　　傑：這是在海外的某個大會？
　　安：是的，這件事本身就讓我很緊張。我總是躲起來。我對
　　　　我的指甲感到羞愧，這是一個壞習慣。我嘗試多年想要戒
　　　　掉這個壞習慣。這對我是很大的障礙，我試圖要解決這問

題，但我現在真不知道該怎麼做。

傑：妳之前怎麼處理這問題？妳有接受心理治療嗎？

透過了解安的過去治療經驗，這會避免我重蹈覆轍。

安：我嘗試過一些眼動減敏療法（EMDR）。我接受治療很多
　　年了。我也嘗試一些完形治療法。現在這個問題算是要成
　　就我「完整且正常」人生的最後一個障礙。

傑：那妳現在問題很嚴重了。因為如果妳治好了這個問題，妳
　　的人生就找不到藉口有其他問題了。

安：是的。

傑：這樣妳將會困在幸福快樂的日子裡一輩子了。

我試圖要用幽默來減輕我們兩人都感受到的那個緊張，但我的
幽默聽起來變成很冷，並不好笑。

安：（笑了）是的——然後我就可以很積極正向，幫助很多
　　人。

傑：然而，妳的直覺是妳要繼續保持這個問題。

安：這真的是很困擾我。這就像是阻礙我前進的最後一道牆。
　　我快被逼瘋了。我想著：「我還繼續生活在我媽的陰影之
　　下，或是我根本不想放下對我媽的投射。」

傑：這話怎麼說？

安：就好像，我可以折磨我自己。我可以用這件事把自己逼

瘋，讓自己羞愧到無地自容，同時又趕到十分害怕。這讓
我無時無地都感到羞恥。

傑：妳長大之後最長一次留指甲是什麼時候？

我假設安在成年之後有曾經成功地留過長指甲！

安：我記不得了——或許是兩年前。我也不記得當時發生了什
麼事。

傑：當時妳有成功留長指甲？

安：當時我感覺很正常，就像一般女士。

傑：當時妳保持正常的樣貌多久？

安：大概兩或三年。在我人生不同時期我會留長指甲。

傑：讓我們換個角度來看。如果我們說妳從這個習慣裡得到某
　　些內在的滿足……

了解一個人從壞習慣當中所獲得的「滿足快樂」或許可以產生
一些解決方案。譬如，有可能我們可以透過自我催眠產生同樣的快
樂。

安：完全沒快樂。

傑：完全沒快樂？我們假設說有。那這個快樂是什麼？妳會怎
　　樣產生這個快樂？妳過去是怎樣咬指甲的？

了解一個人如何保持問題模式／習慣可以幫助我們找到解答。

譬如，有可能我們可以破壞模式／習慣，透過修正模式裡某個小步驟而達到療效。

> 安：就像這樣（她在台上示範咬指甲），然後撕裂它們。
>
> 傑：把它們撕裂，而不是用咬的？
>
> 安：有時候撕裂，有時候用咬的。
>
> 傑：做這件事的快樂是什麼？
>
> 安：我想是我的焦慮。我有巨大的恐懼，就像是潛意識裡的急湍猛浪。
>
> 傑：所以一部分的妳覺得，咬指甲這件事可以緩和一下那個急湍猛浪。

我把她的症狀最小化，而她是把問題戲劇化。

> 安：這真的是一個急湍猛浪。它不是一條平緩的小河，它很兇猛地流動著。我有努力克制自己，所以其他人看不到，但我自己知道。
>
> 傑：那妳感覺機械式地撕裂指甲這件事有任何的快樂成份在其中嗎？
>
> 安：我覺得沒有。可能撕裂本身會讓我感覺很好。我想把很多人都撕裂，但這是不對的。
>
> 傑：此話怎說？
>
> 安：對人苛刻是不好的，我必須要當個好人。不是說我一定要當好人，而是我想當好人。我喜歡當好人，我喜歡人們。

事實上，我愛與人相處……所以我內在想要把人撕裂這個部分是不好的。

傑：好的，妳提到在維也納的演說（在她上台之前跟我說的）。為什麼這個演說這麼重要？妳何時要去演說？

安：明年七月。

傑：這給妳很充足的時間。然後為什麼在演說之前把這問題處理掉很重要？

安：我現在感覺非常恐慌。

傑：妳把恐慌隱藏的很好，如果不是妳跟我說，我也看不出來妳在恐慌。

安：治療這個問題對於我來說是一種全然的勝利……我發現我是從二次世界大戰時開始咬指甲，當時我們被迫離開歐洲。我是猶太人大屠殺的倖存者。當時在世界大戰德軍開始投彈時，我發現自己開始咬指甲。有很多的恐懼。我去年又重新經歷了那樣的恐懼，從去年起我的咬指甲問題就再度失控了。

傑：妳說重新經驗是什麼意思？

安：我去了荷蘭，參觀了安妮·弗蘭克之家（Anne Frank Museum）（紀念猶太人受害者的博物館）。當天下午我去庫肯霍夫植物園（Keukenhof Gardens）然後……（安鬆開了她的圍巾）

糟糕。我以為這是一個簡單的習慣——突然間這變成一個複雜的大創傷。

傑：讓妳自己舒服一點，這樣很好。

安：他們偷了我的護照、我的機票和錢，我無法找回這些東西，我整個人掉進焦慮恐慌裡，再次經驗了年輕時面對世界大戰的恐怖。我再次啜泣和顫抖。我體會到我父母親曾經有過的恐怖時代，對於我父母親，我一直在學習原諒，對於他們經歷過的一切艱難，他們費盡千辛萬苦才拿到護照逃了出來。然後回到明年要去維也納這件事，維也納是我家人被送往奧斯威辛集中營（Auschwitz）的地方，所有這些事情加總在一起。如果我能夠不咬指甲，就好像我征服了，征服了某件事，征服這個念頭浮現我腦海中。如果我不克服它，我就失敗了，我不知道自己會變得怎樣……我可能最終會掉進集中營裡，或是掉進像集中營的地方。

傑：好的，我有個解藥給妳。

安：妳想叫我不要去，是吧？

傑：不是的。我有一個絕對的解藥——這個解藥絕對有效，保證妳不會想要撕裂妳的指甲。

大膽的提供一個絕對有效的解藥，同時又賣關子不講出內容，是一種製造戲劇化效果的方法。

安：聽起來很棒。

傑：我很快會告訴妳解藥是什麼。首先，根據我所聽到的，共有三個部分。因為妳如此聰明又有非凡的洞察力，我們稍微直接的講一下這三部分吧。第一件事是有個潛意識的急

湍猛流，妳一輩子都在處理它。

安：是的，我總是有這個急湍猛流。

傑：這是我們可以處理的一件事。還有一部分是妳的撕裂指
甲。這也是我們可以處理的一件事。然後還有一部分是妳
總是有強烈的情緒。這也是我們可以處理的一件事。

安：聽起來很棒。

傑：然而，三部分裡面的兩部分——潛意識的急湍和強烈情
緒——好像在妳腦中是跟咬指甲這件事綁在一起？

安：是的，這感覺很強烈。

傑：什麼感覺很強烈？

安：不論我感覺到什麼，總是強烈的情緒。所以我控制強烈情
緒的一個方式是咬指甲。

傑：我覺得現在我們處於一個強烈情緒的情境中，妳現在在做
什麼呢？這是一個不尋常，甚至很尷尬的情境。妳是如何
控制這些強烈的情緒感覺？

在這時候，我把治療帶到當下，提醒安她其實有很多策略來控
制她的強烈情緒，只是她自己並沒有意識到這些。

安：事實上，我在我們的外圍放了一個大泡泡。

傑：恩恩，在我們的周遭。

安：一個小房間……除了妳和我之外，沒有人在這裡。這樣很
好。我很喜歡。

傑：妳真是太聰明了。

安：就好像我們待在一個小小聖所裡。

傑：我想要更深入探討這些，一些從二次世界大戰遺留下來的東西，當一個聰明的小女孩不知道如何面對當時的巨大強烈創傷，她讓自己發明出一種撕裂指甲的方法。然後，她把這個點子帶進成年生活裡。

在這個時刻，我發現了她的問題中所潛藏的一個正向意圖。

安：然而這個點子已經過時了。這就是問題的所在，這是一個全然過時的點子。這真是太困擾我了。

傑：它是一個過時的東西。但是，感謝神，有這麼一個過時的問題，如果不是個案帶來這些過時的問題，我們可能也要失業了。

再次，我運用幽默來降低緊張並且把問題「一般化」。

安：妳說得對。沒錯。但這仍然是一個障礙啊。是我人生當中很大的障礙。

傑：是一個障礙，讓妳不得不把妳的手壓在大腿下，呈現一個詭異的姿勢。

安：……我總是要藏起來。就好像某部分的我總是要隱藏起來。我們經常這樣做。

傑：妳覺得妳應該怎樣克服這情況？妳想要慢慢地解決撕裂指甲這問題？還是快速突然地解決它？

我準備了一個「道具」讓安在台上可以使用。為了達到絕對有效的解藥，我需要她慢慢地解決問題。同時，我也在話裡預設了她將會解決這問題。

安：快速地。我想要把這問題立刻放下——就好像我即刻進入
　　一個新系統。
傑：這會讓妳感到很棒，得意的感覺。
安：喔，像天堂一樣。就像置身天堂一般。
傑：或許就像某些事情，如果妳慢慢解決也是沒問題的。或許
　　舉另一個習慣上的例子，就像是吃太多的問題——如果妳
　　現在吃太多（做一個手臂延伸吃很多東西的動作），妳最
　　終會付出代價，但是是一段時間之後才會付出代價。妳沒
　　有立即付出代價，因為妳有機會得到立即的獎賞：吃太多
　　的滿足感。但之後當妳看著鏡子時，妳會付出代價，或是
　　妳隔天要穿衣服時穿不下，或是一週之後妳付出代價。這
　　個習慣很難戒除，因為這個之後的代價是與問題本身分離
　　的。

　　現在，我把另一個道具放在台上。為了絕對有效的解藥，我需要她對於問題所要「付出的代價」有不一樣的看法。同時，我們會看到，我在替未來治療「種下種子」。

安：我過去也有這樣的問題。
傑：我想這對妳來說也是有意義的，因為這樣做可以讓妳立即

從那個潛意識急端中得到舒緩效果。但妳最終還是要付出代價。

安：是的。

傑：我會說這跟我之前提過絕對有效的解藥是環環相扣。有件我們可以做的事是改變距離（用手勢表達），這對於撕裂指甲所要付出的代價會比較合理。我在想的事情是：有幾種方法可以修正行為。妳可以透過獎勵、懲罰、忽視、不過度強化等方式來修正行為。隨著時間過去，這個問題不知如何已經變得堅不可摧。它已經僵固了。就像是顆鑽石，它變得非常堅硬。如果我們可以運用一點技巧，在對的鏡面上戳一下（右手手指戳在左手僵固的手指平面上），問題就可以被突破，然後妳就得到自由解脫。但在這之前，或許首先要改變的是妳的沒耐心；妳急著想要此時此刻立刻解決問題。

安：這會是美夢成真。

傑：我想要建議妳的是有些小事情可以幫助妳一次改變一點點。在我們開始之前，我邀請妳再次換個角度思考。讓我們找到五個睿智的藉口——適合安的——一次撕裂一個指甲。而且不只是撕裂指甲——這聽起來很嚇人吧？我開始向前傾，妳開始向後退縮。找到五個藉口才可以撕裂一個指甲。而且不僅僅是指甲；妳還要把指甲皮也撕裂，是吧？當我之前看著它，這就好像妳在做某事⋯⋯

安：我在做的事是把它們往內擠壓，所以它們可以長更長一些。

傑：所以妳在做的事是不讓指甲產生組織，因為這樣妳的指甲
　　可以有些稜線。

我想要她知道我了解她的問題，且觀察仔細。

傑：所以妳是否找到四或五個睿智藉口可以讓妳撕裂一個指
　　甲？妳覺得腦袋瓜裡是否有找到正當藉口和理由？

通常我處理壞習慣的問題時，我發現給壞習慣一些適當藉口，
會導致這些藉口的影響力減低。這會減低一個人再次參與壞習慣的
機會。

安：不夠。
傑：不夠什麼？
安：撕裂還不夠。
傑：好的，還有其他藉口嗎？
安：我不知道妳所謂的藉口是什麼？
傑：妳會如何替妳的壞習慣辯護？我是這麼想的：妳曾經有兩
　　年是自由的，有兩年的時間妳是淑女。妳過去曾經克服過
　　這問題。然而，兩年之後，妳又失敗了。
安：我日子過得太爽。
傑：好的，那「我日子過得太爽」可以做為一個撕裂指甲的藉
　　口嗎？
安：喔，我了解妳的意思了。

傑：我想確定妳了解……

安：我日子過得太爽。

傑：這個拿來當作藉口可以嗎？我們看一下這個藉口的表面意義。

安：我不應該有個這麼好的生活。

傑：Keinehora?

　　我用了一個猶太人的說法，這個字的意思是「厄運不會來」。這是一個猶太人迷信：如果有個人說了某件喜事，接著說「keinehora」就可以避免厄運隨之而來。我想要面質安的迷信。我同時也想讓她知道我是猶太人。這是我放在台上的另一個道具——一個我覺得必要的道具。

安：Keinehora——我的生活過太好。

傑：再給我一個藉口。

安：這會阻礙我前進。這把我壓制下來。老天有眼我不應該完全成功——百分之百的成功。

傑：Keinehora。好的，還有呢？再給我一個藉口。

安：老天有眼，我也不應該太性感或太有女人味。我媽如果知道的話會發瘋。

傑：所以這是一個讓妳謙虛的方法；不要讓妳太卓越。

安：這是個好的轉向思考，讓我謙虛一點。哇！讓我保持低下，保持謙虛。

傑：讓我們很快速地嘗試一下完形治療法，因為妳過去曾經做

過完形治療。我們可以把這部分外化出來表演一下嗎？妳覺得這可行嗎？

安：恩……（同意的語氣）

傑：我們這裡有多一張椅子。我們使用它。假設我們把安的指甲放在這椅子上。我們把撕裂者放在另一張椅子上。那是撕裂妳指甲的部分。現在我想邀請妳做個轉換。過來這邊，坐在這裡。成為那個撕裂者。誇張地演一下撕裂者。我要把妳撕裂。我要把妳的指甲撕裂；我要讓妳保持謙虛。（安坐到那個加害者的椅子上，然後她把受害者的椅子拉近一點。）

完形治療學派的名言是，如果某人覺得自己是受害者，那他可以扮演一下加害者的角色。最好的方法是把這個角色外化出來，所以個案可以經歷真實的情緒。這樣的方法會產生療效。

傑：喔喔，妳確定妳要受害者這麼靠近妳？

安：是的，我想要她靠我很近。

傑：好的，那我們把她移近一點。（把受害者的椅子拉近）

安：我想要撕裂妳。我絕對不准妳在這世界裡變大，也不准妳變得重要。我會阻止妳。妳不准變得有女人味。我會把妳撕裂撕毀。我會把妳撕毀！

傑：好的，停下來，角色交換。坐回這張椅子，成為安的樣子。給那個加害者反饋。

安：（大聲地）妳無法撕毀我！妳做不到！我會盡全力反擊

妳！

傑：當妳說的時候，妳可以加重力道嗎？（安說話的時候是駝背的，我想要她更成為一個「大人」，在她的面質裡更有力量。）

安：（轉頭看傑弗瑞）我想要打敗這個部分。（對著加害者椅子）我想要跟妳奮戰到底。妳無法擊敗我。妳無法擊倒我。

傑：再說一次，更大聲些。

這個目的是誘發一個更堅定的感覺

安：妳無法打敗我。妳會一試再試，妳會繼續嘗試，但妳永遠無法擊敗我。

傑：當妳長大時，妳的母語是什麼？用法語說說看。（為了增強效果）

安：（講了一些法語）我不知道該怎樣說……

傑：妳體會到這個感覺了，這很重要。回到這個位置上。（安換到加害者椅子。）她說，「我不會讓妳得逞「。妳的反應是什麼？

安：（用法語說了些話）

傑：用英文告訴我。妳跟她說了什麼？

安：「妳想要的妳做不到。」

傑：我會繼續撕裂妳。我們一起來幫她。現在填空一下：「我將會繼續地撕裂妳，直到＿＿＿。」

這個創傷是在法國發生，所以用法語說話可以加強效果。

安：（用法語說了些話。）

傑：現在請試著用英文講。

安：用英文很難。我會繼續撕裂妳，直到妳放棄為止。

傑：再試一次。我會繼續撕裂妳，直到 ... 看看還有什麼會出現。

安：我會繼續撕裂妳，直到妳……我不想講那個字……直到妳死掉。我會繼續撕裂妳，直到妳完全死掉。

我當時試著要在撕裂者身上找到一個正向意圖，或是一個重新框架描述。但我失敗了。

傑：好的，現在回到這裡，再次成為安。妳對她這樣講的回應是什麼？

安：（對著椅子）妳永不放棄。妳永不放棄。妳不會贏的。妳不可能贏的。妳會繼續試著要撕裂我，但妳不會成功的。妳總是讓我如坐針氈。妳總是要跟我鬥，但是妳不會贏的。

傑：這句話也可以用法語講。妳不可能贏的。

安：（法語）我不知道怎樣用法語說贏這個字。

傑：（幫忙）「成功」。

安：（用法語說「成功」）。

傑：好的，安，做些什麼吧。現在請妳過來，站在那邊一下

子。（我邀請安站在一個觀察者的位置。）很好。現在請妳進入安，身為治療師的角色一下子。然後，請妳告訴我，妳會怎樣看這兩個角色的能量分佈。如果能量是 100 分，這個能量的分佈是 60：40，還是 70：30，還是 50：50？妳會怎樣配置這兩個角色能量的分佈？

問一個評分的問題，可以提供我們參考標準。

安：這一個沒這麼大聲；那一個大聲很多。

傑：請妳給我一個數字的評分。妳會怎樣分配能量？

安：90：10（安指出 90 分是在那張建設性的安角色椅子上）。

傑：請妳坐回這裡。（邀請安坐回受害者的椅子）。讓我們移開這個角色一會兒。

安：但是她現在真的逮到我了，因為能量是 90：10。她就好像是卡斯特的最後一搏（Custer's last stand）（譯按：美國著名戰爭上校卡斯特〔 Custer 〕 錯估敵軍原住民的人數，但仍奮戰到底，卻因此全軍覆沒）

傑：妳會介意我把她移開嗎？還是妳要移開她？（安象徵性地用手把加害者的椅子移開。）妳感覺到什麼？當我聽妳說話的時候，我想到莎士比亞——這個部份是「慷慨激昂」。

我在這裡的意圖有兩個，既是間接的暗示，也是「催眠後暗

示」。我也同時在種下未來種子。莎士比亞經典台詞是「……這只是一個傻子說的故事，說得慷慨激昂，卻毫無意義（a tale told by an idiot, full of sound and fury, signifying nothing）」，在未來，安可能會讀到莎士比亞這段話，這就會再次啟動療效的產生。

安：慷慨激昂，因為它快要輸了這場戰役。

傑：恩。是的……讓我們思考一下——妳和我，用一種創造性的方式。如果說妳和我一起思考一下。假設過了五個月或五年，或其他時間，有 10% 進化了，突如其來地她就開竅了、成長為一個眼界寬闊的人。妳覺得她會進化成為怎樣的人？我們暫時把她移開……

我這樣說，是想要在負面投射裡找到一些正向意義。

傑：妳會看見未來的自己是怎樣的人？運用妳的創造力——妳知道妳有一部分很有創造力，可以創造泡泡。妳會看見怎樣的自己——一個負面投射——進化成為一個正向模樣？

這時從觀眾席的麥克風傳來一陣回音。

傑：（對著觀眾說）我們很高興聽到觀眾席傳來一些正向回饋。（觀眾都大笑了）。

安：就好像吹口哨（意指那陣麥克風回音）。關於慷慨激昂這件事，我有個有趣的幻想，我想到了一個遊行。妳知道

的，就好像紐約第五大道的花車遊行一樣，在那個花車遊行裡大家敲鑼打鼓歡送我去維也納。我將會在維也納變身成為一個指揮家。

傑：變成一個指揮家。我喜歡這個點子。

安：在維也納的指揮家。

　　我順勢而為地運用觀眾席的麥克風回音，把這個噪音變成一個正向的東西。安也同樣地順勢創造出一個遊行的歡樂畫面。

傑：為了讓事情變得簡短一點，要請妳幫忙一下。告訴我，我的理解是否正確。我們可以說，請那個 10% 的撕裂出現時，告訴我們一聲嗎？我們可以說這算是一個預告，當那個 10% 的撕裂出現時，當妳開始撕裂指甲時，就是一個訊號她在那裡了？

安：喔，絕對沒問題。妳說對了。我了解妳的意思。

傑：然後，在那時的某個片刻，妳會想要確保妳的 90% 存在，然後她會蛻變成為一個厲害的指揮家。但是現在，很短暫地，我們可能需要某些東西的幫忙，就好像一個人造的溫度計，可以避免妳升溫太快，一下子就「爆掉」了，避免一下子情緒就衝太高。我會再次回到那個，回到那個我們剛才提到的，絕對有效的解藥，提供一點緩解的效用來幫助妳。但我有另一個想法……。

安：我喜歡妳說的慷慨激昂。我覺得那太棒了。哇！

傑：好的，我有另一個畫面。

安：哇，那太棒了，因為那真的是慷慨激昂。妳知道，我現在
　　正在用很多慷慨激昂來撕裂自己。我喜歡這點子。

傑：好的，我有另一個想法。或許我們邀請觀眾們一起來幫忙
　　一下。因為我不但想到慷慨激昂的聲音，同時也想到我女
　　兒，我想到了一首兒歌。它是這樣唱的……它必須加上畫
　　面。（我用手勢來幫助唱歌，安用她自己的話跟著我唱；
　　再也不躲藏了。）它是這樣唱的：

小兔子噗噗

跳進了森林裡

用手抓起了田鼠

從田鼠頭上敲下去

飛來了一個好仙女

好仙女說：

「小兔子噗噗

我不想要看到妳

用手抓起了田鼠

從田鼠頭上敲下去

這是妳的第一個警告。

妳可以有三個機會，如果妳不遵守的話，

我將把妳變成毛球。」

第二天

小兔子噗噗

跳進了森林裡

用手抓起了田鼠

從田鼠頭上敲下去

飛來了一個好仙女

好仙女說，

「小兔子噗噗

我不想要看到妳

用手抓起了田鼠

從田鼠頭上敲下去」

第三天，同樣的事，

小兔子噗噗

跳進了森林裡

用手抓起了田鼠

從田鼠頭上敲下去

飛來了一個好仙女

好仙女說，

「小兔子噗噗

我已經給妳三次機會：

變——

方向錯誤（我的姿勢是向著地板，然後轉變方向把姿勢朝向
安）

——變，妳變成了毛球。」

然後這個故事的格言是：「今日是毛兔，明日是毛球（Hare
today, goon tomorrow）。」雙關語是說：「今日存在，明日消失
（Here today, gone tomorrow）。」

我有個想法是我們可以徵召妳，然後妳可以幫助我們。（轉身
對觀眾說）妳們都學會了這首歌。所以我的想法是，當安開始有那
10%的撕裂偷偷出現，偷偷靠近她，當她開始撕裂指甲時，突然
之間可以有個幻想聲音出現——就好像那個慷慨激昂的聲音，或許
一首歌〈小兔子噗噗〉會出現。安，妳可以轉向觀眾他們嗎？跟我
一起轉。這些觀眾就像是一個希臘合唱團會幫助我們。

安：要比慷慨激昂更大聲。
傑：這樣妳才會聽到，是嗎？
安：是的。
傑：我想要妳記住這種感覺，所以當時候來臨妳會想起
安：希臘合唱團——一個支持團體。
傑：準備好了嗎？好的，一、二、三（我們兩人跟著觀眾一起
　　唱）：

小兔子噗噗

跳進了森林裡

用手抓起了田鼠

從田鼠頭上敲下去

飛來了一個好仙女

好仙女說，

「小兔子噗噗

我不想要看到妳

用手抓起了田鼠

從田鼠頭上敲下去。」（觀眾鼓掌）

我有一群觀眾，所以我順勢運用了觀眾。治療主軸裡的「慷慨激昂」以及「小兔子噗噗」是用來改變撕裂指甲和焦慮的情緒背景。

安：喔，這真是太好玩了。

傑：對我而言，它就好像是小兔子噗噗，是吧？

安：恩恩。

傑：所以現在，絕對有效的解藥：當這個小兔子噗噗正在演
　　化成為一個指揮家並有一個妳和我都尚未知曉的功能的時
　　候，我想把這個絕對有效的解藥作為一個在演化發展中間
　　的緩解措施。我覺得妳需要一個嚴厲的治療，因為妳有一
　　個嚴厲且慢性病般的問題，而且是某個妳感到很羞愧的問
　　題。我覺得一個嚴厲的問題需要一個嚴厲的治療方法。治

療過程應該像問題一般嚴厲。

（這個啟發式說法是採用自傑・海利〔Jay Haley〕和寇爾・
馬當斯〔Cloe' Madanes〕的治療工作。）

我將會給妳一個風行雷厲的治療，同時這個治療也會給妳一些
喘息空間。然後這個治療跟縮短妳的懲罰息息相關。我覺得妳有權
利，這或許聽起來離經叛道，但我覺得妳有權利去撕裂妳的指甲。
但這是一個很幼稚的習慣，所以當妳撕裂指甲時也應該承擔一些
懲罰。但我覺得妳不應該懲罰妳自己，所以我會是那個提供懲罰的
人。這樣可以嗎？

現在這是為安準備了另一個道具在台上。

安：這聽起來很好。
傑：然後妳有權利撕裂自己的指甲。但同時妳也要立即付出代
　　價。可以嗎？

另一個道具。

安：好的。
傑：我覺得應該給妳一些喘息空間，因為我不覺得妳應該立刻
　　改變。所以給一些喘息空間。

這句話是另一個道具⋯⋯

安：我想來點神奇魔法應該不錯。

傑：根據我們剛才所做的這些心靈魔法，我想妳應該沒問題。
但我同時也想要來一點行為上的東西。所以我想給妳一些
喘息空間。妳自己決定；我們可以有討價還價的空間。
我想說的是，妳一個星期可以有三次免費撕裂指甲的機
會——這三次是免費的。現在，如果妳要跟我討價還價，
我頂多可以給妳五次撕裂指甲機會，再多不行。妳可以有
三次免費撕裂指甲的機會，然後妳將會知道——不是兩
次。妳想要五次？三次？妳覺得妳應該有幾次免費機會
呢？

安：如果說四次呢？五次太多，三次太少。

傑：（笑了）好的，我是很慷慨的。我就給妳四次免費機會。
妳可以免費撕裂指甲四次。如果妳忍不住犯了第五次，妳
要付出一些代價，而且妳要立刻付出代價。

安：不要叫我跑十公里。

傑：不會，我不會叫妳跑十公里。比那個更糟。比跑十公里更
糟。

安：還有更糟的事？

傑：妳到哪裡都會帶著妳的皮包嗎？

安：是的。

傑：在妳的皮包裡，我要妳準備三個信封，這些信封必須有郵
票，有寄信地址，然後妳隨時要帶著這三個信封在身上。

在第一個信封裡，妳放一塊美金。這是一個象徵性的金額。妳理解的，錢不是重點。在第二個信封裡，妳放五塊美金。這還是一個象徵性金額，錢真的不是重點。在第三個信封，妳放十塊美金。然後當妳第一次違反規矩時，妳會把第一個信封寄出。當妳違反第二次時，妳會寄出第二個信封。當妳違反第三次時，妳會寄出第三個信封。所以妳真的有權利可以繼續撕裂指甲⋯⋯

安：信封要寄給誰？

傑：（笑了）等一下，別急。所以妳可以有犯規的機會，但是妳每次犯規時都要付出代價。再次強調，這只是一個減緩症狀的方法。所以妳最多可以犯規十次，同時妳每次都要把信封補滿。當妳犯規第一次時，妳要在皮包裡補上一個一元信封。當妳犯規第二次，要補上一個五元信封，當妳犯規第三次時，要補上一個十元信封，這樣懂了嗎？所以妳隨時皮包裡都有三個信封。只要一個信封寄出了，妳就要補上內含一元的信封、五元的信封、十元的信封，以此類推。

安：我懂了。

傑：⋯⋯還要貼好郵票，加上地址。只要妳一犯規，就要立刻寄出信封。不能有任何延誤。（這是我最後一個道具了）妳要立刻付出懲罰的代價。了解嗎？現在，關於那個寄信地址，妳可能要做些功課才能找到這個地址。我想妳應該有辦法很快找到這個地址。準備好了嗎？妳要不要先深吸一口氣？

凝聚戲劇化效果。

安：嗯嗯。（在椅子上深吸一口氣。）

傑：我要妳把收信地址寫上美國納粹組織的地址。

安：妳瘋了嗎？（觀眾們大笑。）

傑：不，不。這是妳的懲罰。妳有個很嚴厲的問題，一個嚴厲
　　的問題需要有個嚴厲的治療方法。

安：我沒辦法這樣做。

傑：妳當然可以！

安：付錢給美國納粹組織？妳真的瘋了！

傑：不，妳值得擁有那第五次撕裂。但是如果妳撕裂指甲第五
　　次，那妳要寄一元美金給美國納粹組織。

安：（微笑，作勢想要跟傑佛瑞討價還價）讓我們改一下遊戲
　　規則，我自願跑十公里。

傑：我剛剛有說了，妳不應該是那個給自己懲罰的人。而我剛
　　才也答應要給妳一個絕對有效解藥作為暫時緩解，直到妳
　　進化成為小兔子噗噗為止。我為什麼要這樣做呢？因為對
　　於小兔子噗噗我有第三個畫面。而為什麼這個治療這麼適
　　合妳呢？通常，我不會把答案說出來，但因為妳是一個治
　　療師，同時我們身處於一個教學的環境，我會很清楚地告
　　訴妳。我的畫面是，她不僅僅是慷慨激昂，不僅僅是小兔
　　子噗噗，還是一個納粹。妳頭腦裡有個小納粹住在裡面。

安：嗯嗯。

傑：所以這樣的懲罰是絕對適合妳的。如果妳要對妳頭腦裡的

小納粹表示敬意，那妳每次犯規時就要付錢給美國納粹組織。

我再次改變了情緒背景。

安：（猶豫地）我不知道為什麼要這樣做……我不懂……

傑：不會的，妳想想。

安：妳一語中的，但我搞不清楚那是什麼。

傑：這沒關係，妳可以花點時間慢慢思考。

安：我很確定這有道理，只是我不知道為什麼有道理。（更有自信地說）我感覺我頭腦裡真的住了一個小納粹，總是不停追趕我，我的人生都在他的掌控之下。妳怎麼發現這一點的？

傑：妳做得很好。妳可以如此公開地在艱困的環境裡討論個人隱私困難的問題，妳真的表現得很好。

安：所以這是為什麼我頭腦裡的納粹總是想要置我於死地。（眼淚佈滿眼框，輕聲啜泣）。

傑：這些眼淚很棒——是一種可以把老舊傷痛洗心滌慮的眼淚。（在這裡，我重新定義她的眼淚。很堅定地繼續說）妳了解這是一個暫時的作業。然後妳也了解一個嚴厲問題需要一個嚴厲治療方法。然後也有緩解解藥，我相信妳會有更多的成長和發展，讓妳自己進化再進化。（小兔子噗噗）

妳知道，我們剩下的時間不多，在剩餘的短暫時間裡，我們做個小催眠來深化我們今天所討論的這許多事情，妳覺得可以嗎？

安：嗯嗯，我很樂意。

傑：讓妳自己放鬆下來。然後或許妳可以，安，僅僅是讓自己在椅子上放鬆；妳的手很放鬆地放在兩邊，所以妳的手肘可以……（我幫安調整到一個比較打開和平衡的姿勢）……只是把肩膀上的壓力帶走。然後當妳眼睛閉著，妳可以在內心裡搜尋。然後妳可以，安……在內心裡搜尋。我希望妳能夠發現某種特殊的感知，然後當妳可能發現那種特殊的感知，用一種方式，它可以是妳泡泡的一部分，就像妳剛開始提到的泡泡一樣。

然後當妳在內心裡尋找時……找尋那個特殊的感知，妳可以突然發現它開始進化了。然後那個特殊的感知可以進化。然後我現在給妳一個困難的任務，但是是妳做得到的，那個特殊的感知可以進化……從妳的腳底板，那個特殊的感知可以進化……到妳的大腿。然後妳可能發現這是一個持續成長的感覺……一種持續成長的感覺，妳甚至可能……感覺在妳的身體裡有個成長的感覺。

然後安，妳可能會發現那個感覺用其他的方式發展，那個特殊的感知。或許妳甚至會發現它是一個很強烈的感覺。然後妳可能發現這個強烈的感覺現在來到了妳的脖子。而當它持續發展，妳可以，安，體驗到那個逐漸成長的感覺……來到妳的頭。然後那個持續成長的感覺，安，可以

沿著妳的手臂向下發展。然後就像妳創造出泡泡，妳也可以在妳的前臂和妳的手腕創造出一個強烈感覺。然後或許那個強烈感覺會有一個節奏，就好像妳的潛意識、妳的內心有一個領導，一個指揮家，如果妳願意，那會幫助妳了解那個強烈感覺，用一種舒適方式體會，用一種便利方式體會，妳可以在妳的舌尖有這樣的體會（手指指向她，幾乎碰到她的手指尖）。

然後我不知道妳的潛意識可以如何進化，安，使那個強烈感覺更棒。但這是我希望妳可以好好探索一下的事情，學習到妳可以如何進化自己，安，那個強烈的感覺，在此時此刻……在彼時彼刻……一再，一次，再一次，同時妳發現妳自己沉浸在那個進化的強烈感覺過程中，也發現我正在跟妳說話，某種臨在，愉悅，愉悅的改變正在發生。（我刻意地口吃，重複說了兩遍，用來強調兩種可能性皆可發生。）

妳呼吸的頻率有一個變化。在妳的眼皮上有個很棒的振動頻率；肌肉頻率的改變；肢體動作的改變；或許一個感覺是妳正在移動妳最棒的那隻腳前進（安移動了她的腳）；或許是一個感覺，妳的腳正在遠離妳的頭—一個感覺，或許妳的左邊肩膀離妳的右邊肩膀更遠了一些；或許一個感覺，妳的頭變大了一點，不是太大。（我提到這一點，因為理論上來說，如果妳長得很高，肩膀寬厚，有一個大頭，妳通常會比較有自信。）

帶著這些，做些調整讓妳自己感覺到安最棒的樣貌，放

鬆……然後安的蛻變，那個持續成長的強烈感覺，安的感覺。然後感覺到一個重量……或許妳發現妳手的重量，妳的手臂是這麼有趣。帶著這些，妳學到了如何幫妳自己享受那個流動……享受那個在內心深處的流動，那些進步的、成長的、強烈的深層流動感覺。

然後我想要妳花些時間用自己的方式記住，用妳自己的語言，那個強烈感覺，安，感受妳的蛻變。然後，安，我想要妳開始回復清醒，用一種舒適、自然的方式回復過來，自由地、全然地回復清醒。把妳自己帶回到這裡，全然當下，全然地，安，做一、兩個輕鬆的呼吸。作一個、兩個或三個輕鬆的呼吸，把妳自己全然帶回到的當下，清醒，安。

安：很好。

傑：愉悅？

安：是的，非常。

傑：工作人員會給妳一份備份，如果妳想要的話。這是免費贈送，所以妳可以複習一下，記得更好。

安：太好了！

傑：然後妳的治療就這樣了——三個信封？

安：那真是令人難以置信，直到今日這些納粹如何繼續追逐我。就只是難以置信……但這真的有效。太感謝妳了。我可以擁抱妳一下把這些納粹趕走嗎？

傑佛瑞和安擁抱。

評論與後續發展

讓我們用一個餐廳菜單作比喻，催眠在這個過程中是甜點，不是主菜。催眠的作用是強化治療的效果。催眠引導基本上是一個解答的隱喻，這會造就內在投射的蛻變。那個「特定」的感覺會蛻變成一個持續成長的感覺，變成一個強烈的感覺。儘管我是聚焦在安的病症上，我們可以預期一個滾雪球效應，她的焦慮會減輕。

這個催眠引導是由一系列的消化吸收和確認步驟構成的樂章。安可以在她自己的感覺裡消化吸收細節以及可能性。更進一步，我透過描述生理上的改變而「確認」改變正在發生，譬如，她呼吸節奏的改變。這個運用解答隱喻作為一個幫助消化的工具是一種進階催眠引導技巧。傳統上，我們把催眠作為一個工具來達到目標。在進階運用上，催眠可以是提供治療的一種方法。

六個月後，我收到安寄來的信，她說她在病症和焦慮這兩個問題上持續感覺受益匪淺。她在壓力大的環境裡可以保持冷靜，她的家人都為她的正向態度感到驚訝。

幾年之後，我在某個專業大會上遇見安。她給我看她的指甲，然後我很溫柔地親吻了她的手指，就好像關愛的父母輕輕親吻小孩的傷口處，讓傷口快快好起來。

在另一次大會上，我再次遇見安，注意到她有再次撕裂指甲的習慣，但隨後她跟我說，在我們相遇之後，她立刻改變了這個壞習慣。

臨床案例二

2017 年大師督導班

因為馬力歐（Mario）的母語不是英文，所以這個最近的案例是透過翻譯進行。我把這個案例在這裡提出，作為一個順勢而為原則的教材，在這個案例裡共同參與的還有一盒面紙、馬力歐的太太瑪麗，她也是大會的學員之一。在這個案例我們也看到禮物包裝的技巧，像是趣聞軼事的運用。

傑（微笑）：請你說說你自己讓我更了解你一些。

馬：你想知道什麼？

傑：你的興趣、嗜好。

馬：我喜歡看電影，我喜歡文學。

傑：哪一種？

馬：好的文學。

傑：好的文學。

馬：任何好的文學都好。我喜歡旅行。

傑：太好了。你喜歡看哪種電影？

馬：我喜歡看老電影——沒有廣告置入行銷的那種。我偏好經典老片。以前我經常各種電影都看一些。現在我只看對我學習有幫助的電影。

傑：所以學習對你而言很重要，有深度的，不是膚淺的那種。

馬：隨著我年紀增長，我喜歡在一個寧靜的環境，喝著紅酒，

有個愉快的交談，這對我來說越來越重要。我很喜歡這樣。

傑：你想要談話像這樣（手指指向下，旋轉向下），有深度，有趣的，字字珠璣。

馬：可以是這樣，但是不管是哪個方向的談話，只要是相談甚歡就沒問題。

傑：太好了。

（對著上課的學員們說）現在我們暫停一下，幫助你們了解一下。好的，所以當馬力歐的頭向右邊傾斜，我的頭也向左邊傾斜，他坐的姿勢是打開的，我坐的姿勢也是打開的。馬力歐的手交疊在一起，我的手也交疊一起。現在，我並不是刻意要這樣做，但是我很自然地這樣做。我自動地調頻到不僅僅是他的身體動作，還包括時間的配合；不僅僅是韻律的協調，還包括了意義。所以，同步調頻是我們同理心的基礎，我們可以增強我們的同步調頻，心理學研究上這稱之為社交模仿（social mimicry）。當你在 google 上搜尋社交模仿，你會找到超過五十個文獻證實社交模仿的價值和實用性。這些文獻是社會心理學家所做的研究，他們對於如何應用在人身上沒多大興趣，他們更感興趣的是人類社會如何運作。所以，我們必須找到我們可以運用的部分，但是有研究支持總是件好事。好的，現在我們回到馬力歐身上，我可以幫忙你什麼？

馬：我想說的是，我內在有個小佛陀，我想要喚醒他。

傑：恩恩。

馬：因為我內在有一個很強大的塔利班（意指：塔利班恐怖份子組織）

傑：很強大的塔利班？

馬：是的。

傑：讓我釐清你的含義，你所謂的塔利班是恐怖份子？

馬：比恐怖份子更嚴重，我指的是極端激進份子。

傑：恩恩。所以一個激進份子想要改變一個社會系統？

馬：是的。

傑：所以關於佛教徒，我的理解是接納（雙手伸出掌心向上，像禪一樣的打開姿勢）。激進份子（雙手用力地向前推）──指的是改變。

馬：是的。我心胸很狹窄，我無法忍氣吞聲。我對很多事情很不耐煩；我很沒有耐心。

傑：我很訝異你這麼說，因為你的身體姿勢看起來很像佛教徒。

馬：或許是因為現在在這裡的關係。

傑：嗯嗯。好的。那教我一下怎樣變成沒耐心的人。如果我們要去找我的教授，解釋沒耐心這個技巧以及如何享受沒耐心這件事給教授聽，你教導我一下該怎樣做比較好。

馬：我想重點不是聚焦在人們所犯的大錯（傑佛瑞戲劇化地手指著地板），而是聚焦在人們的小瑕疵。

傑：好的。所以，等我一下，我知道了。好的。我是一個藝術評論家──喔，這是糟糕的藝術，（戲劇化地手指著

地板）──喔，太糟糕，糟糕透頂的藝術了（再次戲劇
化地手指著地板）。

馬：（笑了）

傑：好的，我可以做到。你表情很明顯，你告訴他們，你讓
他們知道。（戲劇化地手指著地板）你這個藝術品實在
慘不忍睹。好的，我是一個評論家，我看到一個糟糕的
藝術，然後我直接講出來，但我不會叫這個是沒耐心。

馬：沒錯，因為你少了一個部分叫做生氣。

傑：好的，那我要怎麼做？

馬：你做個生氣的臉。

傑：好的。（做個生氣的臉，同時手指戲劇化指向地板）這
件作品這麼令人作嘔（做個噁心表情，繼續用力指向地
板）你必須……

馬：（笑了）然後你還要提高音量。

傑：好的，你現在很享受這個過程。我不知道你如何享受這
個過程。教我一下如何享受在其中。你了解我的，當你
一開始解釋給我聽的時候，這裡頭沒有藝術。就好像是
漁網中捕魚一樣簡單。這實在太容易了，我總是可以找
到一個醜的藝術。我總是可以針對它，總是可以找到一
個生氣的理由，這太簡單了。這裡頭沒有任何藝術。這
就好像是一個反射動作（傑佛瑞翹腿，用手敲膝蓋，膝
蓋反射向上彈）。

馬：一個制約反射動作。

傑：是的。當你觀看一個花園時，你有兩個選擇：你可以看

這些花，或是你可以看這些雜草。所以，我想一個佛教徒應該會看花。

馬：佛教徒看事物就看見事物原本的樣貌，而不是他們想要的樣貌。

傑：無分別心。所以，沒有批判，只是明心見性。我不知道。這樣會好玩嗎？你在人生這個階段有什麼執迷不悟需要改變的嗎？（轉頭向馬力歐的太太跟她說話。）就算你老公是個愛批評的人，你還是愛他嗎？你也愛他喜歡批評這一點嗎？

瑪麗：是的。

傑：是的？你有試圖改變他嗎？

瑪麗：我試過一次。

傑：有用嗎？

瑪麗：沒用。

傑：沒用？所以，我可能也無法改變他。但你聽起來是個佛教徒，因為這是馬力歐。是嗎？所以，關於馬力歐剛剛所講的這些事，你覺得怎樣？

瑪麗：關於他總是沒耐心這件事？

傑：是的。你會這樣說嗎？當然，我們知道他不會對你沒耐心。所以，如果有一天他對你沒耐心，你會怎樣做？

瑪麗：我了解這是他的問題。不是我的問題。我以為我必須修正一些東西，但我了解我不需要。

傑：好的，所以當他對你沒耐心時，你允許這個批評的風就只是涼風徐徐吹過，然後它不會影響你的狀態。

瑪麗：我現在就在那個狀態裡。

傑：很好。所以這就只是一個（很快速地在空中握拳兩次）神經刺激釋放？這就只是馬力歐的制約反射動作（雙腿交疊，敲膝蓋；膝蓋反射，小腿上揚）。所以，馬力歐你是為了瑪麗而想要改變這個問題，是嗎？因為你這麼愛她，你想要為她改變？你知道的，一個男人所能夠為自己心愛的女人做最偉大的事，就是允許他老婆改變他。

馬：這是其中一個原因。

傑：好的。那如果你對你女兒感到沒耐心，你不會失控（一隻手旋轉向上動）── 這是另一個理由。

馬：我對我女兒還蠻有耐心的，我對其他人比較沒耐心──並不是說我就對她完全有耐心，只是相較之下⋯⋯

傑：是的，你確定？

瑪麗：並不是零，但確實他對女兒比較有耐心。

傑：恩恩。你女兒做了什麼，讓她這麼特別？

瑪麗：她是他女兒，個性跟他很像，然後他細心照顧她。

傑：很好，現在我可以請你對我展現你的沒耐心嗎？我想要感覺一下處在天平的這一端是什麼感覺。真的對我沒耐心。好的，等我一下。（把腳捲曲到椅子上，抱膝，頭低下縮成一團）。

馬：不，這樣做無效。我無法對你沒耐心。

傑：嗯嗯。你無法做對嗎？所以你現在是對自己沒耐心嗎？我有個點子。讓我們有個象徵性的馬力歐，可以嗎？

（傑佛瑞拿了一個面紙盒，放在桌子）現在，請你對自己沒有耐心。

馬：（伸手拿過面紙盒；用力把面紙盒摔在地上數次，然後再把面紙盒拿起）。

傑：你感覺到什麼？

馬：這很醜。這真的很醜。這完全不必要。

傑：好的，這看起來很聰明，我們可以……這最好是從你自身做為一個佛教徒開始，而不是對這個世界做一個佛教徒，或是對你家人做一個佛教徒，因為我會假設，人們通常會對待別人就好像他們對待自己一樣。所以，如果你看到自己是醜陋的，你也會看到別人是醜陋的。你可以進到黑洞，然後刻意練習對你自己沒耐心嗎？

馬：我沒有聽清楚。我不懂你的意思。

傑：好的，你可以在早上起床，在刷牙之後，你可以花十五分鐘的時間對自己沒耐心；做一個批評自己的人，做一個自我批評者。很醜的藝術！（戲劇化地指著對面，做一個厭惡的臉）。

馬：好的。

傑：當你刷牙之後，你可以在浴室裡這樣做，因為你如果覺得這一切都是屎，那還不如就直接在浴室裡做吧（馬力歐的笑聲）。你的笑聲很爽朗，然後你把這個從系統裡別除。所以，你花十五分鐘的時候，極盡所能地把批評者演出來，現在你已經給那個部分很多的滿足；你可以把它從你的系統裡別除，然後開始一天的生活。所以，

幫助我了解一下，如果你是一個佛教徒，你參與在感知裡面，但你不參與在批評裡，這看起來像是一個成熟的狀態，是嗎？你現在幾歲？

馬：五十二歲。

傑：好的。我今年七十歲了，沒錯，突然之間我進入一個很慷慨的狀態，把東西分送給別人——很單純地贈與別人東西。我在二十世紀的後半期以及二十一世紀的前半期有個很棒的心理治療歷史發展成就，然後我將把這個成就贈與別人。我現在在做一個計畫，五分鐘心理治療小祕訣，這是給治療師看的，你進到 Youtube 裡面你會找到這個，這也是我給出去的東西。然後我想——雖然我沒有研究艾瑞克·艾瑞克森（Erik Erikson）的生涯發展，但他研究人生發展階段裡有個階段是成為慷慨的，所以我現在這樣做。我不知道在五十歲時是怎樣的階段發展。我不記得了，但是作為一個佛教徒，更多感知（雙手打開的姿勢），而不是批判（手指很用力地的指著對面），感覺你現在在一個對的時機，對的地方，對的發展階段。所以如果你現在是佛教徒，幫助我了解一下那是什麼感覺。但在開始之前，我現在對你而言看起來像是佛教徒嗎？

馬：我覺得是。

傑：因為我沒有批判你，也沒有戲耍你，或是嘲笑你。所以就是這個模式。當我是佛教徒的時候，你感覺如何？

馬：感覺很好。這個感覺真的——這讓我感到羞愧。我感到

無地自容。

傑：你對你自己很誠實，我了解羞愧的感受，但你不想要下意識地繼續這樣。（翹腳，敲膝蓋，小腿反射）這不是一個好電影。這也不是一本好小說。這個沒有深度。所以，羞愧可以是一件好事，焦慮、羞愧、罪惡感是驅動人們奮發向上的動力之母。當人們沒有焦慮時，他們不會改變。成癮的人、自戀的人他們不會改變，因為他們沒有焦慮，他們不感覺羞愧。所以他們不會改變。焦慮是使改變成為可能的動力源頭，只要你沒有困在其中就好。我很高興你體驗到這一點。

現在我們談到你成為你想做的人，然後現在是命運存亡絕續的時刻。波赫士（Borges，西班牙詩人）（我用西班牙語說）：「當一個人決定擔負起他自己一輩子的責任時，那就是決定命運的一刻。」

好的，現在我站起來了（站起），我是蛻變後的馬力歐，佛教徒。幫助我去感覺一下這個蛻變的馬力歐該有什麼姿勢。你坐著沒關係，不需要做任何事，只要告訴我該怎麼呈現。我想要創造一個雕塑，是你自己可以看見，你這一輩子理想樣貌的人。所以，是這樣站？還是那樣站？

馬：不。

傑：不？所以是像這樣嗎？告訴我我該怎麼做？可能是像這樣……像那樣，或是這樣。你告訴我怎樣站，怎樣演出你自己。

馬：你現在的姿勢剛剛好。

傑：我現在的姿勢就行？嗯嗯，很好。好的，就只是我當
　　下的姿勢就行。我感覺很放鬆，有靈活彈性，很踏實站
　　著，我看見事物，我很輕鬆地呼吸，我覺察，我感受，
　　然後這就是我。

馬：大概就是這樣。

傑：好的，那我們再多做一些？你想要過來這裡像我一樣站
　　著嗎？

馬：我感覺這更多是內在態度。

傑：所以我需要你的幫忙，因為藝術家會把內在態度用藝術
　　的方式惟妙惟肖表達出來。貝多芬會用交響樂演奏出漫
　　步鄉間小路的氛圍。所以，我想要創造一個藝術畫面，
　　可以呈現你的內在態度。

馬：一個慈悲的凝視。

傑：慈悲的凝視？好的。一個充滿慈悲的眼神。我可以感受
　　到這個。我家裡有個彌勒佛的雕像。你知道彌勒佛嗎？

馬：不知道。

傑：就像這樣。（側身，頭低下，把手托腮，彌勒佛樣）。
　　這個叫做慈悲佛陀，你在亞洲可以找到這個佛的雕像。

馬：或許某個我想要呈現的東西就好像聖法蘭西斯的祈禱
　　文。

傑：告訴我，那個祈禱文。這是一個催眠引導。請你用西班
　　牙語告訴我。

馬：我不記得怎麼說了。

傑：和平之子那一個，是嗎？

馬：是的。

瑪麗：主啊，使我做祢和平之子。在憎恨之處播下祢的愛。少求被了解，但求了解人，少求愛，但求全心付出愛，因為在捨去時，我們便有所得，在失去時，我們便找到，在赦免時，我們便得赦免，在迎接死亡時，我們便進入永生。

傑：是的，我可以感覺到這個。（將雙手交叉在胸前）。太棒了。所以，這可以是你命運之旅的方向：慈悲、付出和永生。然後當你有個真知灼見（手從頭上拿下來），你就創造了深度。一個畫家有畫作；我們無法窺見他別具巧思的觀點——這就創造了深度。

馬：我想要加一件事。我不想要放縱自己呈現一個憤世忌俗的臉，我也不想針對任何人。

傑：好的，你不想當唐吉軻德（Don Quixote，中世紀西班牙憤世忌俗的假想英雄），但是你想要挑戰社會的不公不義。

馬：是的，但是我也不想因此創造更多的不公不義。

傑：是的。用一種非暴力的方式。也就是甘地（Gandhi）所呈現的樣貌，印度聖雄甘地，不抵抗不合作主義（Satyagraha）。Satragraha 意思是真實力量，實相的力量，對權威說真相，對不公不義說真相，然後如何做到這一點是一種藝術，它不需要用饒舌的音樂來達成。所以，很棒。所以你的榜樣是誰……除了甘地之外？

馬：南非總統曼德拉（Mandela）

傑：有個關於曼德拉的美好故事。當曼德拉在監獄裡，其他囚犯都討厭他，因為他在學習南非語（Afrikaans）──他們敵人的語言──他們受不了曼德拉這樣做。但是曼德拉的觀點是，當他出獄時，如果要解決社會的不公不義，他必須說南非語。他高瞻遠矚的看法是，他說，如果你用一種對方聽得懂的話語溝通，他會記在腦子裡。如果你用對方的母語與之溝通，他會記在心裡。好的，這是一個很棒的榜樣。

是的，很好，現在你的觀點很清楚。所以如果你編織曼德拉和聖法蘭西斯一起，你會有個清晰圖像。現在你的任務（走到房間的另一頭，彎身屈膝）是創造你為自己設計的藝術，可以代表你活到五十歲的樣貌，一種循規蹈矩的感覺。我不覺得你會缺少資源。我的感覺是，當你下定決心要做一件事，你就會完成它。當然我也希望這是一個好玩的過程，但我應該會這樣做（用手作一步一步踏實的動作）而不是試著縱身一躍（打開手，甩手出去）。如果你給自己上石膏（擺出手臂僵硬的姿勢）很長一段時間，你可以想像手臂有個自由活動空間（我說「活動空間〔 motions 〕」音似「情緒〔 emotions 〕」，釋放僵硬的手臂姿勢，手臂畫大圓圈），但你真的需要花點時間慢慢適應，直到你可以自由轉動。你覺得你可以跟瑪麗玩個遊戲嗎？當你快要失控時，你可以呈現曼德拉和聖法蘭西斯的樣貌，如果她

發現了你的轉變，你就可以親吻她一下？

馬：好的，這聽起來很好玩。

傑：但是你會盡量使那個呈現隱而未見，我們就來看看瑪麗是否能發現。然後如果你願意的話，我們可以邀請你女兒加入重新塑造馬力歐，馬力歐重生的遊戲。達賴喇嘛有一次接受 CNN 電視台的訪問，採訪的記者是一個荒誕不經的瘋子，他向來以搬弄是非的瘋狂行徑聞名。所以這個記者看著達賴喇嘛，用一種挑釁的口氣問，「你會有生氣的時候嗎？」達賴喇嘛回答他，「只有當人們問愚蠢的問題時。」所以我想我們還是可以給沒耐心一些空間，給沒耐心一些藝術呈現的方法。

馬：藝術般的沒耐心。

傑：沒錯。有一種很成熟又複雜的方式可以呈現沒耐心，因為在我生命裡，有些人會用一種優雅的方式說實話，然後他們會說出你感到羞愧而不敢講的話，但是他們不怕。卡爾‧惠特克（Carl Whitaker）就是其中一人，他是我的家庭治療督導，他會說實話。然後這變成一種優雅的沒耐心，因為那個美麗是在於他帶著一種全然關愛的態度說出實話，所以他會說實話，但是帶著一種美感，這一點我對他是非常崇敬。也就是那個美感，才能讓手術順利完成。所以當你提到藝術般的沒耐心，我第一個想到他。

好的，我喜歡你所做的事，我想這是你能力可及的範圍，也是你會感到很驕傲的一件事，因為你會持續做一

個你理想中五十歲男人該有的樣貌。在完形治療學派裡有個說法，要死去，再重生是一件不容易的事。你知道這個。所以我希望我們的對話給你一個清楚的畫面。我覺得你現有的資源已經足夠你使用，你不需要額外的工具了。就像飛蛾一樣，一旦飛蛾看到光，他就會朝光飛去。現在我想這已經是綽有餘裕了。你還有其他請求或是問題嗎？

馬：當我們開始時，我很緊張。

傑：我不知道你當時很緊張。

馬：因為我覺得這個主題給人印象很差，至少不是好印象。我從沒想過我可以笑看自己。

傑：要有好印象，重點在真實。當你是真實呈現，這就是一個好印象。不真誠就會產生壞印象。我感覺你真誠面對自己，你說出你人生發展裡很重要的一部分，我希望我只是加了一點催化劑，讓改變更快速發生。誰知道呢？或許聖法蘭西斯和曼德拉也有笑看自己的那部分。當你把握機會成為真實的你，我感覺跟你更親近一些。

馬：我要講的話可能有點奇怪，不合理，但是我很高興我們可以談論狗屎而不用去聞狗屎。我真的很感謝你。

傑：我也是這樣想。

馬：你讓這一切變得簡單。

傑：好的，我很喜歡這個感覺，所以（同學們），讓我們下課休息一下。

跋

　　卡爾·惠特克曾說──心理治療是一段荒誕不經的人生魔幻旅程。我持續享受如此妙不可言的旅程，因為心理治療教會我許多人生奧秘。我衷心希望書中的概念和原則替你的魔幻旅程增添色彩。

延伸閱讀

- 《當我遇見一個人：薩提爾精選集 1963-1983》（2019），約翰・貝曼（John Banmen）編，心靈工坊。

- 《短期團體心理治療：此時此地與人際互動的應用》（2018），歐文・亞隆（Irvin D. Yalom），心靈工坊。

- 《意義的呼喚：意義治療大師法蘭可自傳》（2017），維克多・法蘭可（Viktor E. Frankl），心靈工坊。

- 《催眠之聲伴隨你》（2016），米爾頓・艾瑞克森（Milton H. Erickson）、史德奈・羅森（Sidney Rosen），生命潛能。

- 《生生不息催眠聖經：創造性流動的體驗之旅》（2015），史蒂芬・紀立根（Stephen Gilligan），世茂。

- 《不尋常的治療：催眠大師米爾頓・艾瑞克森的策略療法》（2012），傑・海利（Jay Haley），心靈工坊。

- 《讓潛意識說話：催眠治療入門》（2014），趙家琛、張忠勛，心靈工坊。

- 《催眠治療實務手冊》（2014），蔡東杰，心靈工坊。

- 《成為一個人：一個治療者對心理治療的觀點》（2014），卡爾・羅哲斯（Carl Rogers），左岸文化。

- 《你何時要吃棉花糖？：時間心理學與七型人格》（2011），菲利普・金巴多（Philip Zimbardo）、約翰・波伊德（John

Boyd），心靈工坊。

- 《簡短心理治療：臨床應用的指引與藝術》（2008），曼塔許‧戴文（Mantosh J. Dewan, M.D.）等，心靈工坊。
- 《愛與生存的勇氣：自我關係療法的詮釋與運用》（2005），史蒂芬‧吉利根（Stephen Gilligan），生命潛能。
- 《艾瑞克森：天生的催眠大師》（2004），傑弗瑞‧薩德（Jeffrey K. Zeig），心靈工坊。
- 《跟大師學催眠：米爾頓‧艾瑞克森治療實錄》（2004），傑弗瑞‧薩德（Jeffrey K. Zeig），心靈工坊。
- 《學習家族治療：家族治療師的成長與轉化之旅》（2003），薩爾瓦多‧米紐慶（Salvador Minuchin）等，心靈工坊。

參考文獻

Bandler, R., Grinder, J., & Andreas, S. (1979). *Frogs into princes: Neu-ro-linguistic programming.* Moab, UT: Real People Press.

Bandler, R., Grinder, J., & Andreas, S. (1982). *Reframing: neu- ro-linguistic programming and the transformation of meaning.* Moab, UT: Real People Press.

Bateson, G., & Ruesch, J. (1951). Communication: *The social ma- trix of psychiatry.* New York, NY: Norton.

Berne, E. (1964). *Games people play.* New York, NY: Grove Press.

Combs, G., & Freedman, J. (1990). *Symbol, story, and ceremony: Using metaphor in individual and family therapy.* New York, NY: W.W. Norton.

Erickson, M. H. (1954). "Pseudo-orientation in time as an hypno-thera-peutic procedure." *Journal of Clinical and Experimental Hypnosis,* 261-283.

Erickson, M. H. (1958). "Naturalistic Techniques of Hypnosis." *American Journal of Clinical Hypnosis,* 3-8.

Erickson, M. H. (1964). "The Confusion Technique in Hypnosis." *American Journal of Clinical Hypnosis,* 183-207.

Erickson, M. H. (1966). "The interspersal hypnotic technique for symptom correction and pain control." *The American journal of clinical hypnosis*, 198-209.

Erickson, M. H. (1980). "Hypnotic alteration of sensory, perceptual and psychophysiological processes." In E. Rossi (Ed.), *The collected papers of Milton H. Erickson on hypnosis* (Vol. 2). New York, NY: Irvington Publishers.

Erickson, M. H., & Rosen, S. (1982). *My voice will go with you: the teaching tales of Milton H. Erickson, M.D.* New York, NY: W.W. Norton.

Erickson, M. H., & Rossi, E. L. (1979). *Hypnotherapy: An exploratory casebook.* New York, NY: Irvington Publishers.

Erickson, M. H., & Rossi, E. L. (1981). *Experiencing hypnosis: Therapeutic approaches to altered states.* New York, NY: Irvington Publishers.

Erickson, M. H., & Rossi, E. L. (1989). *The February man: evolving consciousness and identity in hypnotherapy.* New York, NY: Bunner/Mazel Publishers.

Erickson, M. H., Rossi, E. L., & Rossi, S. I. (1976). *Hypnotic realities: The induction of clinical hypnosis and forms of indirect suggestion.* New York, NY: Irvington Publishers.

Erickson, M. H., & Zeig, J. K. (Ed.). (1980). *A teaching seminar with Milton H. Erickson.* New York, NY: Brunner/Mazel.

Fisch, R., Weakland, H. J., & Segal, L. (1983). *The tactics of change: Doing therapy briefly.* San Francisco, CA: Jossey-Bass.

Frankl, V. E. (1946). *Man's search for meaning: An introduction to logotherapy.* London: Hodder & Stoughton.

Fogarty, T.F. *The Distancer and the Pursuer. J.L. Framo. Ed. The Family: Compendium II. The Best of the Family 1978-1983.* Rye Brook, NY: The Center for Family Learning.

Gilligan, S. G. (1987). *Therapeutic trances: The cooperation principle in Ericksonian hypnotherapy.* New York, NY: Brunner/Mazel.

Gordon, D. (1978). *Therapeutic metaphors: Helping others through the looking glass.* Cupertino, CA: Meta Publications.

Gordon, D. C., & Meyers-Anderson, M. (1981). *Phoenix: therapeutic patterns of Milton H. Erickson.* Cupertino, CA: Meta Publications.

Haley, J. (1963). *Strategies of psychotherapy.* New York, NY: Grune and Stratton.

Haley, J. (1973). *Uncommon therapy: The psychiatric techniques of Milton H. Erickson*, M.D. New York, NY: Norton.

Haley, J. (1984). *Ordeal therapy: Unusual ways to change behavior.* San Francisco, CA: Jossey-Bass.

Hart, O. V. (1983). *Rituals in psychotherapy: Transition and continuity.* New York, NY: Irvington Publishers.

Kroger, W. J. (1977). *Clinical and Experimental Hypnosis in Medicine, Dentistry, and Psychology.* New York, NY: J.B. Lippincott

Lankton, S. R., & Lankton, C. H. (1983). *The answer within: A clinical framework of Ericksonian hypnotherapy.* New York, NY: Brunner/Mazel.

Madanes, C. (1981). *Strategic Family Therapy.* San Francisco, CA: Jossey-Bass.

Madanes, C. (1984). *Behind the one-way mirror : advances in the practice of strategic therapy*. San Francisco, CA: Jossey-Bass.

Mead, M. (1977). *The originality of Milton Erickson*. The American Journal of Clinical Hypnosis, 20, 4-5.

Palazzoli, M. S., Boscolo, S., Cecchin, G., & Prata, G. (1978). *Paradox and counterparadox: A new model in the therapy of the family in schizophrenic transaction*. New York, NY: Jason Aronson.

Rohrbaugh, M., Tennen, H., Press, S., & White, L. (1981). "Compliance, defiance, and therapeutic paradox: Guidelines for strategic use of paradoxical interventions." *American Journal of Orthopsychiatry*, 51(3), 454-467

Sulloway, F. J. (1997). *Born to rebel: Birth order, family dynamics, and creative lives*. New York, NY: Vintage Books.

Szasz, T. (1961). *The myth of mental illness*. New York, NY: Harp- er & Row.

Watzlawick, P., Bavelas, J. B., & Jackson, D. D. (1967). *Pragmatics of human communication*. New York, NY: Norton.

Watzlawick, P., Weakland, J. H., & Fisch, R. (1974). *Change: Principles of problem formulation and problem resolution*. New York; London: W.W. Norton.

Weeks, G. R., & L'Abate, L. (1982). *Paradoxical psychotherapy: Theory and practice with individuals, couples, and families*. New York, NY: Brunner/Mazel.

Zeig, J. K. (1974). "Hypnotherapy Techniques with Psychotic In-Patients."

American Journal of Clinical Hypnosis, 17, 56-59.

Zeig, J. K. (1980a). "Symptom Prescription and Ericksonian Princi- ples of Hypnosis and Psychotherapy." *American Journal of Clinical Hypnosis*, 23, 16-22.

Zeig, J. K. (1980b). "Symptom Prescription Techniques: Clinical Applications Using Elements of Communication." *American Journal of Clinical Hypnosis*, 23, 22-33.

Zeig, J. K. (Ed.). (1982). *Ericksonian approaches to hypnosis and psychothera-py*. New York, NY: Brunner/Mazel.

Zeig, J. K., (1985). *Therapeutic patterns of Ericksonian influence commu-nication*. In J. K. Zeig (Ed.), The evolution of psycho- therapy: The second conference (pp. 392-405). New York, NY: Brunzer/Mazel.

Zeig, J. K., (1992). *The virtues of our faults: A key concept of Ericksonian therapy*. In J. K. Zeig (Ed.), The evolution of psycho- therapy: The second conference (pp. 252-266). New York, NY: Brunzer/Mazel.

Zeig, J. K., (2002). *Clinical heuristics*. In J. K. Zeig (Ed.), Brief therapy: Lasting impressions (pp. 41-62).Phoenix, AZ: The Milton H. Erickson Foundation Press.

Zeig, J. K. (2014). *The induction of hypnosis: An Ericksonian elicitation approach*. Phoenix, AZ: The Milton H. Erickson Foundation Press.

Zeig, J. K. (2015). *Psychoaerobics: An experiential method to em- power therapist excellence*. Phoenix, AZ: Milton H. Erickson Press.

Zeig, J. K., et al. (2017). *Ericksonian therapy now: The master class with Jeffrey K. Zeig*. Phoenix, AZ: Zeig, Tucker & Theien, Inc.

Zeig, J. K., & Erickson, M. H. (1980). *Teaching seminar with Milton H. Erickson, M.D.* New York, NY: Brunner, Mazel.

Zeig, J. K., & Erickson, M. H. (1985). *Experiencing Erickson: An introduction to the man and his work.* New York, NY: Brunner/Mazel.

Zeig, J. K., & Munion, M. W. (1990). *What is psychotherapy?: Contemporary perspectives.* San Fancisco, CA: Jossey-Bass Publishers.

Zimbardo, P. G., & Boyd, J. (2009). *The time paradox: The new psychology of time that will change your life.* New York, NY (Original work published in 2008): Free Press.

Psychotherapy 048

經驗式治療藝術：從艾瑞克森催眠療法談起
The Anatomy of Experiential Impact Through Ericksonian Psychotherapy
Seeing, Doing, Being
傑弗瑞・薩德（Jeffrey K. Zeig, PhD）──著　洪偉凱──譯

出版者─心靈工坊文化事業股份有限公司
發行人─王浩威　總編輯─王桂花
執行編輯─趙士尊　特約編輯─陳乃賢
封面設計─羅文岑　內頁排版─龍虎電腦排版股份有限公司
通訊地址─10684台北市大安區信義路四段53巷8號2樓
郵政劃撥─19546215　戶名─心靈工坊文化事業股份有限公司
電話─02）2702-9186　傳真─02）2702-9286
Email─service@psygarden.com.tw　網址─www.psygarden.com.tw

製版・印刷─彩峰造藝股份有限公司
總經銷─大和書報圖書股份有限公司
電話─02）8990-2588　傳真─02）2990-1658
通訊地址─248新北市新莊區五工五路二號
初版一刷─2019年6月　ISBN─978-986-357-157-5　定價─460元

國家圖書館出版品預行編目資料

經驗式治療藝術：從艾瑞克森催眠療法談起 / 傑弗瑞.薩德(Jeffrey K. Zeig)著；
洪偉凱譯. -- 初版. -- 臺北市：心靈工坊文化, 2019.08
　面；　公分
譯自：The anatomy of experiential impact through Ericksonian psychotherapy
ISBN 978-986-357-157-5(平裝)

1.心理治療　2.經驗心理學　3.催眠療法

178.8　　　　　　　　　　　　　　　　　　　　　　　108013388

心靈工坊 PsyGarden 書香家族 讀友卡

感謝您購買心靈工坊的叢書，為了加強對您的服務，請您詳填本卡，
直接投入郵筒（免貼郵票）或傳真，我們會珍視您的意見，
並提供您最新的活動訊息，共同以書會友，追求身心靈的創意與成長。

書系編號─PT 048　　　書名─經驗式治療藝術：從艾瑞克森催眠療法談起

姓名＿＿＿＿＿＿＿＿＿＿＿　　是否已加入書香家族？ □是 □現在加入

電話 (O)＿＿＿＿＿＿ (H)＿＿＿＿＿＿　　手機＿＿＿＿＿＿

E-mail＿＿＿＿＿＿ 生日　年　　月　　日

地址 □□□＿＿＿＿＿＿＿＿＿＿＿＿＿＿＿＿

服務機構＿＿＿＿＿＿＿＿ 職稱＿＿＿＿＿＿＿＿

您的性別─□1.女 □2.男 □3.其他

婚姻狀況─□1.未婚 □2.已婚 □3.離婚 □4.不婚 □5.同志 □6.喪偶 □7.分居

請問您如何得知這本書？
□1.書店 □2.報章雜誌 □3.廣播電視 □4.親友推介 □5.心靈工坊書訊
□6.廣告DM □7.心靈工坊網站 □8.其他網路媒體 □9.其他

您購買本書的方式？
□1.書店 □2.劃撥郵購 □3.團體訂購 □4.網路訂購 □5.其他

您對本書的意見？
□ 封面設計　1.須再改進 2.尚可 3.滿意 4.非常滿意
□ 版面編排　1.須再改進 2.尚可 3.滿意 4.非常滿意
□ 內容　　　1.須再改進 2.尚可 3.滿意 4.非常滿意
□ 文筆／翻譯 1.須再改進 2.尚可 3.滿意 4.非常滿意
□ 價格　　　1.須再改進 2.尚可 3.滿意 4.非常滿意

您對我們有何建議？

□本人同意＿＿＿＿＿＿＿＿（請簽名）提供（真實姓名/E-mail/地址/電話/年齡/
等資料），以作為心靈工坊（聯絡/寄貨/加入會員/行銷/會員折扣/等之用，
詳細內容請參閱http://shop.psygarden.com.tw/member_register.asp。

廣 告 回 信
台 北 郵 政 登 記 證
台北廣字第1143號
免 貼 郵 票

10684台北市信義路四段53巷8號2樓
讀者服務組　收

免　　貼　　郵　　票

（對折線）

加入心靈工坊書香家族會員
共享知識的盛宴，成長的喜悅

請寄回這張回函卡（免貼郵票），
您就成為心靈工坊的書香家族會員，您將可以——

⊙隨時收到新書出版和活動訊息

⊙獲得各項回饋和優惠方案